MOSAIK

DER GESCHICHTE AUF DER SPUR
A1

Herausgegeben
von Joachim Cornelissen · Christoph Henzler ·
Michael Tocha · Helmut Winter

Erarbeitet
von Herwig Buntz · Joachim Cornelissen · Gisbert Gemein ·
Christoph Henzler · Heike Hessenauer · Jan Koppmann ·
Wolfgang Opel · Wolfgang Petz · Stefan Schipperges ·
Reinhold Schmid · Manfred Tobisch · Michael Tocha ·
Sabine Wierlemann · Helmut Winter

Beraten
von Peter Funke · Miriam Sénécheau

Oldenbourg

Herausgeber und Autoren:

Dr. Herwig Buntz, Erlangen
Joachim Cornelissen, Meerbusch
Dr. Gisbert Gemein, Neuss
Dr. Christoph Henzler, Krumbach
Heike Hessenauer, Nürnberg
Jan Koppmann, Berg
Wolfgang Opel, Sachsen bei Ansbach
Dr. Wolfgang Petz, Kempten
Dr. Stefan Schipperges, Offenburg
Reinhold Schmid, Weingarten
Dr. Manfred Tobisch, Eschenbach/Opf.
Michael Tocha, VS-Pfaffenweiler
Dr. Sabine Wierlemann, Pfinztal
Helmut Winter, Meerbusch

Wissenschaftliche Berater:

Prof. Dr. Peter Funke, Universität Münster
Miriam Sénécheau, M. A., Universität Freiburg

Zu den Kapiteleingangsbildern:

Seite 18–19: Grafik zur Entwicklung des Menschen
Seite 38–39: Arbeiten an einem Felsengrab für einen Pharao (Rekonstruktionszeichnung)
Links oben: Tal der Könige
Rechts: „Das magische Auge" (Malerei aus dem Grab des Schreibers Pasched, 1200 v. Chr.). Das Auge bedeutete „gesund sein" und wurde oft auch in Form eines Schmuckstückes als Glücksbringer getragen.
Rechts unten: Wandbilder aus der Grabkammer der Nefertari (ca. 1260 v. Chr.).
Seite 64–65: Rekonstruktionszeichnung des Apolloheiligtums in Delphi
Ausgrabungen von Delphi heute
Seite 112–113: Szenenfoto aus dem Spielfilm „Kleopatra" (1963): Cäsar, am Fuße des Kapitols thronend und umgeben von den Senatoren Roms, erwartet den Einzug Kleopatras.
Bild von einem römischen Reiter in Paraderüstung (aus Originalfundstücken rekonstruiert von Dr. Marcus Junkelmann)

Das Papier ist aus chlorfrei gebleichtem Zellstoff hergestellt, ist säurefrei und recyclingfähig.

© 2004 Oldenbourg Schulbuchverlag GmbH, München, Düsseldorf, Stuttgart
www.oldenbourg-bsv.de

Das Werk und seine Teile sind urheberrechtlich geschützt. Jede Nutzung in anderen als den gesetzlich zugelassenen Fällen bedarf der vorherigen schriftlichen Einwilligung des Verlages. Hinweis zu § 52 a UrhG: Weder das Werk noch seine Teile dürfen ohne eine solche Einwilligung eingescannt und in ein Netzwerk eingestellt werden. Dies gilt auch für Intranets von Schulen und sonstigen Bildungseinrichtungen.

1. Auflage 2004 R E
Druck 09 08 07 06 05 04
Die letzte Zahl bezeichnet das Jahr des Drucks.

Alle Drucke dieser Auflage sind untereinander unverändert und im Unterricht nebeneinander verwendbar.

Umschlagkonzept: Mendell & Oberer, München
Umschlaggestaltung und Layoutkonzept: Groothuis · Lohfert · Consorten GmbH, Hamburg
Lektorat: Dr. Karin Friedrich, Margret Bartoli (Assistenz)
Herstellung: Eva Fink
Illustrationen: Lob & Partner, Kleindingharting; Ilse Ross, München; Gisela Vogel, München
Karten und Grafiken: Achim Norweg, München; Ingrid Schobel, München
Satz und Reproduktion: Oldenbourg:digital GmbH, Kirchheim
Druck: J. P. Himmer GmbH, Augsburg

ISBN 3-486-**02136**-2

Hinweise zur Arbeit mit dem Buch

Im Fach Geschichte erfährst du in diesem Schuljahr viel über das Leben unserer frühesten Vorfahren, über die Welt der Ägypter, Griechen und Römer. In unterschiedlicher Form werden dir diese Inhalte in unserem Geschichtsbuch vermittelt: So haben Lehrerinnen und Lehrer darstellende Texte verfasst, es gibt dazu Materialien wie Bild- und Textquellen, Karten und Schaubilder sowie Arbeitsaufträge, mit deren Hilfe du die Inhalte erarbeiten kannst. Damit du dich leichter zurechtfindest, erfährst du auf dieser Einleitungsseite etwas über den Aufbau des Buches, aber auch über seine Besonderheiten und Hilfen, die dir das Lernen erleichtern sollen.

Wenn du „Mosaik – Der Geschichte auf der Spur" durchblätterst, begegnen dir unterschiedlich gestaltete Seiten:

Auftaktdoppelseiten bringen großformatige Bilder und führen dich in das jeweilige Thema eines Großkapitels ein. Sie sollen deine Neugier auf das kommende Thema wecken, oft wirst du aber auch schon einiges darüber wissen und davon berichten können. Die **nachfolgende Doppelseite** greift die Inhalte dieser Bilder auf und bietet zusätzliche Informationen. Außerdem erhältst du auf diesen Seiten eine kurze **Vorschau** auf die Inhalte dieses Großkapitels. Dies geschieht meist in Form von Fragen, die du dir vielleicht auch selbst schon gestellt hast und auf die du eine Antwort erwarten darfst.
Die einzelnen Themenbereiche sind in der Regel auf einer **Doppelseite** dargestellt, damit ein Problem möglichst im Zusammenhang gelesen und untersucht werden kann. Die **darstellenden Texte** ① findest du meist auf der linken Seite. Sie sind durch **Abschnittstitel** ② noch einmal untergliedert, die zur leichteren Übersicht Unterpunkte einer Einheit hervorheben. Bildquellen ③ oder Karten können dort ebenfalls integriert sein. Begriffe, die besonders wichtig sind, werden mit einem ▶ vor dem Wort gekennzeichnet und auf den Seiten 170–173 erläutert. Auf der rechten Seite finden sich Materialien ④. Das sind Texte und Dokumente, die aus der behandelten Zeit stammen. Sie sind mit einem M versehen und werden durchnummeriert. Wenn es sich um Aussagen aus unserer Zeit handelt, steht vor dem M ein ■. Diese Auszüge erklären einen Sachverhalt. Manchmal geben sie auch die Meinung von Historikern wieder, die geschichtliche Ereignisse oft sehr unterschiedlich beurteilen. Schließlich haben die Autoren auch Erzähltexte verfasst (Geschichte erzählt), weil diese oft spannender zu lesen sind als Sachtexte. Die **Arbeitsaufträge** ⑤ wollen dazu anregen, die vorgestellten Materialien näher zu erschließen, sie verweisen auf ergänzende Stellen im Buch oder auf Fragen, die bis in unsere Gegenwart von Bedeutung sind.

Im Kasten ■ **GESCHICHTE AKTIV-KREATIV** findest du Anregungen für Projekte, die etwas mehr Zeit in Anspruch nehmen und insbesondere deine/eure Kreativität und Initiative erfordern. Hier arbeitet ihr in Gruppen an der Lösung der Aufgaben.
Eine Besonderheit sind die **Methodenseiten**. Hier wird Hilfestellung gegeben, welche Arbeitstechniken du bei einzelnen Materialien (z. B. Karten, Vasenbildern, Texten) anwenden sollst, damit du möglichst viele Informationen aus ihnen ableiten kannst.
Schließlich gibt es noch am Ende eines Großkapitels eine Doppelseite **Zusammenfassen – Sichern – Vertiefen**. Anhand der auf diesen Seiten angebotenen Materialien und der Zeittafel kannst du die wesentlichen Inhalte der Einheit wiederholen und vertiefen.
Am Ende des Buches findest du eine **Erläuterung wichtiger Begriffe**; mithilfe des Namen- und Sachregisters kannst du rascher nachschlagen.
Auf der nächsten Seite geht es los – dort findest du alle Themen im Überblick.

Viel Spaß mit unserem Buch
„Mosaik – Der Geschichte auf der Spur"!

VORGESCHICHTE

Altsteinzeit	Jungsteinzeit in Mitteleuropa		
	▲ 5500 v. Chr.	▲ 3000 v. Chr.	▲ 1000 v. Chr.

vor ca. 7–6 Mio. Jahren
Vormenschen in Afrika

vor ca. 1,5 Mio. Jahren
Frühmenschen

vor ca. 120 000 Jahren
Neandertaler

vor ca. 40 000 Jahren
Cro-Magnon-Mensch
(Homo sapiens sapiens)
in Europa

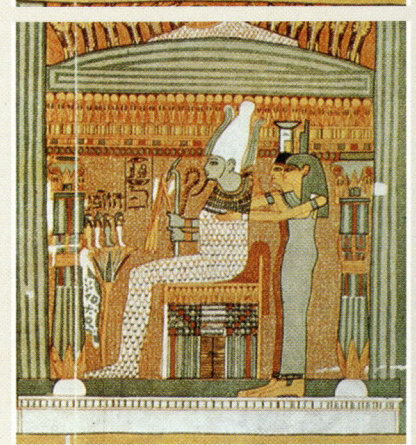

Jäger und Sammler
(Nomaden)

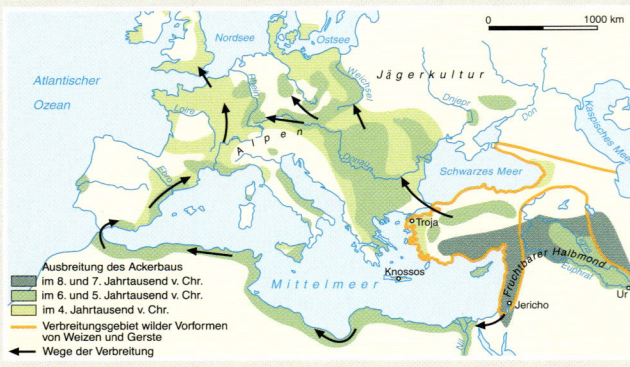

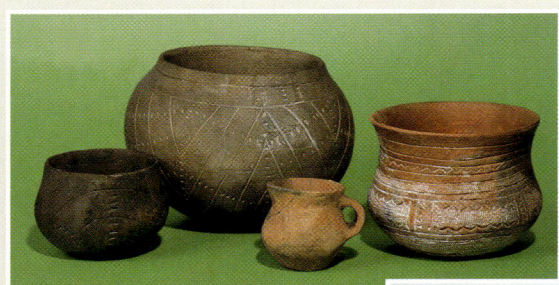

Sesshaftwerdung

Bauern und Viehhirten

Ägypten –
eine frühe
Hochkultur

2600 v. Chr.
Cheopspyramide

ab ca. 1550 v. Chr.
Aufstieg Ägyptens zur
Großmacht

Hochkulturen auch in: Alt-China,
Mesopotamien, Alt-Indien, Kreta

ALTERTUM

Eisenzeit in Mitteleuropa (Kelten)

| 800 v. Chr. | 600 v. Chr. | 400 v. Chr. | 200 v. Chr. | 100 v. Chr. | 0 | 100 n. Chr. | 300 n. Chr. | 500 n. Chr. |

ab 8. Jh. v. Chr. Gründung von griechischen Stadtstaaten (Poleis)

ab 776 Datierung nach Olympiaden

753 v. Chr. Gründung Roms der Sage nach

ab 750-550 v. Chr. griechische Kolonisation

550 v. Chr. Sparta wird Militärmacht

ab 500 - 287 v. Chr. Ständekämpfe in Rom

490 - 480 v. Chr. Perserkriege

ca. 450 v. Chr. Vollendung der attischen Demokratie

ca. 431 - 404 v. Chr. Peloponnesischer Krieg Athen verliert Vormachtstellung

336 - 323 v. Chr. Alexander der Große

4. Jh. - 1. Jh. v. Chr. Zeitalter des Hellenismus Rom wird Weltmacht (bis 133 v. Chr.)

ab 100 v. Chr. Bürgerkrieg in Rom/Cäsar

31 v. Chr. - 14 n. Chr. Augustus Beginn der Kaiserzeit

117 n. Chr. Römisches Reich größte Ausdehnung unter Kaiser Trajan

ab 375 n. Chr. Vorstoß der Hunnen und Germanen/Völkerwanderung

391 n. Chr. Christentum wird Staatsreligion

395 n. Chr. Teilung des Römischen Reiches

476 n. Chr. Ende des Weströmischen Reiches

Inhaltsverzeichnis

Einführung in das Fach Geschichte
8 Ein sensationeller Fund: die Himmelsscheibe von Nebra
10 Was war früher? – Spuren suchen, sichern und auswerten
12 Geschichtete Geschichte
14 Die Darstellung der Zeit
16 Wir orientieren uns in der Zeit

18 Der Mensch der Vorgeschichte

20 Die ersten Menschen

Die Entwicklung des Menschen
22 Auf dem Weg zum Homo sapiens
Leben in der Altsteinzeit
24 Jäger und Sammler
26 Künstler aus der Eiszeit
Leben in der Jungsteinzeit
28 Aus Jägern und Sammlern werden Ackerbauern und Viehzüchter
30 Erfindungen erleichtern den Menschen das Leben
32 Ein Toter erzählt vom Leben
33 Methode: Autorentexte lesen und verstehen
Leben in der Metallzeit
34 Die Kelten – Metalle verändern die Welt

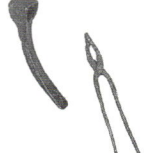

Zusammenfassen – Sichern – Vertiefen
36 Vom Leben der frühen Menschen

38 Ägypten – eine frühe Hochkultur

40 Die Anziehungskraft einer alten Kultur

Das Zusammenleben in Ägypten
42 Leben nach den Regeln des Nils
44 Wie lebten die einfachen Leute in Ägypten?
46 Frauen und Kinder im alten Ägypten
Staat und Gesellschaft
48 Die Schrift – wichtiges Merkmal einer Hochkultur
50 Wie war die ägyptische Gesellschaft aufgebaut?
52 Der Pharao – König und Gott
53 Methode: Bilder betrachten und deuten
54 Die Königin mit dem Bart
Die Religion der Ägypter
56 Die Glaubensvorstellungen der Ägypter
58 Bauwerke für die Ewigkeit
Hochkulturen im Vergleich
60 Mesopotamien – eine frühe Hochkultur am Euphrat und Tigris

Zusammenfassen – Sichern - Vertiefen
62 Merkmale früher Hochkulturen

64 Die griechische Welt in der Antike

66 Delphi: Nabel der Welt?

Griechenland – ein Raum zum Siedeln?
68 Landschaft, Natur und Meer bestimmen Griechenland
69 Methode: Karten lesen und verstehen
Gemeinsame griechische Kultur
70 Die Adels- und Bauerngesellschaft in der Frühzeit
72 Kolonisation – die Griechen besiedeln ihre Welt
74 Götter und Helden

76	Olympische Spiele	128	Die Verfassung der römischen Republik
78	Vasenbilder erzählen Geschichte	129	Methode: Wie lerne ich ein Schaubild „zum Sprechen zu bringen"?
79	Methode: Vasenbilder als Quellen auswerten	130	Rom – eine Stadt erobert die Welt
	Verschiedene Staatsformen	130	Methode: Geschichtskarten auswerten
80	Sparta: ein Kriegerstaat	132	Roms schwerster Krieg
82	Spartas Gesellschaftsordnung	134	Die Sklaven der Römer: „Lebendige Werkzeuge" oder Mitmenschen?
84	Athens langer Weg zur Demokratie	136	Den Krieg gewonnen – den Frieden verloren: Die Republik in der Krise
86	Wird Athen Vormacht in Griechenland?	138	Cäsar und Augustus – zwei berühmte Männer Roms
88	Demokratie unter Perikles	141	Methode: Herrscherbilder interpretieren
	Leben in der Polis		**Das Weltreich wächst zusammen**
90	Athen: Reichtum und Größe	142	Legionäre – Soldaten des Kaisers
92	Reichtum – nur durch Sklaven?	144	Aus Fremden werden Nachbarn
94	Alltag in Athen	146	Den Römern auf der Spur in Baden-Württemberg
96	Frauen und Kinder im antiken Athen	148	Wirtschaft und Recht – Säulen des Reiches
	Kulturelle Leistungen	150	Die Romanisierung der Provinzen
98	Kunst und Architektur	152	Leben in der Welthauptstadt
100	Wissenschaftliches Denken entsteht	154	Eine Stadt vieler Völker
102	Theater als Wettstreit		**Das Römerreich in der Spätantike**
	Der Peloponnesische Krieg	156	Das Römische Reich in der Krise
104	Athens Niedergang im Bruderkrieg gegen Sparta	158	Entstehung und Ausbreitung des Christentums
	Wird die ganze Welt griechisch?	160	Das Römerreich wird christlich
106	Alexander – der „Große"?	162	Die Völkerwanderung verändert Europa
108	Moderne Zeiten im Altertum		
			Zusammenfassen – Sichern – Vertiefen
	Zusammenfassen – Sichern – Vertiefen	164	Kennst du dich in der römischen Geschichte aus?
110	Was die Welt den Griechen verdankt		
			Römisches Erbe
		166	Was die Römer schon konnten
112	**Das Römische Reich**	168	Was wir den Römern verdanken
114	Begegnung mit den Römern		
	Bei den Römern zu Hause	170	Erläuterung wichtiger Begriffe
116	Die Gründung Roms		
118	Die familia – die Hausgemeinschaft der Römer	174	Namen- und Sachregister
120	Kindheit, Jugend und Ehe	176	Bildquellenverzeichnis
122	Wozu arbeiten?		
124	Das Vorbild der Vorfahren		
	Von der Republik zum Kaiserreich		
126	Die Ständekämpfe		

Ein sensationeller Fund: die Himmelsscheibe von Nebra

München. Raubgräber haben im Jahre 1999 bei Nebra (Sachsen-Anhalt) eine grünliche Blechscheibe mit Sonne, Mond und Sternen entdeckt und sie über einen Mittelsmann verscherbelt. Der neue Besitzer bot die so genannte Himmelsscheibe von Nebra dann dem Landesmuseum für Vorgeschichte in Halle an. Bei der Übergabe in einem Hotel in Basel klickten die Handschellen. Seitdem untersuchen Wissenschaftler die älteste bekannte Darstellung des Sternenhimmels.

Was die Wissenschaftler zu erzählen haben, ist ebenso spannend wie die Geschichte des Fundes. Von Anfang an hat vor allem eine Frage Polizei und Wissenschaftler gleichermaßen beschäftigt: Handelt es sich bei der zwei Kilo schweren Bronzescheibe mit einem Durchmesser von 31 cm um eine Fälschung? Die chemische Zusammensetzung der Bronze deutet auf ein sehr hohes Alter hin, weil sie Proben aus der Bronzezeit gleicht. Drei Untersuchungsverfahren haben dies bestätigt.

In weiteren Untersuchungen beschäftigten sich die Forscher mit dem Gold auf der Bronzescheibe. 32 Goldbleche zeigen verschiedene Himmelskörper. Auffällig ist das Boot auf der Scheibe, das den Sonnenschiffen des alten Ägypten ähnlich sieht. Wurde die Scheibe von einem Reisenden als Souvenir mitgebracht oder ist vielleicht nur eine religiöse Idee aus dem Mittelmeerraum eingewandert?

Die Antwort wäre eindeutig, wenn die Wissenschaftler den Herstellungsort der Scheibe oder den Herkunftsort der Materialien kennen würden. Eine Analyse des Metalls weist auf Kupfergruben in den Ostalpen im heutigen Österreich hin. „Weil es sich nicht um das Kupfer aus Ägypten oder Zypern handelte, können wir ausschließen, dass es aus dem Mittelmeerraum kam", erläutert Professor Pernicka von der Bergakademie in Freiberg. Das Gold stammt aus Siebenbürgen im heutigen Rumänien, wie eine Untersuchung mit Röntgenstrahlen in Berlin ergab.

Der Aufwand bei der Herstellung der Scheibe war enorm. Deshalb war sie wohl nicht nur ein Bauernkalender für die Bestimmung von Winter- und Sonnenwende, sondern auch ein heiliges Objekt. Unter dem Mikroskop zeigt sich, dass die Scheibe mehrfach auf 400 bis 500 Grad erhitzt und in Form gehämmert wurde. Beim Glühen wurde sie schwarz, was aber den Schmied nicht störte: Denn schon die Menschen in der Bronzezeit wussten, dass sich die Schwärzung mit Essig entfernen lässt. Erst in die fertige Bronze wurden nacheinander Sonne, Sterne, Horizont und Schiff eingearbeitet.

Michael Lang: Gelöste Rätsel von Nebra. In: Süddeutsche Zeitung vom 7. November 2003, S. 11 (sprachlich vereinfacht).

M1 Die älteste Sternwarte Europas: Goseck bei Halle *(Sachsen-Anhalt). In unmittelbarer Nähe des Fundortes der Sonnenscheibe entdeckten Luftbildarchäologen vom Flugzeug aus den kreisrunden Graben. Sowohl das Observatorium als auch die Scheibe sind Belege für eine Jahrtausende alte Tradition früher Himmelskunde (2003).*

M2 Archäologen bei Grabungsarbeiten *(2003)*

M3 Die Himmelsscheibe von Nebra und weitere Fundgegenstände

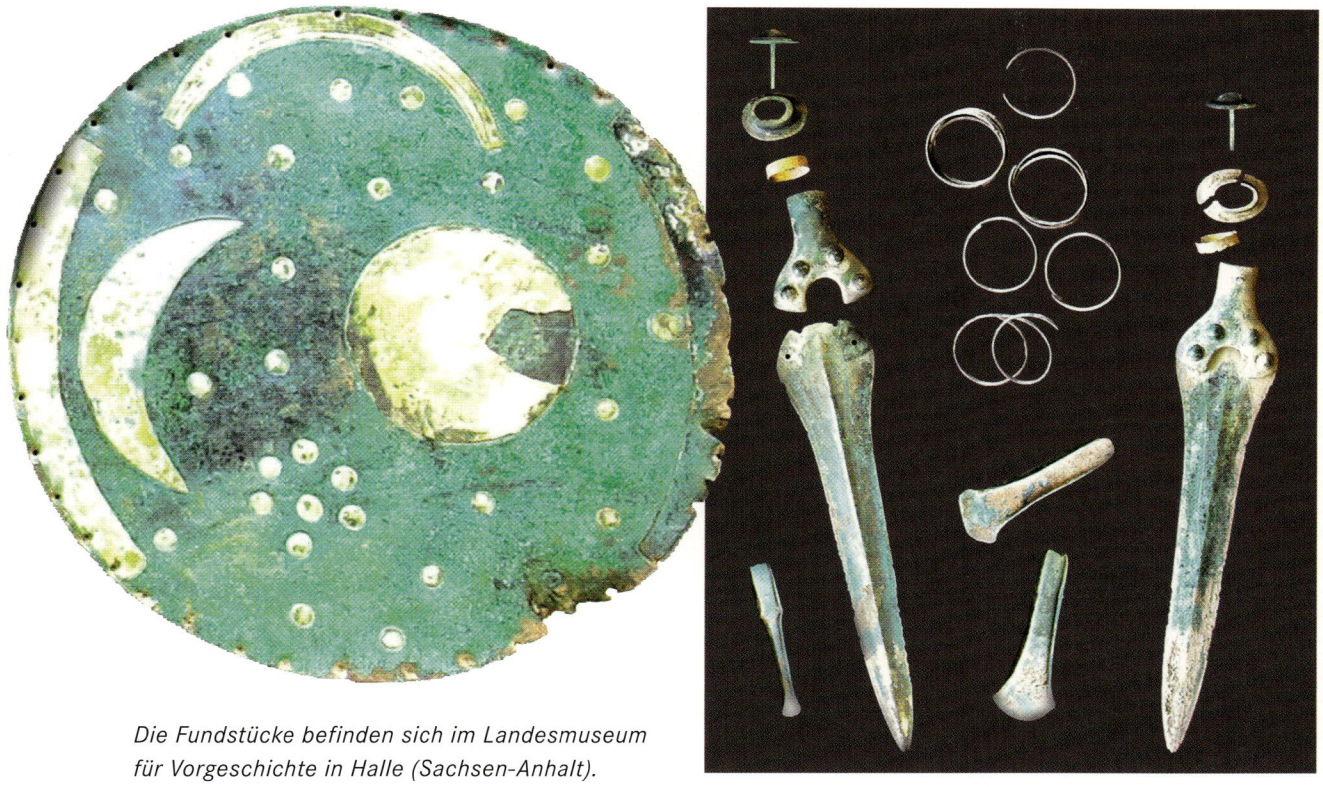

Die Fundstücke befinden sich im Landesmuseum für Vorgeschichte in Halle (Sachsen-Anhalt).
Zur genauen Altersbestimmung der Scheibe halfen den Wissenschaftlern die Bronzeschwerter, die zusammen mit der Scheibe gefunden wurden. Ähnliche Schwerter datierten Experten auf ein Alter von 1600 Jahren v. Chr.

M4 Werkzeuge der Archäologen

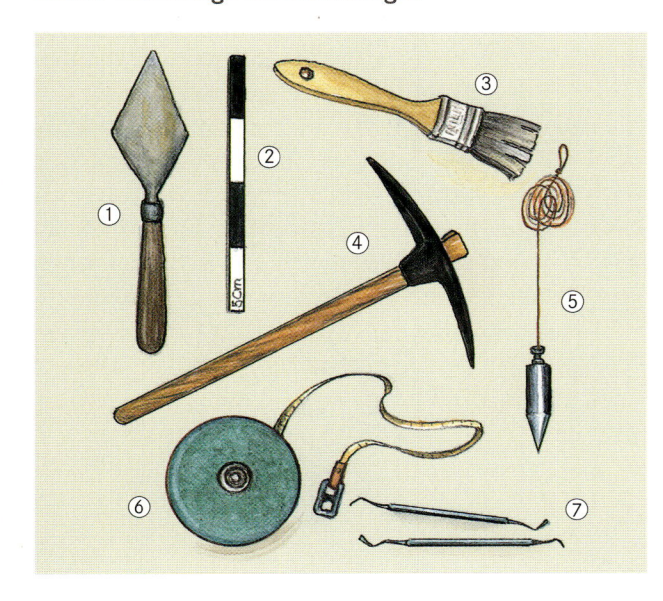

1 Beschreibe genau das Aussehen der Scheibe und der Schwerter (M3).

2 Welche Fachwissenschaften sind an der Erforschung der Scheibe beteiligt (Zeitungstext und M1–M3)? Welche Fragen möchten die Wissenschaftler beantworten?

3 Sammelt eure Fragen zum Nebra-Fund. Recherchiert im Internet unter dem Begriff „Himmelsscheibe von Nebra". Das Landesamt für Archäologie in Sachsen-Anhalt (www.archlsa.de) und dem ihn zugeordneten Landesmuseum für Vorgeschichte haben dazu auch interessante Informationen (www.landesmuseum-fuer-vorgeschichte-halle.de).

4 Mit welchen Gerätschaften arbeiten Archäologen (M4)? Suche aus der nachstehenden Liste den richtigen Namen für die Geräte Nr. 1–7 heraus: Spitzhacke, Senkblei, Bandmaß, Maßstab, Pinsel, Zahnarztinstrumente, Maurerkelle. Finde heraus, wozu die einzelnen Geräte den Archäologen dienen.

Einführung in das Fach Geschichte

Was war früher? – Spuren suchen, sichern und auswerten

Schriftliche Quellen und Überreste. Jeder von euch besitzt eine ganze Menge „geschichtliches Material" über seine Person: Fotos oder Videofilme, die Geburtsurkunde, das erste Zeugnis und vieles mehr. Alle diese Materialien nennen die Geschichtsforscher „historische" oder geschichtliche Quellen. Aus ihnen entnehmen wir Informationen über die Vergangenheit. Alle geschriebenen Überlieferungen gehören zu den schriftlichen Quellen (z. B. Urkunden, Briefe, Tagebücher, Inschriften, Verträge, Gesetzestexte und Zeitungen). Schriftliche Quellen gibt es je nach Kultur und Zeit in vielfacher Form: gedruckt, auf Pergament, Tierfellen oder Papier von Hand geschrieben, als Hieroglyphen eingemeißelt, in weichen Ton oder Wachs geritzt. Der Vorteil dieser Überlieferung liegt darin, dass man ihre Botschaft immer wieder nachlesen kann – vorausgesetzt man kennt die Schriftzeichen und deren Bedeutung.

Neben den schriftlichen Quellen finden sich noch die Überreste oder auch nichtschriftliche Quellen. Dazu gehören alle Bildquellen wie Gemälde, Zeichnungen, Comics, Fotos und Filme, aber auch Bauwerke, Denkmäler, Bodenfunde, Waffen, Münzen, Schmuckstücke und Alltägliches wie Haushaltsgeräte oder Kleidungsstücke aus früheren Zeiten.

Die Vergangenheit muss erklärt werden. Archäologen und Geschichtsforscher sind bemüht herauszufinden, wie es früher einmal war. Dazu müssen sie aus der Fülle des Materials Wichtiges von Unwichtigem trennen und in sinnvolle Zusammenhänge stellen. Oft liegen Dokumente in einer noch nicht entzifferten Schrift oder unvollständig bzw. nur in Teilen lesbar vor. Wenn Alter und Echtheit der Quellen feststehen, müssen die Aussagen der Quellen durch Vergleich und Überlegung geprüft werden. Diesen oft komplizierten Vorgang nennt man Quellenkritik. Es kommt immer wieder vor, dass Forscher aus den gleichen Quellen unterschiedliche Schlüsse ziehen. Das führt dann zu fachlichen Auseinandersetzungen. Unerwartete Funde oder neue Quellen können ein bis dahin akzeptiertes Bild von vergangenen Zeiten wieder völlig umwerfen.

Bibliotheken, Archive und Museen. Wenn ihr bestimmte Informationen sucht, greift ihr in der Regel auf Lexika, Bücher oder das Internet zurück. Die Verfasser der Lexika z. B. stützen sich auf alle für das Thema wichtigen Veröffentlichungen von Fachwissenschaftlern. Bibliotheken sammeln und verwalten Bücher und Medien. Die Aufbewahrungsorte für Quellen heißen Archive. Es gibt sie in Ländern, Städten, Gemeinden und Kirchen, aber auch in Firmen und Vereinen. Archive sind eine wichtige Forschungsstätte für die Menschen, die sich mit Geschichte befassen: die Historikerinnen und Historiker. Museen wiederum sammeln Funde und stellen sie aus.

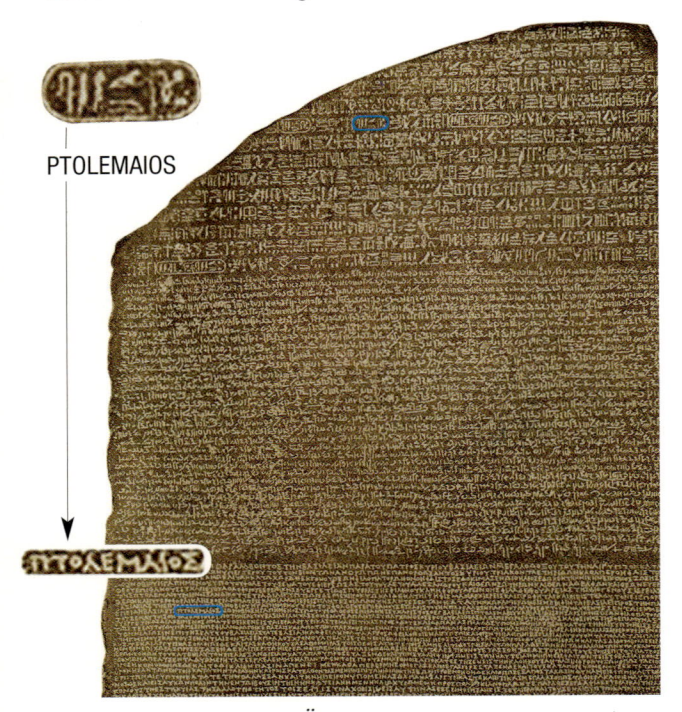

M1 Stein von Rosette (Ägypten, 2. Jh. v. Chr., heute im British Museum, London)
Der Stein wurde 1799 von französischen Soldaten gefunden und lieferte den Schlüssel zum Verständnis der ägyptischen Hieroglyphen-Schrift (vgl. S. 48 f.). Der Text ist dreisprachig eingemeißelt: in ägyptischer Hieroglyphenschrift, in ägyptischer Alltagsschrift und in Griechisch. Ausgehend von dem in allen drei Sprachen umrandeten Königsnamen Ptolemaios gelang es dem französischen Gelehrten Champollion mithilfe des Griechischen die Hieroglyphen zu entziffern.

**M2 Vom Fund zum Ausstellungsstück:
der Prunkkessel von Hochdorf** *(Baden-Württemberg)*

Durchmesser: 104 cm

Fassungsvermögen: 500 l

M3 Aus dem Tagebuch eines Kapitäns *(1492)*
Ich muss noch niederschreiben, was mich bewegt. Kann sein, dass dies meine letzte Eintragung ist, dass sie das Bordbuch ins Wasser werfen. Vielleicht vergessen sie es, und die Königin wird eines Tages wissen, dass ich kein Phantast, kein welt-
5 fremder Träumer war. Ich habe Licht gesehen. Ich rief sofort Pedro Gutierrez an Deck. Auch er sah Licht. Als Segovia sich zu uns gesellte, war das Licht verschwunden. Segovia meinte, wir wären Opfer einer Sinnestäuschung geworden …
Um zwei Uhr ertönte auf der „Pinta" ein Kanonenschuss. Ein
10 Matrose, Rodrigo de Triana, hatte als Erster das Land gesehen. Es liegt ganz nahe. Höchstens zwei Seemeilen. Was werden wir zu sehen bekommen? Marmorbrücken? Tempel mit goldenen Dächern? Gewürzhaine? Menschen, die uns gleichen oder irgendein Geschlecht von Riesen? Haben wir eine
15 Insel oder bereits Japan erreicht?
Zitiert nach: Christoph Columbus: Das Bordbuch, hrsg. und bearb. von Robert Grün, Berlin/Darmstadt/Wien (Horst Erdmann) 1970, S. 93f.

M4 „Schläge hat es jeden Tag gegeben!"
Ehemalige Schüler erzählen:
Joseph, Jahrgang 1915: Es hat gefürchtete und auch beliebte Lehrer gegeben. Die gespart haben mit den Schlägen, das waren schon die braven Lehrer.
Johanna, Jahrgang 1907: Auf Schönschreiben hat man großen Wert gelegt. Und dann noch auf Rechnen. Da waren manche ganz gut und manche ganz schlecht. Die haben Rechnen gar nicht kapieren wollen. Dann haben sie es hundertmal schreiben müssen: 2 x 2 = 4 oder sonst eine Aufgabe, eine ganze Tafel voll!
Regina, Jahrgang 1902: „Hände auf die Bank!", hieß es in der Schule. Beide Hände geschlossen auf die Bank, auch die Füße nebeneinander geschlossen. Das war auf die Dauer eine Qual.
Zitiert nach: Elisabeth Plößl: Kinder auf dem Dorf. 1900–1930 (= Schriften der Museen des Bezirks Schwaben, hrsg. von Hans Frei, Bd. 3), Gessertshausen 1989, S. 61f.

1 Überlegt, wo ihr auf eurem Schulweg auf Geschichte stoßt (z. B. alte Gebäude, Straßennamen, Hinweise auf Feste).
2 Gestalte in deinem Geschichtsheft eine Seite mit deiner persönlichen Geschichte (z. B. mit Kopien alter Fotos oder Erinnerungsstücke). Schreibe dazu kurze Erläuterungen für Leser, die dich nicht kennen.
3 Lass dir deine Geburtsurkunde heraussuchen. Welche geschichtlich wichtigen Informationen stehen darin?
4 Erläutere die Unterschiede von schriftlichen Quellen und Überresten. Gib für jede Gruppe mehrere Beispiele an.
5 Beschreibe die Entwicklung eines Fundes zum Ausstellungsstück (M2). Welche Stationen durchlief der Kessel bis zur Präsentation im Museum?
6 Welche Informationen erhalten wir aus dem Tagebuch des Kapitäns (M3)? Welche Fragen würdest du an ihn richten wollen?
7 Stellt die wichtigsten Daten über die Geschichte eurer Schule zusammen. Fügt Bildmaterial bei.
8 Die Aussagen der einstigen Schüler (M4) wurden teils schriftlich, teils mündlich übermittelt. Worauf muss man bei mündlichen Erzählungen besonders achten?

Einführung in das Fach Geschichte

Geschichtete Geschichte

So könnte ein Schnitt durch (d)eine Stadt aussehen. Jede Stadt wird natürlich eine andere „Stadt-Untergrund-Geschichte" haben. Sie zu entdecken ist eine interessante Aufgabe.

■ **M1** Schnitt durch die „historischen" Schichten einer Stadt

① *Marktplatz heute*

② *Neuzeit um 1800 n. Chr.*

③ *Spätmittelalter um 1400 n. Chr.*

④ *Römer und Germanen um 200 n. Chr.*

■ GESCHICHTE AKTIV/KREATIV
Spurensuche in unserem Ort oder einem Ort unserer Region

Die Zeichnung der gegenüberliegenden Seite zeigt einen Schnitt durch verschiedene Schichten einer Stadt. Wie könnte denn ein solcher Schnitt durch die Erdschichten für euren Schulort oder einen ausgewählten Ort eurer Region aussehen? Wie gehen wir vor? Natürlich unterstützt euch eure Lehrerin oder euer Lehrer bei dieser Spurensuche.

Erster Schritt: Wir planen, die Geschichte unserer Stadt zu erforschen. Dazu überlegen wir uns Fragen, wie wir dieses Projekt sinnvoll umsetzen können.
- Was wollen wir über unseren Ort herausfinden?
- Wie alt ist unsere Stadt? Welcher Zeitraum soll bearbeitet werden?
- Wie gehen wir bei der Informationssuche vor? Wo erhalten wir Informationen?
- Was machen wir mit dem gesammelten Material?
- Wer übernimmt innerhalb der Gruppe welche Aufgabe?
- Welcher Zeitraum steht uns für dieses Projekt zur Verfügung?

Zweiter Arbeitsschritt: Wir gehen auf Spurensuche.
- Informationen einholen und Hinweise sammeln (Schulbibliothek, städtische Bücherei, Heimat-, Stadtarchiv, Pfarramt, Internet, Stadtplan)
- Fotos oder Skizzen von Funden machen (z. B. im Heimatmuseum), in der Stadt alte Gebäude fotografieren

Dritter Arbeitsschritt: Wir werten das gefundene Material aus.
- Kurzer Bericht vor der Klasse, welches Material gefunden wurde
- Wie umfangreich soll die Dokumentation sein?
- Welche Gruppe bearbeitet welchen Zeitraum?
- Wer in der Gruppe hält die Ergebnisse fest?

Vierter Arbeitsschritt: Was machen wir mit dem gefundenen Material?
- Entwurf eines Plakats, Ausstellung in der Schule, Veröffentlichung auf der Homepage der Schule
- Wer zeichnet gerne? Wie viele Zentimenter sind ein Jahrhundert? (Steht vielleicht der Kunstraum mit größeren Tischen zur Verfügung?)
- Wer besorgt Papier, Stifte und sonstige notwendigen Hilfsmittel wie Kleber etc. Wer macht Kopien? Sollen Fotos verwendet werden? Wer kann Vorlagen einscannen?

Fünfter Schritt: Präsentation der Ergebnisse vor der Klasse
- Die jeweilige Gruppensprecherin oder der -sprecher stellt den Verlauf der Arbeiten vor. Was war bei der Spurensuche besonders schwierig und was hat sehr gut geklappt?
- Was soll mit dem gefundenen bzw. ausgewerteten Material geschehen (in der Klasse aufhängen, im Jahresbericht der Schule veröffentlichen)?

M2 In der Stadtbücherei

M3 Bei der Internetrecherche

Einführung in das Fach Geschichte

Die Darstellung der Zeit

Zeit – was ist das? Eine Unterrichtsstunde oder ein Fußballspiel dauern eine bestimmte Anzahl von Minuten. Wir verabreden uns zu einer bestimmten Zeit oder fragen „Hast du heute Zeit für mich?". Wir kennen Fahrpläne, haben einen Arzttermin um 16.00 Uhr und vieles mehr. Über unsere Einstellung zur Zeit hätten sich die Menschen vor 1 000 Jahren gewundert: Früher orientierte man sich am Sonnenstand und dieser bestimmte die Tätigkeiten des Tages. Erst mit der Erfindung der großen mechanischen Räderuhren im Europa des 14. Jh. wurde Zeit messbar. Solche Uhren hingen bald für alle sichtbar an den Kirchen und Rathäusern und gaben durch Glockenschläge die Stunde an. Nun konnte oder musste man „pünktlich" sein.

M 1 Wasseruhr aus dem antiken Athen

Die Uhr hatte eine bestimmte Funktion während der Gerichtsverhandlungen. Wenn das Wasser aus der oberen Schale durchgelaufen war, endete die Redezeit des jeweiligen Sprechers.

Die Zeitrechnung. Wenn wir angeben wollen, wann ein bestimmtes Ereignis in der Vergangenheit stattgefunden hat, sprechen wir in Jahren vor und nach Christi Geburt. Die jüdische Zeitrechnung setzt die Erschaffung der Welt mit dem Jahr 3761 v. Chr. an. Für Muslime beginnt sie mit dem Jahr des Auszugs des Propheten Mohammed von Mekka nach Medina. Das war im Jahr 622 der christlichen Zeitrechnung. Die genaue Berechnung von zurückliegenden Ereignissen ist sehr schwierig, da die einzelnen Kulturen zu unterschiedlichen Zeiten damit begannen Kalender zu benutzen. Außerdem waren früher die Kalenderangaben ungenau.

Wie lassen sich Zeiträume darstellen? Zeiträume können in Zeitleisten oder Tabellen wiedergegeben werden. Mehrere Millionen Jahre können genauso vereinfacht dargestellt werden (s. S. 16f.), wie der Zeitraum, der in einem Schuljahr behandelt wird (s. S. 4f.) oder aber die Geschichte einer Familie, die man vielleicht über ein bis zwei Jahrhunderte zurückverfolgen kann. Für die erste der beiden Zeitleisten braucht man ein Fachwissen, für die zweite Informationen über die eigene Familie. Die Geburtsjahre deiner Eltern und Großeltern wirst du kennen, über die Urgroßeltern und noch ältere Vorfahren kannst du gewiss etwas erfragen. In der Familiengeschichte sprechen wir von aufeinander folgenden Generationen.

M 2 Eine Zeitleiste zur Familiengeschichte

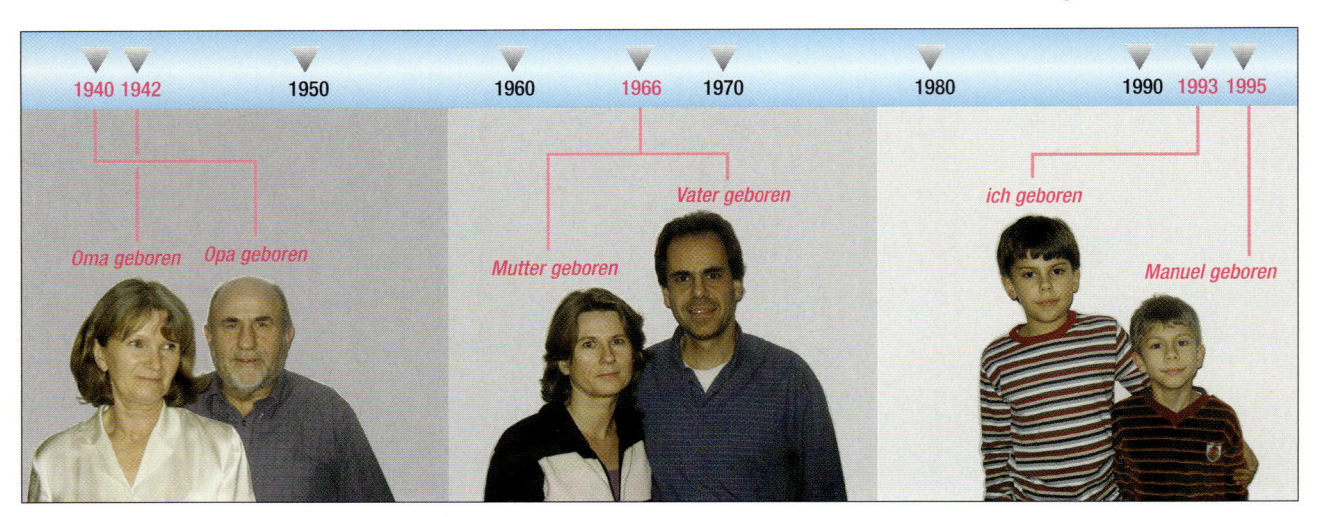

1940 – Oma geboren
1942 – Opa geboren
1950
1960
1966 – Mutter geboren
1970 – Vater geboren
1980
1990
1993 – ich geboren
1995 – Manuel geboren

M3 Versuch zur Messung von Zeit

Mithilfe von zwei Kerzen lässt sich eine einfache Kerzenuhr herstellen.

1 Stelle eine Kerzenuhr nach der Vorlage von M3 her.
2 Zeichne eine Zeitleiste deiner Familiengeschichte und klebe Fotos oder kopierte Fotos ein. Wie weit lässt sich eure Familiengeschichte in die Vergangenheit zurückverfolgen?
3 Wie sind in M4 jeweils die Jahre angegeben? Was muss man herausfinden, um die Datumsangaben in unsere Zeitrechnung übertragen zu können?
4 Versuche folgende Begriffe den in M5 genannten Zeiten zuzuordnen: Ritter, Faustkeil, Mondlandung, Eisenschwert, griechischer Tempel.

M4 Zeitrechnungen vergangener Kulturen

- **Ägypten**

Aus einer Inschrift auf den Wänden eines Tempels:
23. Jahr (des Königs Thutmosis III.), 4. Tag des 9. Monats. Tag des Festes der Kaiserkrönung bei der Stadt Gaza.

- **Mesopotamien**

Auszug aus einem Kalender:
Jahr 1: Hammurabi wurde König.
Jahr 2: Er stellte Gerechtigkeit im Lande her.
Jahr 3: Er stellte den Thron des hohen Heiligtums des Nannar von Babylon her ...
Jahr 7: Uruk und Isin werden erobert ...
Jahr 10: Heer und Einwohner von Malgu wurden vernichtet.

- **Griechenland**

Bericht über Sportarten bei den Olympischen Spielen; die Spiele wurden alle vier Jahre gefeiert:
... An der 14. Olympiade wurde der Doppellauf hinzugefügt ... an der 25. Olympiade nahmen sie das Rennen mit ausgewachsenen Pferden auf ... an der 45. Olympiade wurden Preise für den Faust- und Ringkampf der Knaben ausgesetzt ...

- **Rom**

Datumsangabe in einer Urkunde; die Konsuln waren die obersten Beamten Roms, sie wurden jeweils für ein Jahr gewählt:
Am 5. April, unter den Konsuln Caesar Domitianus, Sohn des Vespasianus Augustus, und Gnaeus Pedicus Cascus ...

M5 Zeitleiste

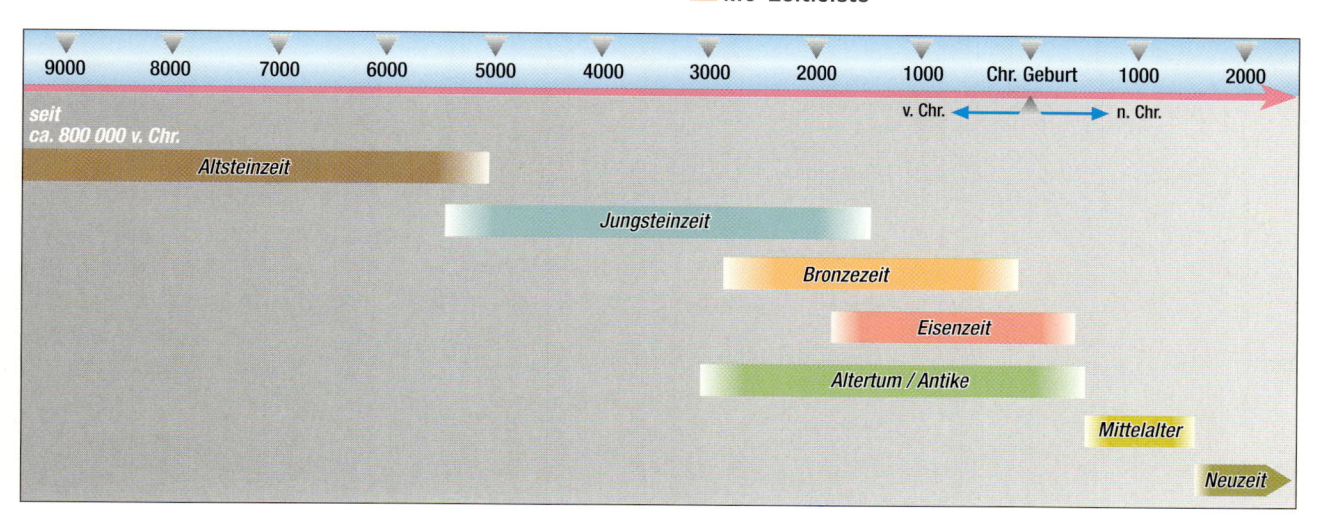

| 9000 | 8000 | 7000 | 6000 | 5000 | 4000 | 3000 | 2000 | 1000 | Chr. Geburt | 1000 | 2000 |

v. Chr. ← → n. Chr.

seit ca. 800 000 v. Chr. — Altsteinzeit
Jungsteinzeit
Bronzezeit
Eisenzeit
Altertum / Antike
Mittelalter
Neuzeit

Einführung in das Fach Geschichte

Wir orientieren uns in der Zeit

M 1 Die Geschichte unserer Erde: die Evolution
(= Entwicklung der Arten)

Wie alt ist die Erde? Nach dem heutigen Stand der Wissenschaft entstand unser Universum im „Urknall" vor etwa 12 bis 13 Milliarden Jahren. Bis vor etwa sieben Milliarden Jahren bildete sich die Milchstraße mit den verschiedenen Sternensystemen heraus. Unser Planetensystem mit der Erde ist etwa viereinhalb Milliarden Jahre alt.

Auf der Erde entstanden vor ca. vier Milliarden Jahren die Meere und das Festland. Zur gleichen Zeit bildeten sich Bakterien als erste Formen einfachsten Lebens. Über die weitere Entwicklung informiert die große Grafik auf dieser Seite.

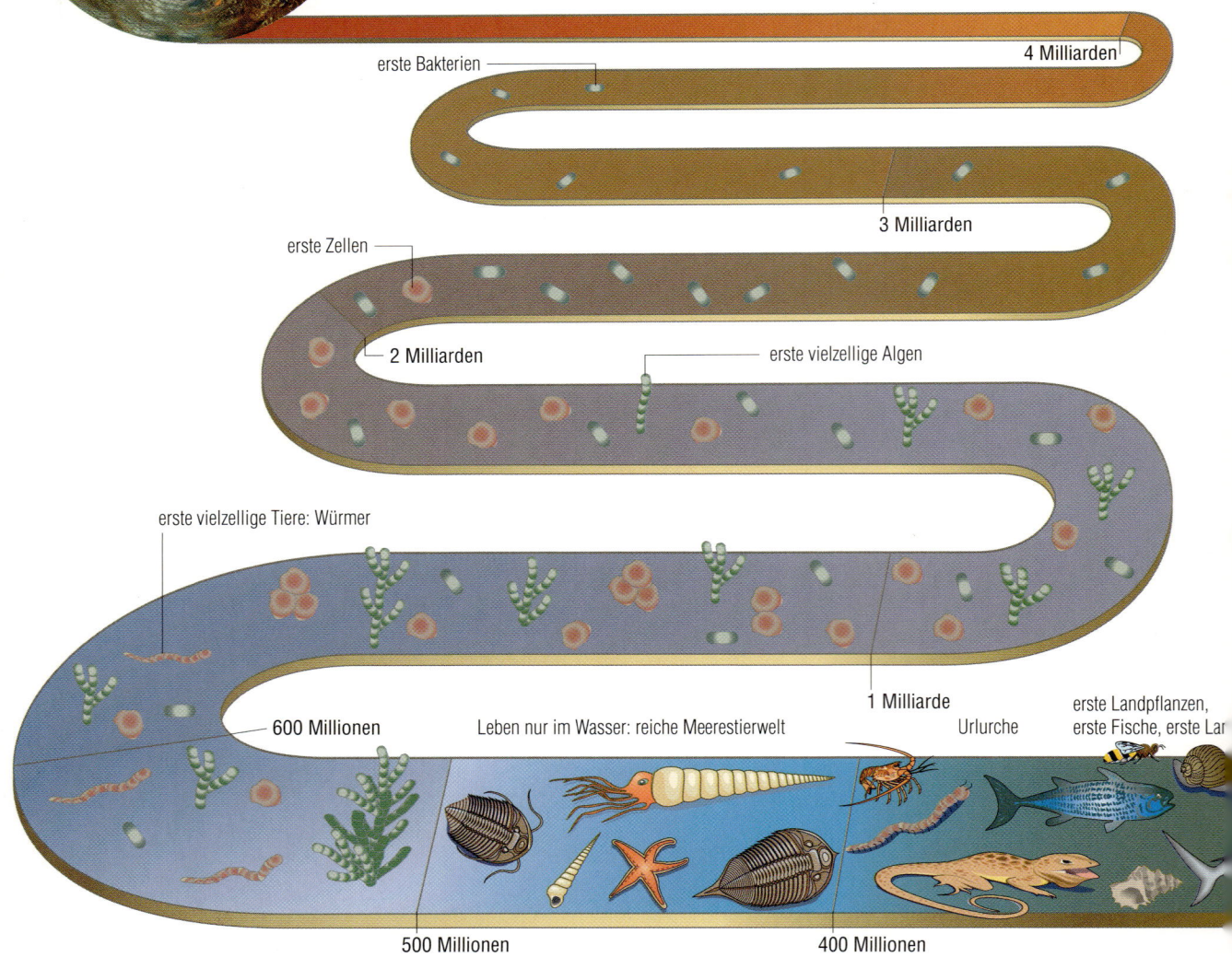

- 4 Milliarden
- erste Bakterien
- 3 Milliarden
- erste Zellen
- 2 Milliarden
- erste vielzellige Algen
- erste vielzellige Tiere: Würmer
- 1 Milliarde – Urlurche
- 600 Millionen
- Leben nur im Wasser: reiche Meerestierwelt
- 500 Millionen
- 400 Millionen
- erste Landpflanzen, erste Fische, erste Lar[...]

Seit wann gibt es Menschen? Verglichen mit der „Erdzeit" ist der Mensch eine ganz junge Erscheinung. Die ältesten Spuren der menschenartigen Wesen sind zwischen sieben und sechs Millionen Jahre alt. Der gemeinsame Ursprung von Menschen und Affen sowie die Entwicklung verschiedener Menschentypen wird im anschließenden Großkapitel (s. S. 18ff.) behandelt. Die Gattung des vernunftbegabten Menschen (homo sapiens sapiens), der wir heute angehören, gibt es erst seit etwa 40 000 Jahren.

M2 Eine Schulklasse veranschaulicht die Entwicklungsgeschichte des Menschen mit Maßband und Markierungshütchen.

1 In der Abbildung M2 haben die Schülerinnen und Schüler acht Millionen Jahre als 40 Meter auf der Laufbahn markiert. Wo müssen sie jeweils die Hütchen hinsetzen, um die letzten fünf Daten aus der Zeitleiste rechts richtig zu übertragen?

2 Versucht einmal, die gesamte Erdgeschichte von 12 Milliarden Jahren in ähnlicher Weise darzustellen. Nehmt für eine Milliarde Jahre zehn Meter als Grundlage. Wie lang ist dann die Gesamtstrecke? Wie groß ist der Anteil der Menschheitsgeschichte an dieser Strecke? Wo würden die letzten 2 000 Jahre auf dieser Strecke beginnen?

Die folgende Zeitleiste vergrößert die letzten Zentimeter der großen Grafik:

vor ca. 100 Millionen Jahren	Säugetiere
vor ca. 60 Millionen Jahren	Saurier sterben aus
vor ca. 40 Millionen Jahren	Affen und Menschenaffen
vor ca. 7–6 Millionen Jahren	erste menschenartige Wesen
vor ca. 4 Millionen Jahren	Urmensch Australopithecus (aufrechter Gang, Jäger)
vor ca. 1,5 Millionen Jahren	Homo erectus (Gebrauch des Feuers, Werkzeuge)
vor ca. 120 000 Jahren	Neandertaler
vor ca. 40 000 Jahren	moderner Mensch in Mitteleuropa

18

Der Mensch der Vorgeschichte

Die ersten Menschen

Wissenschaft und Schöpfungsmythen. Das Bild der vorangehenden Doppelseite veranschaulicht wichtige Stationen der Menschheitsgeschichte. Zwischen den einzelnen Stationen liegen sehr lange Zeiträume: Vor schätzungsweise sieben bis sechs Millionen Jahren existierten erstmals Vorfahren des Menschen, die sowohl gut klettern als auch aufrecht gehen konnten. Äußerlich ähnelten sie wohl eher Schimpansen als den heutigen Menschen. Für uns ist es schwer vorstellbar, dass diese haarigen Vormenschen mit einer Größe von ungefähr 1,50 m, einem Gewicht von 30 bis 50 kg und einem vergleichsweise kleinen Gehirn unsere Vorfahren sein sollen! Die Zeichnung (s. S. 18f.) fasst einen gewaltigen Zeitraum von Millionen Jahren bis zur Entwicklung des aufrecht gehenden Menschen zusammen. Die Grafik rechts (M2) nimmt diese Inhalte nochmals auf und gibt die weiteren Stationen bis zum modernen Menschen wieder. Auch heute noch streiten sich die Experten darüber, ob es eine durchgängige Entwicklung zum heutigen Menschen gab. Verschiedenste Arten von Vor- und Urmenschen existierten in den tropischen Wäldern und Savannen Afrikas wohl nebeneinander und starben teilweise wieder aus. Einig sind sich die Forscher darin, dass sich Menschen und Affen aus einer gemeinsamen Linie entwickelten.

M1 Darstellung der Schöpfungsgeschichte (16. Jh.)

Überall auf der Welt haben sich Menschen darüber Gedanken gemacht, woher sie stammen und wie menschliches Leben begonnen hat. Nicht nur die Schöpfungsgeschichten der Weltreligionen, sondern auch die heute noch lebenden Naturvölker, seien es die Inuit (Eskimos) oder die afrikanischen Buschleute, besitzen ihre jeweils eigene Erklärung über den Ursprung der Menschheit. In diesen ▶ Mythen handeln oft Gottheiten, die wie ein Töpfer Menschen aus Ton formen, ihnen Leben einhauchen oder sie auf andere Weise zum Leben erwecken.

Aufregende Entdeckungen. In den letzten Jahren haben Forscher mit immer feineren Methoden Knochenteile aufgespürt. Fast alle Funde stammen aus dem Grabenbruch, der den Osten Afrikas von Nord nach Süd durchzieht. An den teilweise viele hundert Meter steilen Bruchkanten liegt vor den Forschern die geologische Erdgeschichte wie ein offenes Buch. Dort wurden die aufregendsten Skelettfunde unserer ältesten Vorfahren gemacht. Mittlerweile gilt es als sicher, dass die ersten Menschen aus Afrika kamen und die übrigen Kontinente in mehreren Wellen besiedelt wurden. Man geht davon aus, dass durch die Entstehung des Grabenbruchs die Affen westlich dieser Linie weiterhin auf den Bäumen lebten. Östlich dieses Grabens passten sie sich dem Leben in den Savannenlandschaften an, indem sie sich zunehmend aufrichteten und auf zwei Beinen gingen. Diese Theorie wurde anhand zahlreicher Skelettfunde bestätigt. Zu den berühmtesten Funden gehören die Knochen einer Frau, die man „Lucy" nannte. Im Jahre 2001 fand ein französischer Forscher im Tschad mitten in der Sahara den mit sieben Millionen Jahren bislang ältesten Schädel eines Vormenschen, dem man den Namen „Tourmaï" gab.

Wovon handelt dieses Kapitel? Immer schon hat den Menschen die Frage nach dem „Woher kommen wir?" bewegt. Dieses Kapitel zeigt die Entwicklung des Menschen bis zum heutigen Homo sapiens sapiens, dem vernunftbegabten Menschen, auf. Wir beschäftigen uns außerdem mit den Fragen: Wie haben Menschen in der Steinzeit gelebt und welche Veränderungen haben sie durchlebt? Wie erleichterten sich die Menschen der Stein- und Metallzeiten durch technische Verbesserungen ihren Alltag?

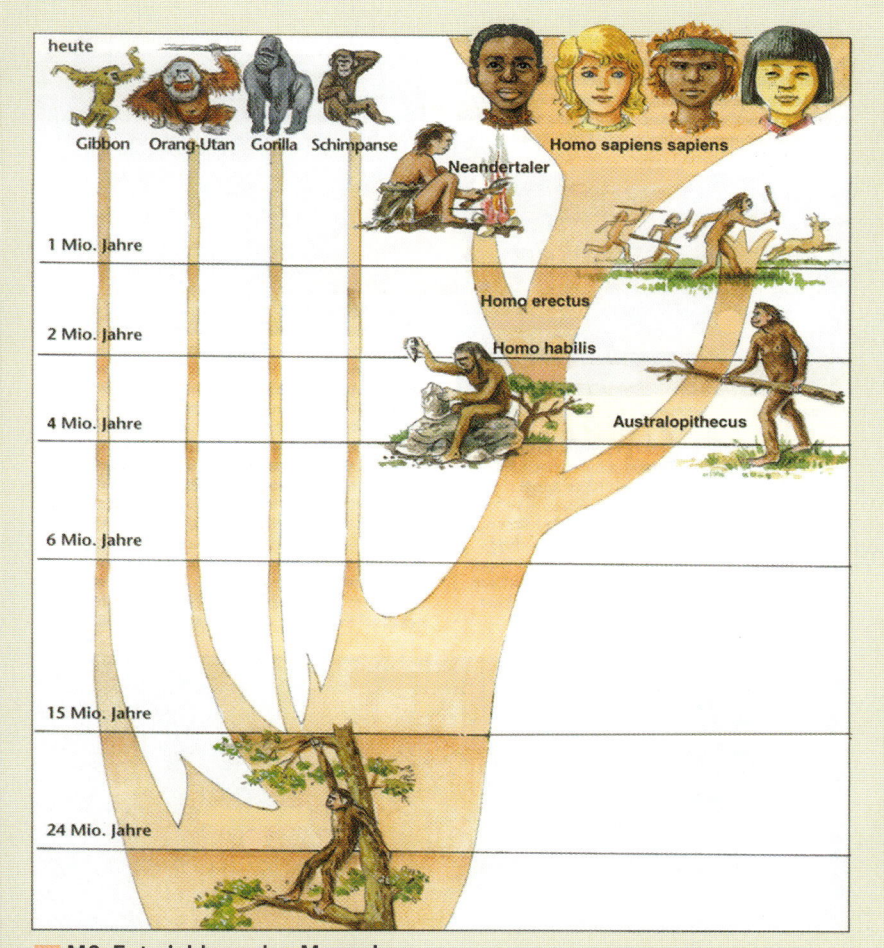

M2 Entwicklung des Menschen

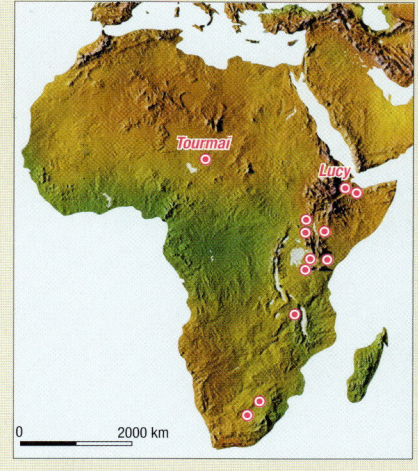

M3 Fundorte von Vor- und Urmenschen

M4 Tourmaï

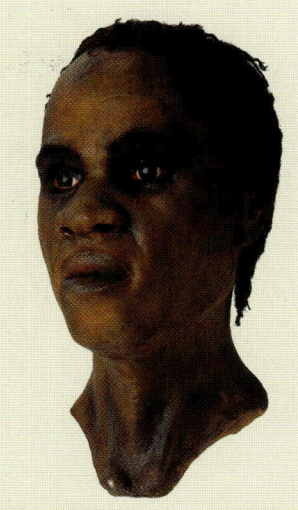

1 Lies in der Bibel (Genesis 2,4-22) die jüdisch-christliche Schöpfungsgeschichte und erzähle sie nach. Ziehe Parallelen zum Bild M1.
2 Beschreibe das Bild der vorhergehenden Doppelseite. Wie sieht die Landschaft aus, wie die Tierwelt? Beschreibe die dargestellten Vormenschen. Welchen Tätigkeiten gehen die einzelnen Gruppen nach?
3 Viele der Bezeichnungen des Schaubildes (M2) kommen aus dem Griechischen oder Lateinischen. Übersetze die Angaben mithilfe der Vokabelliste: griech./lat. pithecus = Affe; lat. homo = Mensch; lat. australis = südlich; lat. erectus = aufrecht; lat. habilis = geschickt; lat. sapiens = weise, vernunftbegabt, intelligent. Versuche die einzelnen Gruppen des Auftaktbildes den Abbildungen und den Namen in M2 zuzuordnen.

M5 „Eva" *(vor ca. 150 000 Jahren, Rekonstruktionsversuch nach Knochenfunden).* So sah nach Meinung heutiger Genforscher die afrikanische Urmutter der Menschheit aus.

21

Auf dem Weg zum Homo sapiens

M1 3,6 Millionen Jahre alte Fußspuren
In der Vulkanasche eines Ausgrabungsfeldes in Tansania haben sich diese alten Fußspuren erhalten. Sie belegen, dass der Australopithecus bereits aufrecht ging.

Der Frühmensch – Vorstufe des modernen Menschen. Bereits der Vormensch (Australopithecus) vor rund vier Millionen Jahren ging auf zwei Beinen. Durch den aufrechten Gang wurden die Hände für andere Aufgaben frei (s. S. 18ff.). Der Homo habilis (der geschickte Mensch) stellte vermutlich die ersten Werkzeuge her. Er ernährte sich von Pflanzen und Tieren. Durch Abschläge von Steinen entstanden einfache Klingen und Schaber, die u. a. das Zerkleinern des Fleisches erbeuteter oder gefundener Tiere ermöglichten.

Als die erste dem heutigen Menschen ähnelnde Menschenform gilt der Homo erectus (der aufrecht gehende Mensch). Die Forscher benannten diese Menschenart so, weil man damals noch keine Funde von aufrecht gehenden Vorfahren gefunden hatte. Er trat vor 2 bis 1,5 Millionen Jahren auf und verfügte über eine einfache Sprache. Die stete Vergrößerung des Gehirns als Zentrum für das Denken und Sprechen,

M2 Die Entwicklung bis zum heutigen Menschen

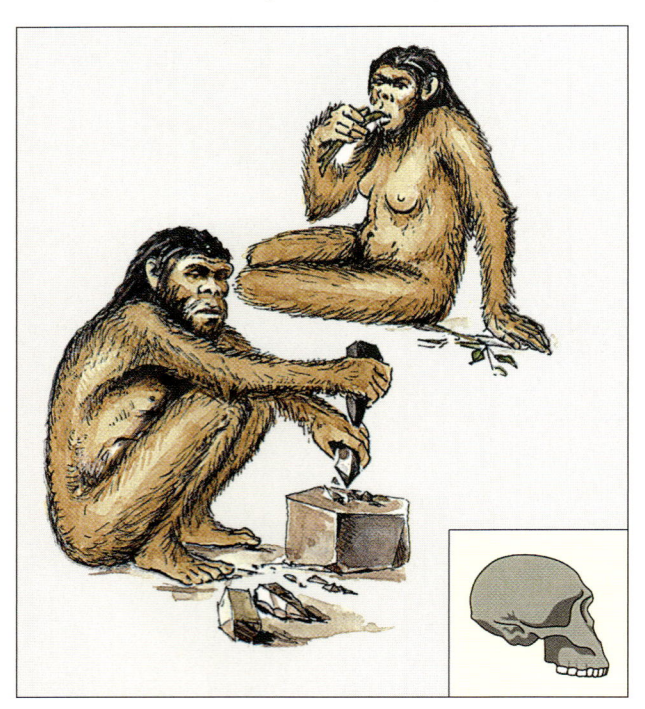

Homo habilis (der geschickte Mensch)
ca. zwei Millionen Jahre alt
Hirnvolumen: 500-650 cm^3, Größe: ca. 145 cm
einfache Steinwerkzeuge, gemischte Kost

Homo erectus (der aufrecht gehende Mensch)
ca. eineinhalb Millionen Jahre alt
Hirnvolumen: 750-1250 cm^3, Größe: ca. 165 cm
konnte Faustkeile herstellen, besiedelte von Afrika aus Europa und Asien

Planen und Handeln wurde so zum Hauptunterscheidungsmerkmal zwischen Affen und Menschen. Homo erectus war der erste Menschentyp, der Afrika in Richtung Asien und Europa verließ. Lagerfunde zeigen, dass er wirkungsvollere Steinwerkzeuge als seine Vorfahren herstellte und das Feuer nutzte.

Die ältesten Hinweise auf europäische Urmenschen sind zwischen 1,5 Millionen und 800 000 Jahre alt. Woran liegt es, dass Urmenschen erst so spät auf unserem Kontinent auftauchten? Der Hauptgrund ist, dass es in Europa viel zu kühl für eine dauerhafte Besiedlung war. In den letzten 2,5 Millionen Jahren lösten sich auf der nördlichen Halbkugel Kalt- und Warmzeiten ab, die jeweils zwischen zehntausend und hunderttausend Jahren dauern konnten. Wenn die Eisdecken am Ende einer Kaltzeit schmolzen, entstanden wieder Graslandschaften und Wälder, in die die Menschen nachrückten. Diese Menschen mussten Anstrengungen unternehmen und Erfindergeist zeigen, um in solch einer Umgebung leben zu können.

Homo sapiens sapiens (der vernunftbegabte Mensch) aus Afrika, ab ca. 40 000 v. Chr. in Europa Hirnvolumen: 1200–1700 cm³, Größe: 160–185 cm stellte Kunstwerke her, verbreitete sich auf allen Kontinenten

Der moderne Mensch in Europa. Ab etwa 120 000 v. Chr. verbreiteten sich erneut Menschen von Afrika aus auf andere Kontinente. Aus diesem Menschentyp, dem Homo sapiens (der gescheite Mensch), ging unser direkter Vorfahre, der Homo sapiens sapiens, hervor, der ab ca. 40 000 v. Chr. in Europa lebte. Er hat uns neben Werkzeugen auch bedeutende Höhlenmalereien hinterlassen. Er war dem heutigen Menschen durch seine hohe Stirn, den hoch gewölbten Schädel und den zierlichen Kiefer wesentlich ähnlicher. Nach dem ersten Fundort in Frankreich wird der Homo sapiens sapiens auch Cro-Magnon-Mensch genannt.

■ **M3 Die Ausbreitung des Menschen**

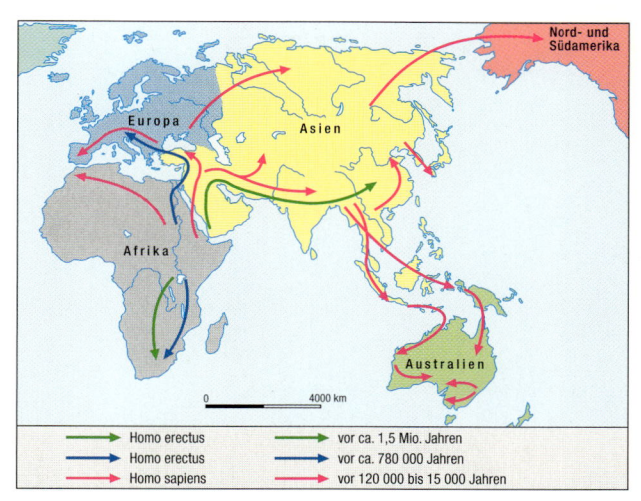

Unter den Wissenschaftlern wurde sehr lange darum gestritten, ob alle Menschenarten ursprünglich aus Afrika stammten oder möglicherweise auch aus anderen Erdteilen. Heute hat sich die „Out-of-Africa-Theorie" durchgesetzt, wie in der Karte veranschaulicht.

1 Welche Hauptveränderungen kannst du auf den drei Bildern (M2) feststellen?
2 Durch die Nutzung des Feuers unterschied sich der Mensch grundlegend vom Tier. Zähle einige Vorteile auf, die das Feuer für den Menschen hatte.
3 Schreibe in einer Tabelle die Unterschiede der einzelnen Menschenformen auf, berücksichtige dabei die Unterschiede in der Größe, der Verbreitung, der Ernährung und den Fähigkeiten (M2–M3).
4 Unter Experten ist umstritten, ob der Australopithecus eine frühe Menschenart ist. Was spricht dafür, was dagegen (M1 und S. 20f.)?

23

Jäger und Sammler

Leben und Umwelt. In Europa herrschte bis vor etwa 12 000 Jahren ein anderes Klima als heute. Kalt- und Warmzeiten wechselten sich ab. Während der Eiszeiten lagen große Teile Europas unter einer dicken Eisschicht. Im Sommer war es selten wärmer als 10 Grad, die Winter waren lang und eiskalt. Durch die riesigen Graslandschaften zogen Rentiere, Wollnashörner, Wildpferde und Mammuts, Eisfüchse und Schneehasen. Jagen und Sammeln war eine geeignete Lebensform, um auch in kalten Klimazonen zu überleben. In kleinen Gruppen von 20–30 Personen folgten die Menschen den Tierherden. Man hatte keine festen Wohnplätze, sondern verweilte so lange an einem Ort, wie es genug zu essen gab (▸ Nomadentum).

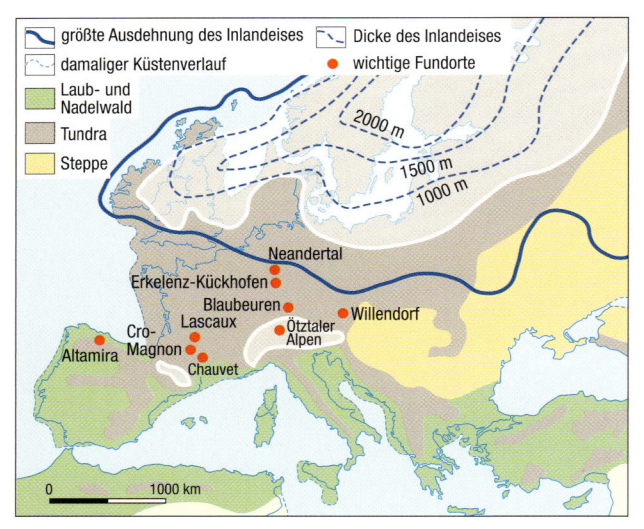

▨ **M1 Eiszeit in Mitteleuropa**

▨ **M2 Tierwelt der Eiszeit**

Menschentypen begegnen sich. Ab 120 000 v. Chr. lebten die Neandertaler in Europa. Sie waren etwa 1,60 m groß, hatten einen kräftigen Körperbau, eine flache Stirn und Überaugenwülste. Dieser Menschentyp wird nach dem Fundort eines Schädelknochens im Neandertal bei Düsseldorf so genannt. Als um 40 000 v. Chr. der Cro-Magnon-Mensch (Homo sapiens sapiens) auftauchte, lebten in Mitteleuropa zwei Menschenarten nebeneinander. Der Neandertaler starb bis 25 000 v. Chr. aus. Die Forscher haben noch keine eindeutige Erklärung für sein Verschwinden gefunden.

Technische Entwicklungen. Die Menschen stellten Werkzeuge und Waffen her. Im Unterschied zu den langen Holzspeeren der Neandertaler, deren Spitzen aus Holz, Feuerstein oder Knochen waren, verfügte der Cro-Magnon-Mensch am Ende der Eiszeit zusätzlich über kurze Speere, die mithilfe einer Speerschleuder geworfen wurden. Mit ihr konnten Tiere aus größerer Entfernung erlegt werden. Ab dem Ende der Altsteinzeit, um ca. 10 000 v. Chr., gingen die Menschen mit Pfeil und Bogen auf die Pirsch. Aber auch in anderen Bereichen zeigten sie einen erfinderischen Geist. Mithilfe von Nähnadel und Sehnen konnten Kleidung und Schuhe aus Fellen und Häuten angefertigt werden.

Weil Stein damals der wichtigste Werkstoff für schneidende Waffen und Geräte war und die meisten Funde, die sich bis heute erhalten haben, aus Stein sind, bezeichnet man diesen Zeitabschnitt der Menschheitsgeschichte als ▸ Steinzeit, die Zeit der Jäger und Sammler/innen als Altsteinzeit.

Die Gruppe bietet Schutz und Versorgung. Die Mitglieder einer solchen Gemeinschaft teilten sich die anfallenden Arbeiten. Wer für welche Aufgaben zuständig war, wissen wir nicht genau. Beobachtungen der Lebensweise heutiger Jäger und Sammler/innen lassen vermuten, dass überwiegend Männer Waffen und Werkzeuge anfertigten und gemeinsam auf die Jagd gingen. Die Frauen halfen bei Großwildjagden vielleicht als Treiberinnen mit, versorgten sonst die kleinen Kinder, sammelten Essbares, erlegten kleinere Tiere und gruben nach Wurzeln. Diese Art zu leben bzw. sich zu ernähren bezeichnen wir als aneignende Lebensweise.

M3 Die Jagdmethoden verbessern sich

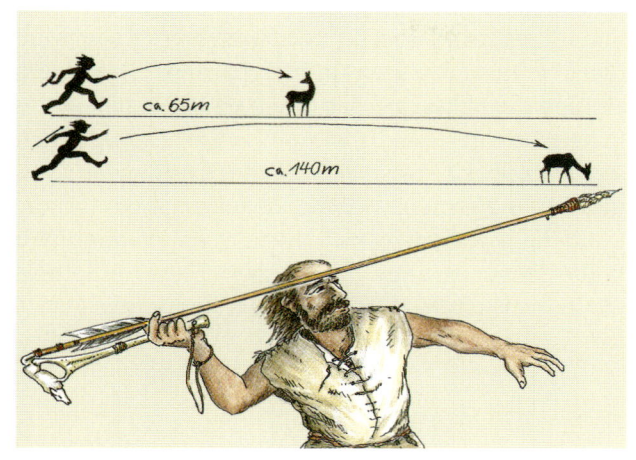

Vom Speer zur Speerschleuder

M4 Geschichte erzählt
So lebten die ersten Mitteleuropäer
Vorsichtig nähern sich die beiden Jäger – Vater und Sohn – mit ihren Eibenholzspeeren dem unter dem Steilufer in der warmen Abendsonne dösenden jungen Flusspferdbullen. Der fühlt sich sicher, denn sogar mit jedem angreifenden Löwen
5 würde er im Wasser leicht fertig. Da treffen ihn plötzlich zwei rasche gleichzeitige Würfe von schlanken Speeren: einer ins linke Auge, der andere links hinter die Rippen. Das fast schon ausgewachsene Tier brüllt auf, die Speere splittern. Der Blutverlust ist sofort groß, das Tier versucht zu entkommen. Die
10 beiden Jäger folgen ihm und töten mit einem letzten Lanzenstoß ins Herz das völlig ermattete Tier. Das bedeutet für sie mehr Fleisch, als ihre Gruppe in den nächsten warmen Tagen verzehren kann. Um möglichst viel davon zu profitieren, wird das nur einen kurzen Sonnenweg entfernte Lager zum Beu-
15 teplatz hin verlegt.
Zitiert nach: Hansjürgen Müller-Beck: Die Steinzeit, München (Beck) ²2001, S. 51f.

M5 Steinwerkzeuge

Die Menschen konnten verschiedene Steine unterscheiden und wählten solche aus, die sich am besten zur Herstellung von Werkzeugen eigneten. So zum Beispiel der Feuerstein, der gut spaltbar und scharfkantig ist.

M6 Tagesration einer Sammlerin aus dem heutigen Namibia (Südwestafrika)

---

1 Nenne Gebiete Europas, die unter der meterhohen Eisschicht lagen (M1).
2 Welche Vorteile bot die Speerschleuder gegenüber dem Speer, welche Pfeil und Bogen gegenüber der Speerschleuder (M2–3)? Beziehe die Jagderzählung mit ein (M4).
3 Wofür brauchten die Menschen Werkzeuge und Waffen (M3–M5)?
4 M6 zeigt das Ergebnis des Nahrungssammelns eines ganzen Tages. Um welche „Produkte" handelt es sich? Erstelle einen Speisezettel für die Altsteinzeit.
5 Definiere in einem Satz ins Heft, was wir unter einer „aneignenden Lebensweise" verstehen.
6 In der Nähe von Blaubeuren gibt es interessante Höhlen mit Funden aus der Altsteinzeit. Erkundige dich und berichte darüber.

Künstler aus der Eiszeit

Die ältesten Kunstwerke. Spielende Kinder entdeckten 1940 in Südfrankreich durch Zufall eine Höhle, deren Inneres vollständig mit farbigen Zeichnungen bemalt war. Von der Existenz solcher ▶ Höhlenmalereien wussten Archäologen seit Ende des 19. Jh. Die nun gefundenen Malereien stellten aber alle bisherigen Felszeichnungen an Schönheit und Genauigkeit in den Schatten; ihre Entstehungszeit wurde von Experten auf die Zeit um 15 000 Jahre v. Chr. geschätzt. Seitdem hat man weitere atemberaubende Höhlenmalereien in Südfrankreich und Nordspanien entdeckt. Bei der Bestimmung der Herstellungsweise helfen Vergleiche mit den Zeichnungen der australischen Ureinwohner sowie Experimente der Archäologen.

Anders als unsere heutigen Kunstwerke, die bewundert werden wollen und für alle sichtbar sind, entstanden die Malereien der Cro-Magnon-Menschen in schwer zugänglichen Höhlen, die vermutlich nicht bewohnt wurden. Bei dämmrigem Licht schufen die Maler großartige Kunstwerke. Sie zeigen, dass diese Menschen sich Gedanken über ihr Dasein, die Tierwelt und die Natur machten. Manche Forscher glauben, die Höhlen seien heilige Stätten gewesen.

Plastische Kunstwerke. Zeitgleich mit der Höhlenmalerei entstand die Bildhauerkunst aus Knochen und Elfenbein. Plastische Tierdarstellungen von Wildpferden, Löwen, Bären und Leoparden z. B. aus den Höhlen der Schwäbischen Alb lassen die späteiszeitliche Tierwelt lebendig werden. In ganz Europa kommen zahlreiche Frauenfigürchen vor mit typisch ausgeprägten Formen. Welche Bedeutung sie für die Menschen hatten, wozu sie dienten, können wir heute kaum erahnen. Das bisher älteste erhaltene Musikinstrument, eine Flöte, ist mehr als 30 000 Jahre alt.

M1 Die Grotte Chauvet
Als Meisterwerke der Höhlenmalerei gelten die in der Grotte Chauvet in Frankreich 1994 gefundenen über 30 000 Jahre alten Darstellungen von Tieren und seltsamen Fabelwesen, halb Mensch, halb Tier. Die Umrisse wurden mit Feuerstein eingeritzt. Die Künstler benutzten zum Zeichnen Holzkohle und Tonerde in verschiedenen Braun- und Rottönen.

M2 Geschichte erzählt
Eine atemberaubende Entdeckung

Die 13-jährige Isabelle verbringt ihre Sommerferien bei Verwandten in Südfrankreich. Mit ihrer Cousine Suzanne und den Cousins Régis und Philippe entdeckt sie eine Höhle:
Zaghaft drangen sie tiefer in die Höhle ein ... Der Gang wurde zwar breiter, aber immer noch ging es leicht schräg abwärts. Philippe tappte mit der Taschenlampe voran, die beiden Mädchen mit ihren Kerzen so dicht wie nur möglich hintendrein ...
5 Philippe und Régis leuchteten gerade mit ihrer Taschenlampe eine tiefe Nische aus, als sie ein durchdringender Schrei jählings zusammenzucken ließ. Die Jungen sprangen auf. „Um Himmels willen, was ist denn jetzt schon wieder los? Was ist passiert, wo steckt Isabelle, hat sie sich was gebrochen, ist
10 sie gestürzt? Sag doch endlich was!" Philippe hatte seine Cousine an der Schulter gepackt und rüttelte sie: „Du, sag was!" Doch Suzanne schien derartig verstört, dass sie nur stumm auf den schmalen Durchschlupf deuten konnte. Philippe zwängte sich, die eine Schulter voran, schnaufend vor
15 Erregung und Anstrengung hinein. „Isabelle", schrie er, indem er sich ohne Rücksicht auf die seine Kleider schürfenden Felswände voranschob. „Was hast du, was soll das hysteri ...". Das Schimpfwort blieb ihm buchstäblich in der Kehle stecken vor Entsetzen.

20 Auge in Auge sah er sich einem angreifenden Bison gegenüber, der ihn mit gesenkten spitzen Hörnern bedrohte und dessen Nüstern vor Wut geradezu schäumten und hörbar zu schnauben schienen. Noch niemals hatte Philippe, auch auf keiner noch so gelungenen Fotografie in irgendeinem Tier-
25 buch, die rasende Angriffslust eines wilden gefährlichen Tieres derart vollendet dargestellt gesehen ...

Zitiert nach: Wolfgang Kuhn: Mit Jeans in die Steinzeit, München (= dtv-junior, Nr. 70144), München 1988, S. 50 und 65.

M3 Mammut

Altsteinzeitliche Tierplastik aus Elfenbein (Vogelherdhöhle, nordöstlich von Ulm, 6,7 cm lang, 3,8 cm hoch)

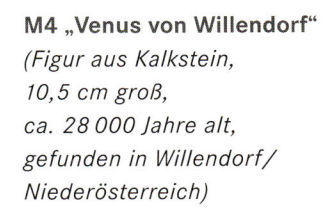

M4 „Venus von Willendorf"
*(Figur aus Kalkstein,
10,5 cm groß,
ca. 28 000 Jahre alt,
gefunden in Willendorf/
Niederösterreich)*

1 Du entdeckst mit deinen Freunden eine Höhle mit eiszeitlichen Malereien. Beschreibe deine Gefühle beim Hinabsteigen der Höhle, die Malereien und welche Wirkung diese auf dich/euch haben. Überlege, was die Menschen mit diesen Darstellungen ausdrücken wollten. Hilfestellung bieten M1–M2.
2 Erkundige dich, welche Bedeutung das Mammut (M3) für den Menschen der Steinzeit hatte.
3 Grabfunde lassen weitere Schlussfolgerungen auf das Leben und Denken der altsteinzeitlichen Menschen ziehen. So fanden sich in Gräbern Pollen (Blütenstaubkörner) und kleine Grabbeigaben in Form von Werkzeugen, Schmuck und Nahrung. Worauf weisen diese Funde hin?
4 Warum erhielt die Figur (M4) kein Gesicht, dafür aber einen umso ausdrucksstärkeren Körper?

Aus Jägern und Sammlern werden Ackerbauern und Viehzüchter

Das Klima erwärmt sich. Vor etwa 12 000 Jahren ging die Eiszeit allmählich zu Ende. Die Rentierherden zogen in den kühleren Norden, zahlreiche Tierarten wie das Mammut starben aus. Ausgedehnte Waldgebiete traten an die Stelle der Graslandschaften. In den Wäldern war die Jagd mit dem Wurfspeer nicht mehr möglich. Die vertraute Lebensweise wurde durch die Jagd auf kleinere Tiere und den Fischfang abgelöst. Die Waldgebiete boten deutlich mehr Nahrung wie Nüsse und Beeren an.

Gräser machen sesshaft. Viele Millionen Jahre lebte der Mensch vom Jagen und Sammeln und blieb nur so lange an einem Ort, wie er Nahrung vorfand. Als die Menschen im Vorderen Orient vor etwa 10 000 Jahren begannen, Wildgetreide und Wildgerste nicht nur zu sammeln, sondern von den Körnern einen Vorrat anzulegen, war der Schritt zur gezielten Aussaat nicht mehr weit. Die Beobachtung, dass Getreidekörner in den Vorratsgruben keimten, mag dabei geholfen haben. Die wahrscheinlich eher zufällig gezüchteten, neuen Pflanzen mussten gepflegt, geerntet, gelagert und wieder ausgesät werden. Diese Wirtschaftsform setzte sich allmählich durch und machte aus den umherziehenden Jägern und Sammlern des fruchtbaren Halbmondes sesshafte Bauern mit dörflichen Siedlungen. Es dauerte auch nicht lange, bis geeignete Wildtiere durch die Aufzucht von Jungtieren zu Haustieren wurden. Zunächst waren es Schafe und Ziegen, später kamen Rinder und Schweine hinzu.

Die neolithische Revolution. Der Übergang von der aneignenden zur bäuerlich sesshaften Lebensweise wird wegen seiner weit reichenden Folgen als ▶ neolithische (jungsteinzeitliche) Revolution bezeichnet. Ackerbau und Viehzucht sicherten nun die Lebensgrundlage. Obwohl die Arbeit im Vergleich zum Nomadenleben der Jäger und Sammler sehr mühsam war, bot die Form der Selbstversorgung große Vorteile. Jetzt konnten mehr Menschen ernährt, Hungerzeiten durch Vorratshaltung leichter überbrückt werden. Mit der ▶ Sesshaftigkeit nahm das Bevölkerungswachstum zu.
Bauerngesellschaften entstanden unabhängig voneinander in verschiedensten Teilen der Welt. Hauptanbauprodukte waren z. B. im Gebiet des fruchtbaren Halbmondes Gerste und Weizen, in Ostasien Reis, in Nordafrika Hirse und in Mittelamerika Mais.
Ob es eine Arbeitsteilung zwischen Männern und Frauen gab, wissen wir nicht. Es waren Tätigkeiten auf den Feldern, im Wald und im Haushalt zu verrichten. Richtige Berufe bildeten sich erst allmählich heraus. Die Ackerbauern und Viehzüchter stellten alles selbst her, was sie brauchten.
Die neue Lebensweise auf Grundlage der Vorratshaltung brachte jedoch auch Nachteile mit sich. Ratten und andere Schädlinge machten den Menschen die Vorräte streitig. Das enge Zusammenleben größerer Gruppen führte zur schnelleren Ausbreitung von Krankheiten. Die Dörfer mussten nun befestigt und oft mit Waffengewalt gegen Angriffe von außen geschützt werden. Die Vorräte der Bauerngesellschaften bildeten ein begehrtes Angriffsziel von Nomadenvölkern. Viele Forscher sehen im Übergang von der aneignenden zur sesshaften Lebensweise den Beginn der Ungleichheit zwischen Arm und Reich, da einige Bauern und später auch die Handwerker mehr produzierten als andere und wohlhabender wurden.

M1 Ausbreitung des Ackerbaus

M2 Menschen beim Bau eines Langhauses (Rekonstruktion)
Die Häuser waren etwa 5 m breit, 25 m lang und 7 m hoch. Sie dienten als Wohnung für eine Familie. In einem Dorf gab es bis zu 20 Häuser, die eng beieinander standen. Ein Graben oder ein Zaun konnten zusätzlich das Dorf schützen.

M3 Geschichte erzählt

Aus dem Leben eines Ziegenhirten

Der Junge lag zufrieden unter dem mächtigen Eichenbaum und warf von Zeit zu Zeit einen Blick über seine stattliche Ziegenherde, die auf der Waldwiese alles fraß, was sie erreichen konnte.
5 Früher hatten die Männer noch die Wildziegen in mühevollen Jagdzügen verfolgen müssen und oft waren sie mit leeren Händen zurückgekehrt. Jetzt aber lebten die Ziegen bei ihnen, genauso wie die Rinder und die Hunde, und wenn man Hunger hatte, brauchte man nie mehr warten und auf das Jagd-
10 glück vertrauen. So ein Leben als Dorfhirte war meist nicht sehr anstrengend. Aufregend wurde es nur, wenn einmal ein Tier ausreißen wollte, denn dann war ein Junge manchmal zu wenig, um gleichzeitig auf die restlichen Tiere aufzupassen. Ein Helfer, dachte der Junge, wäre dann sehr nützlich. Er hatte
15 schon beobachtet, dass die Ziegen stehen bleiben, wenn sein Hund Asa bei ihnen war. Wenn er nun Asa beibringen könnte aufzupassen? Vielleicht mit einem Stück Fleisch als Belohnung? Da spürte er selbst Hunger. Gähnend erhob er sich, trottete hinüber zur Herde, streichelte eine Mutterziege und
20 begann, das ruhige Tier zu melken. Er nahm einen tiefen Schluck aus dem ledernen Melkschlauch. Er war froh, nicht wie seine Schwestern und Brüder bei der schweißtreibenden Feldarbeit mithelfen zu müssen.

Zitiert nach: Karl Filser: Begegnungen 5, München 1997, S. 71.

1 Verfolge die Ausbreitung des Ackerbaus in der Karte M1. Schreibe eine Tabelle in dein Heft. Ordne dem jeweiligen Farbton die Namen der heutigen Länder zu. Vergiss nicht den Zeitraum anzugeben, während dessen die Ausbreitung erfolgte.

2 Welche heutigen Länder gehören zum fruchtbaren Halbmond (M1)?

3 Stelle dir vor, ein Junge aus der Jäger- und Sammlerkultur beobachtet den Hausbau. Was sieht er? Was denkt er?

4 In manchen Moor- und Feuchtgebieten Baden-Württembergs gab es in der späteren Jungsteinzeit so genannte Pfahlbauten im Uferbereich. Erkundige dich im Internet unter dem Stichwort „Unteruhldingen", wie diese Häuser konstruiert wurden.

5 Die Bauern und Viehhirten veränderten auch die Umwelt. Gib Gründe dafür an.

6 Schreibe aus dem Autorentext die Vor- und die Nachteile der bäuerlichen Lebensweise heraus. Vergleiche nun die aneignende Lebensweise der Jäger und Sammler mit der produzierenden Lebensweise der Bauern und Viehzüchter. Beziehe dazu auch M2 und M3 auf dieser Seite mit ein.

Erfindungen erleichtern den Menschen das Leben

Neue Geräte und Werkzeuge. Die neue Lebensweise des Menschen erforderte auch neue Geräte und Werkzeuge. Anfangs ritzten die Bauern den Boden mit Stöcken auf, um die Saatkörner in die Erde zu bringen, bald verwendeten sie Haken. Der Pflug erleichterte die Arbeit sehr. Damit konnten auch größere Flächen bearbeitet werden.

Um Bäume für den Hausbau zu fällen oder durch Waldrodung neue Ackerflächen zu gewinnen, brauchte man Beile aus hartem Gestein. Felsgesteine wurden durch Schlag-, Spalt- und Sägetechniken bearbeitet und auf einem Schleifstein glatt geschliffen. Entweder setzte man die Beilklinge direkt in eine hölzerne Schäftung ein oder man verwendete Zwischenfutter aus Hirschhorn, die die Wucht des Schlages dämpften. Versuche haben gezeigt, dass diese Steinbeile fast genau so wirkungsvoll waren wie moderne Werkzeuge.

■ **M1 Nachbau steinzeitlicher Werkzeuge**
Schüler probieren in einem Museum für Vorgeschichte aus, wie Werkzeuge hergestellt wurden und wie sie funktioniert haben (rechts: eine Steinbohrmaschine).

Haushaltgeräte erleichtern den Alltag. Eine der wichtigsten Neuerungen der Jungsteinzeit war die Töpferei, die man im Vorderen Orient bereits um 7000 v. Chr. kannte. Seit der Sesshaftigkeit dienten Gefäße aus Ton der Vorratshaltung und Nahrungszubereitung im Alltag des Menschen. Nach den Formen und Verzierungen des Geschirrs unterscheiden Archäologen verschiedene Kulturen und Gruppen. Man töpferte die Gefäße, indem man Tonwulst auf Tonwulst schichtete – die Töpferscheibe wurde in Mitteleuropa erst ab der Eisenzeit (ca. 800 v. Chr.) genutzt. Nach dem Brand in offenen Gruben oder in Brennöfen hatte man ein haltbares und nützliches Keramikgeschirr. Schalen, Tassen, Krüge und Vorratsgefäße entstanden.

Gekleidet in Bast und Linnen. Die Webkunst steckte zu Beginn der Jungsteinzeit noch in den Kinderschuhen. Weit verbreitet waren jedoch Knüpf- und Flechttechniken mit Gräsern, Lein und Bast. Wolle wurde gesponnen und zu Geweben verarbeitet. Von den Webstühlen kennt man bis heute nur die Webgewichte aus Ton, die sich in den Siedlungen erhalten haben. Lein (Flachs) gehörte zu den Kulturpflanzen, die schon früh den Weg aus dem Vorderen Orient in das jungsteinzeitliche Europa gefunden haben. Diese Pflanze war nicht nur wegen ihrer ölhaltigen Samen für die tägliche Breimahlzeit beliebt, sondern die Stängel wurden für die Faden- und Gewebeherstellung genutzt. Auch die fasrige Schicht zwischen Holz und Rinde von Eichen und Lindenbäumen wurde zu den besten Fäden und Schnüren aus Baumbast verarbeitet.

Selbstversorger und Händler. Die Einwohner einer Siedlung stellten vermutlich alles her, was sie brauchten: Feuerstein und Felsgesteine wurden zu Waffen und Werkzeugen verarbeitet, Ton zu Keramikgeschirr. Man spann mittels einer Spindel Flachs oder Schafwolle zu einem Faden und verarbeitete diesen auf einem Webstuhl zu Stoffen und Tüchern. Die Ackerbauern und Viehzüchter versorgten sich und ihr Dorf mit den nötigen Nahrungsmitteln, Fellen und Knochen der Tiere, die als Werkstoff dienten. Die Menschen handelten mit Rohstoffen und den gefertigten Waren. So tauschten sie ihre Produkte gegen andere Waren, Getreide oder Vieh ein.

M2 Älteste Abbildung eines Pfluges in Mesopotamien
(Rollsiegel, 3. Jahrtausend v. Chr., British Museum)

Auch heute noch wird in vielen Ländern Afrikas und Asiens der Hakenpflug bei der Feldarbeit verwendet.

M4 Die ältesten Räder der Welt

Im moorigen Gelände Baden-Würtembergs fand man solche Räder. Sie waren aus Holzscheiben zusammengesetzt. Hier: Eine Nachbildung aus dem Niedersächsischen Landesmuseum in Hannover.

M3 Das älteste erhaltene Holzbauwerk der Welt

Ein 7100 Jahre alter Brunnen aus Erkelenz-Kückhoven, der 1990 in einer Kiesgrube entdeckt wurde. Er besteht aus drei ineinander gesetzte Holzkästen.

M5 Töpfereiprodukte

Nach ihren mit Mustern verzierten Tontöpfen nennen Archäologen die Menschen „Bandkeramiker" oder „Glockenbecherleute" (Funde aus dem Voralpenraum).

1 Lege eine zweispaltige Tabelle zu den Erfindungen der Jungsteinzeit an. Schreibe in die linke Spalte das erfundene Gerät, in die rechte, was man damit machen konnte (M1–M5 und Autorentext).

2 Du willst ein von dir angefertigtes Gerät/Werkzeug gegen Getreide tauschen. Auf welche Vorzüge würdest du hinweisen?

3 Versuche anhand von Beispielen darzulegen, wie sich die Lebensweise der Menschen in der Jungsteinzeit veränderte. Beziehe auch die vorhergehende Doppelseite mit ein.

4 Archäologen fanden folgende Gegenstände: Knochen von Hirschen, Kerne von Haselnüssen, Äxte und Beile aus Stein, Schmuck aus Muscheln und Schneckenhäusern, Holzbalken, Tonscherben, Knochen von Schafen. Ordne diese Funde nach Alt- und nach Jungsteinzeit; manchmal wirst du auch keine Unterscheidung treffen können. Begründe jeweils deine Entscheidung.

Leben in der Jungsteinzeit

Ein Toter erzählt vom Leben

„Ötzis" Ende – ein Krimi aus der Jungsteinzeit?
Es war Frühsommer, als der drahtige, kleine, etwa 45-jährige Mann vor über 5 000 Jahren vom Schnalstal im Süden der Ötztaler Alpen aufstieg. Immer wieder blickt er sich hastig um. Seine Hand umklammert einen Feuersteindolch. Mit seiner Bärenfellmütze, dem Grasumhang, den er über seinem Fellmantel trägt und den wärmenden Schuhen ist er für das Hochgebirge gut gerüstet. Da surrt von links unten ein Pfeil heran, durchschlägt das Schulterblatt und bleibt im Körper stecken. Die Verletzung ist schmerzhaft und verursacht starke innere Blutungen. Dennoch gibt der zähe Mann nicht auf und klettert weiter. Er ist mittlerweile auf 3 210 Metern Höhe angelangt. Erst nach Stunden legt er sich völlig entkräftet in eine Felsrinne und stirbt. Der Schneefall, der kurz danach einsetzt, bedeckt den Toten und lässt ihn gefriertrocknen. Dort bleibt er in seinem eisigen Grab bis ihn am 19. September 1991 ein Ehepaar bei seiner Wanderung entdeckt.

Ein Sturm aus der Sahara hatte im März 1991 schwarzen Sand, der sich in der Sonne erwärmte, bis in die Alpenregion geblasen. Vor allem deshalb war das Gletschereis nach einem schneearmen Winter ungewöhnlich weit abgeschmolzen und hatte den Körper frei gelegt. Zuerst sah dieser aus wie der kahle Kopf einer Schaufensterpuppe, die aus einer Schmelzwasserpfütze herausragte. „Das ist ein Mensch!", rief die Frau entsetzt und dachte an die zahlreichen tödlichen Unfälle in den Alpen. Dass das Gletschereis einen Menschen frei gegeben hatte, der Jahrtausende im Eis zugedeckt lag, konnten die beiden Bergwanderer zu diesem Zeitpunkt noch nicht ahnen.

M1 So sah Ötzi aus, als er gefunden wurde.

Die bestuntersuchte Leiche aller Zeiten. Unter dem Gletschereis waren Kleidung und Körper der Gletschermumie erhalten geblieben. Doch als das Eis schmolz und die Kleidung der Luft ausgesetzt war, zerfiel sie. Daher fand man den Körper nackt. Reste der Kleidung und Ausrüstung wurden verstreut um die Fundstelle geborgen.

Was damals vor etwa 5 200 Jahren wirklich geschah, werden wir wohl nie erfahren. Selten jedoch hat eine Leiche Forscher und Öffentlichkeit seit ihrer Entdeckung mehr in Atem gehalten als dieser Fund. Mit modernsten Untersuchungsmethoden hat eine Vielzahl von Wissenschaftlern aus verschiedensten Fachbereichen (Medizin, Biologie, Archäologie, Botanik u. v. m.) dem Körper und den Überresten erstaunliche Details entlockt.

Als „Ötzi" unter vermutlich dramatischen Umständen starb, war er nicht besonders gesund, einige Knochenbrüche waren verheilt, aber die Gelenke und die Wirbelsäule wiesen Abnützungserscheinungen auf. Eine Verletzung durch eine Pfeilspitze führte wohl zu seinem Tod. Wissenschaftler entdeckten sie erst 2001 in seinem Körper.

M2 „Ötzi"

Bärenfellmütze
Köcher
Fellmantel
Grasumhang
Birkenrindengefäße
Beinkleider

Kleidung und Ausrüstung wurden mithilfe der an der Fundstelle geborgenen Überreste rekonstruiert. Den Namen „Ötzi" erhielt der Mann nach seinem Fundort in den Ötztaler Alpen.

„Ötzi" war mitten aus dem Leben gerissen worden. Daher berichten uns seine Kleidung und Ausrüstung, die man an der Fundstelle geborgen hatte, vom Alltagsleben der Jungsteinzeit. Die Pflanzenpollen, die in seinem Magen gefunden wurden, lassen nicht nur Rückschlüsse auf die Jahreszeit zu, in der er starb, sondern auch auf seine Herkunft. Denn manche der Pollen kommen nur auf der Alpensüdseite vor. Holzkohle und Mineralien im Darm zeigen, dass „Ötzi" seine Mahlzeiten am offenen Feuer zubereitet hat. Und er verwendete Mehl, das mit Steinmühlen gemahlen wurde. Das wiederum beweisen seine stark abgenützten Zähne. Sein letzter Imbiss setzte sich vermutlich aus Beeren, Getreide und einem Stück Rehfleisch zusammen.

„Ötzis" Kleidung bestand überwiegend aus Fell und Leder. Sein Schuhwerk war für den Aufenthalt in den Alpen hervorragend geeignet. Der weiche mit Gras ausgepolsterte, wärmende Innenteil wurde von robustem Hirschleder geschützt, welches mit Lederriemen an einer rutschfesten Sohle aus Bärenfell befestigt war. Ein moderner Bergschuh besitzt ähnliche Eigenschaften.

Einen Hinweis auf die beginnende Metallverarbeitung gibt das bei „Ötzi" gefundene wertvolle Kupferbeil. Noch kurz vor seinem Tod arbeitete „Ötzi" an einem Bogen und an Pfeilen, die unfertig in seinem Köcher aus Gämsfell gefunden wurden. Am Fundort entdeckte Bruchstücke von Birkenrinde gehörten zu einem Gefäß, in dem Glut transportiert worden war. Die leicht abziehbare Rinde ist flexibel, widerstandsfähig und zum Gefäß verarbeitet im Gebirge leichter transportierbar als ein Tongefäß. Das Harz der Birke ergab eingekocht als Birkenteer den Alleskleber der Jungsteinzeit.

Methode: Autorentexte lesen und verstehen

Ihr wisst bereits, dass es in diesem Buch zwei Arten von Texten gibt: So finden sich Quellen von früher neben Texten, die von Geschichtslehrerinnen und -lehrern eigens für dieses Buch geschrieben wurden. Die Autoren wollen möglichst verständlich schreiben. Das ist nicht immer einfach, weil die Texte von fernen Zeiten und fremden Welten handeln. Daher ist es wichtig, sie sorgsam zu lesen und ihren Sinn zu erfassen. Geht in folgenden Schritten vor:

1. Schritt: Text zügig lesen
Beim raschen Überfliegen gewinnst du einen ersten Eindruck, worum es auf dieser Seite geht.

2. Schritt: Den Inhalt der Darstellung kurz wiedergeben
Mache eine erste Aussage, worüber dieser Text handelt.

3. Schritt: Text gründlich lesen
Dieses Mal musst du genauer hinschauen. Schreibe Stichpunkte in dein Heft. Du kannst auch für jeden Abschnitt des Texts eine Überschrift oder einen Satz finden, der die wesentliche Aussage enthält. Natürlich ist es möglich eine Kopie von der Seite zu machen und wichtige Aussagen zu unterstreichen (aber nicht zu viele).

4. Schritt: Informationen zusammenfassen
Nun hast du den Text schon viel besser verstanden. Jetzt geht es darum, einen Überblick zu gewinnen. Dabei helfen dir die Unterstreichungen oder Notizen aus Schritt 3.

1 Am besten, du versuchst es gleich selbst einmal. Gehe nach dem obigen Muster durch den Text.
2 Du kannst aus dem Internet viele weitere Informationen holen und dir so ein noch lebendigeres Bild vom Gletschermann machen.
3 Verfasse danach für eine Suchaktion einen Steckbrief zu „Ötzi" (Größe, Alter, Aussehen, Kleidung, Ausrüstung, besondere Merkmale).
4 Wissenschaftler haben herausgefunden, dass „Ötzis" Feuersteindolch aus der Gegend um Verona (Norditalien) stammt. Wie war dieser Stein in die Alpen gekommen?

Die Kelten – Metalle verändern die Welt

Eisenzeit in Mitteleuropa ist Keltenzeit. Der Gebrauch von Stein für schneidende Werkzeuge ging erst zurück, als die Menschen zunehmend Metall verarbeiteten. Um 2500 v. Chr. wurden erstmals Kupfer und Zinn zu Bronze vermischt. Aus Bronze ließen sich Schmuck, Beile und Waffen gießen. Seit etwa 1300 v. Chr. kam in Kleinasien Eisen als neues Metall in Gebrauch, das noch widerstandsfähiger als Bronze war. In Süddeutschland nutzte man den neuen Werkstoff ab etwa 800 v. Chr.; er wurde neben Salz zu einem der wichtigsten Handelsgüter. Die entscheidenden Vorteile des neuen Metalls waren nicht nur seine Härte, sondern auch seine leichtere Auffindbarkeit. Geräte aus Eisen wurden u.a. auch dazu eingesetzt, den Ertrag in der Landwirtschaft zu steigern. Wer Metalle verarbeiten konnte, hatte Macht und Einfluss.

Wer waren die Kelten? Griechische Schriftsteller beschrieben die Kelten als Meister der Eisenbearbeitung. „Kelten" ist ein Sammelbegriff für eine Vielzahl unterschiedlicher Stämme, deren Lebensweise und Kultur sich in weiten Teilen Mitteleuropas sehr ähnlich waren.
Fast alle noch heute üblichen Werkzeuge und Geräte zum Schmieden, zur Holz- und Lederverarbeitung wurden bereits von keltischen Handwerkern benutzt. Sie haben sich bis heute nur unwesentlich verändert. Die Kelten prägten auch ihr eigenes Geld. Sie importierten Bernstein von der Ostsee und Korallen vom Mittelmeer, beides verarbeiteten keltische Handwerker zu kostbaren Schmuckstücken. Südliche Lebensart zeigte sich vor allem an der Einfuhr von Wein in tönernen Krügen.

> Gestatten, unsere Namen sind Obelix und Asterix. Habt ihr gewusst, dass wir Kelten sind?

Die keltische Gesellschaft. Über die keltische Gesellschaft berichten griechische und römische Quellen; manches lässt sich auch aus Bodenfunden erschließen. Die Kelten gliederten sich in Stämme, denen reiche Familien mit einem Fürsten oder Häuptling an der Spitze vorstanden. Der Reichtum der herrschenden Familie beruhte auf Einnahmen aus dem Handel. Die Druiden waren Priester und Sterndeuter. Sie sagten die Zukunft voraus und schlichteten als Richter Streitfälle. Alle gaben ihr Wissen mündlich weiter, sie kannten keine Schrift. Das einfache Volk setzte sich aus meist freien Stammesmitgliedern zusammen, die als Krieger, Bauern oder Handwerker das Ansehen und die Macht ihrer Anführer mehrten.

M1 Auswahl von Eisenwerkzeugen

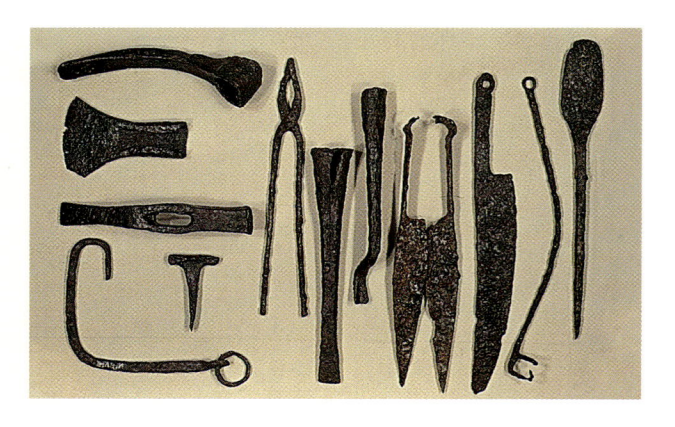

M2 Karte über die Verbreitungsgebiete der Kelten

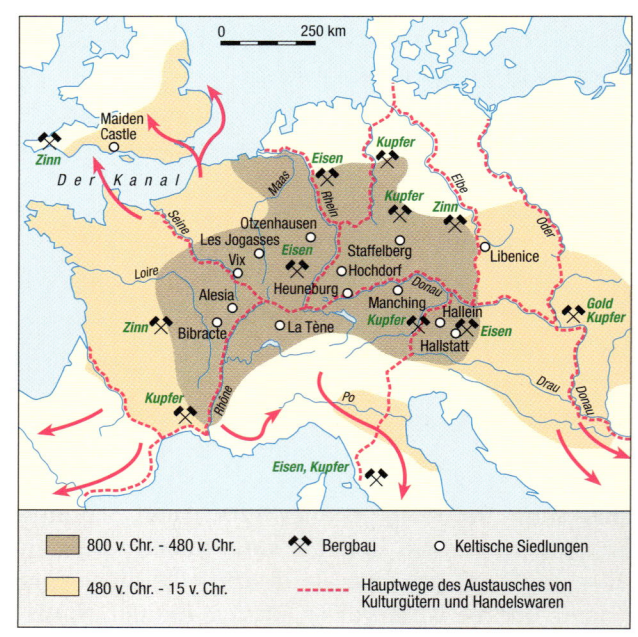

M3 Der so genannte „Keltenfürst" von Hochdorf (in der Nähe von Stuttgart).
1978 entdeckten Archäologen das Grab eines Mannes, das vor 2 500 Jahren wie eine Schatzkammer ausgestattet worden war (s. auch S. 11). Grabkammer nach Restaurierung der Funde von einem heutigen Künstler gezeichnet.

M4 Die Heuneburg – eine keltische Höhensiedlung

Vor 2 500 Jahren lag in Oberschwaben an der oberen Donau diese befestigte Siedlung. Dort lebte vermutlich – wie auch in vielen anderen so genannten „Fürstensitzen" – eine reiche Oberschicht und kontrollierte eine der wichtigsten Handelsrouten Mitteleuropas. Entgegen der traditionellen Bauweise aus Holz und Erde haben hier Handwerker eine Befestigung aus luftgetrockneten Ziegeln errichtet. In der späteren Keltenzeit entstanden immer größere stadtähnliche Anlagen.

M5 Wie sahen die Nachbarn die Kelten?
Der griechische Geschichtsschreiber Diodorus (1. Jh. v. Chr.) berichtet:

… Ihr Anblick war furchterregend … Sie sind hoch gewachsen. Ihr Haar ist blond, sie bleichen es auch noch auf künstliche Weise, waschen es in Gipswasser und kämmen es von der Stirn zurück nach oben. So sehen sie schon deshalb Wald-
⁵ teufeln gleich … Einige von ihnen rasieren sich den Bart ab, andere, vor allem die Vornehmen, lassen sich bei glatt geschabten Wangen einen Schnurrbart stehen, der den ganzen Mund bedeckt und beim Essen wie beim Trinken als ein Seiher wirkt … Gekleidet sind sie in grell gefärbte und bestickte
¹⁰ Hemden …
Das Erstaunen über ihr Aussehen wurde übertroffen von der Furcht vor ihrer Art zu kämpfen. Wie in einer Art Blutrausch köpften sie die besiegten Feinde und nagelten die Schädel über die Türen ihrer Hütten.
Diodorus. Zitiert nach: Gerhard Herm: Die Kelten. Das Volk, das aus dem Dunkel kam (= Rowohlt TB), Frankfurt 1988, S.11f. © Econ, Düsseldorf/Wien.

1 Die Kelten waren begabte Handwerker. Welche Werkzeuge aus Eisen kannst du erkennen (M1)?
2 Verfolge den Verlauf der Handelswege in der Eisenzeit. Welche heutigen Gegenden verbanden sie miteinander (M2)? Was bedeuten die roten Pfeile?
3 Beschreibe, mit welchen Gegenständen das Grab aus Hochdorf (M3) ausgestattet war. Worauf lassen so reiche Grabbeigaben schließen?
4 Die keltische Gesellschaft bestand nicht nur aus „Fürsten", die prunkvoll bestattet wurden. Zeichne ein einfaches Schaubild der keltischen Gesellschaft und trage die anderen Bevölkerungsgruppen ein. Ein Blick in ein Asterix-Heft könnte dir dabei helfen.
5 Welches Bild von den Kelten vermittelt M5? Versuche für diese Sichtweise eine Erklärung zu finden. Welchen Eindruck hast du von den Kelten nach der Lektüre dieser Seiten?

Zusammenfassen – Sichern – Vertiefen

Vom Leben der frühen Menschen

vor ca. 7–6 Mio. Jahren	Vorfahren der Menschen beginnen sich zu entwickeln
vor ca. 4 Mio. Jahren	die ersten menschenartigen Wesen gehen aufrecht
vor ca. 1,5 Mio. Jahren	Homo erectus (Gebrauch des Feuers, Werkzeuge)
vor ca. 800 000 bis ca. 8 000 Jahren	Altsteinzeit, umherziehende Jäger und Sammler
vor 120 000 Jahren	Neandertaler
vor 40 000 Jahren	Homo sapiens sapiens (moderner Mensch) in Mitteleuropa
von ca. 5500 bis 2200 v. Chr.	Jungsteinzeit in Mitteleuropa (Ackerbau, Sesshaftwerdung, Töpferei, Webstuhl)
ab ca. 800 v. Chr.	Beginn der Eisenzeit/ Kelten in Mitteleuropa

Sicherung wichtiger Begriffe

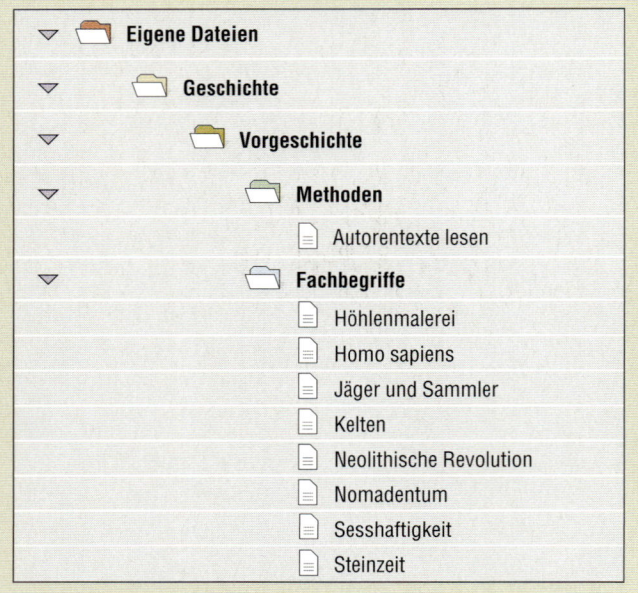

- 📁 Eigene Dateien
    - 📁 Geschichte
        - 📁 Vorgeschichte
            - 📁 Methoden
                - 📄 Autorentexte lesen
            - 📁 Fachbegriffe
                - 📄 Höhlenmalerei
                - 📄 Homo sapiens
                - 📄 Jäger und Sammler
                - 📄 Kelten
                - 📄 Neolithische Revolution
                - 📄 Nomadentum
                - 📄 Sesshaftigkeit
                - 📄 Steinzeit

Zusammenfassen – Sichern – Vertiefen

Ein Yanomami (Brasilien) sticht mit dem Grabstock Löcher für die Samen.

1 Vergleiche die beiden Zeichnungen und stelle in einer Tabelle Jäger und Sammler und erste Bauern gegenüber. Mache Unterpunkte wie Wohnen, Geräte, Tierwelt usw.
2 Hier sind Werkzeuge und Geräte durcheinander geraten. Ordne sie der Alt- bzw. Jungsteinzeit zu. Versuche herauszufinden, wozu sie verwendet wurden.
3 Auch heute noch gibt es Kulturen von Jägern und Sammlern in den Regenwäldern Brasiliens (z. B. die Yanomami), in Neuguinea (Papuas) und in Afrika (Buschleute). Informiere dich (Internet, Bibliothek) über eines dieser Völker und berichte darüber. Weise auch auf die Gefahren hin, die diesen Kulturen droht, weil man ihren Lebensraum immer mehr einengt.
4 Schlage die auf der linken Seite genannten wichtigen Begriffe im Buch nach. Wenn du an einem PC arbeiten kannst, gib die Datei entsprechend dem Muster ein. Alternative ohne PC: Schreibe die Erklärungen auf kleine Karten und sortiere diese in einen Karteikasten ein.

37

Ägypten –

eine frühe Hochkultur

Die Anziehungskraft einer alten Kultur

„Häuser für die Toten". Millionen von Touristen reisen jedes Jahr nach Ägypten. Die 5 000 Jahre alten Pyramiden von Gise und die prachtvoll ausgemalten, eindrucksvollen Gräber im Tal der Könige und Königinnen zählen zu den meist besuchten Sehenswürdigkeiten der Erde. Die toten Herrscher wurden dort in prachtvollen, zum Teil aus purem Gold und Silber bearbeiteten, bemalten Särgen in unterirdischen Grabkammern beigesetzt, die mit Malereien ausgeschmückt und mit Grabbeigaben versehen wurden. Man glaubte an ein Leben nach dem Tod. Die Bilder und Texte hatten die Aufgabe, die Seele des Verstorbenen auf dem Weg ins Jenseits zu begleiten. Aus diesen Grabmalereien erfahren wir heute viel Wissenswertes über das Leben im alten Ägypten. Unzählige Gräber wurden Opfer von Grabräubern, einige wenige blieben unentdeckt und wurden erst im 20. Jahrhundert gefunden. Bis heute fördern Forschungsteams immer wieder sensationelle Funde zu Tage. Leider stellt der Tourismus auch eine Bedrohung für diese Kulturdenkmäler dar. Atem und Schweiß der Besucher setzen den prächtigen Malereien in den Gräbern zu und begünstigen die Verbreitung von Algen und Schimmel. Zudem hat sich die Luftfeuchtigkeit im eigentlich trockenen Wüstenklima seit dem Bau des riesigen Assuan-Staudammes erhöht – als Folge davon zerfallen allmählich viele Bauwerke.

Ägypten zur Zeit der Pharaonen. Es sind nicht nur viele bauliche Zeugnisse, die uns über die ägyptische Geschichte Aufschluss geben, sondern es gibt auch eine Menge von schriftlichen Aufzeichnungen. Mithilfe der Schrift entstand vor 5 000 Jahren ein hoch entwickelter Staat mit mächtigen Königen, zu einer Zeit, als in Europa die Menschen in der Steinzeit lebten. Das ägyptische Reich bestand fast 3 000 Jahre, in denen es von über 50 verschiedenen Pharaonen regiert wurde. Ihre Macht war groß, sie sorgten für das Land und seine Bewohner. Eine leistungsfähige Verwaltung wachte über die Herstellung und Verteilung aller Güter und legte Nahrungsmittelspeicher für Krisenzeiten an. Religion und Kunst nahmen einen breiten Raum ein.
Die Überlieferungen nennen als ältesten König Ägyptens einen gewissen Menes. Er soll den Ursumpf trocken gelegt, die erste Hauptstadt Memphis gegründet und die Schrift erfunden haben. Heute nimmt man an, dass Menes eine erfundene Idealgestalt ist. Alle Pharaonen leiteten ihre Abstammung von Menes ab.

M1 Die verfeindeten Götter Horus (links) und Seth schließen Frieden mit einem heiligen Band
(Abbildung auf dem Thronsockel Sesostris I., ca. 1950 v. Chr., Ägyptisches Museum, Kairo)
Horus herrschte über Oberägypten und war für den weiten Himmel, Seth für Unterägypten und für die störenden Elemente im Universum, wie z. B. ein Gewitter, zuständig. Beide Götter lagen ständig im Streit um die Herrschaft über Ägypten. Der Pharao hatte die Pflicht, beide zu versöhnen und als Dritter im Bunde die Gegensätze auszugleichen. Denn stritten sie, waren Unglück und Unordnung die Folgen für das ägyptische Volk.

Worum geht es in diesem Kapitel? Wenn man die eindrucksvollen Überreste der ägyptischen ▸ Hochkultur betrachtet, stellt man sich viele Fragen: Warum entwickelte sich eine solche Hochkultur gerade an einem Strom wie dem Nil? Wie lebten die Ägypterinnen und Ägypter unter der fast 3 000-jährigen ▸ Herrschaft der Pharaonen? Welche Rechte und Pflichten hatten die einzelnen Mitglieder im ägyptischen Staat? Welche wissenschaftlichen und technischen Kenntnisse erwarben die Ägypter und welche Glaubensvorstellungen hatten sie? Was unterscheidet eine Hochkultur von der Entwicklungsstufe der Stein- oder Metallzeit?

M2 Geschichte erzählt
Ein Grab für den König

Seufzend stellt Userkaf die Tasche mit dem Essen für seinen Vater und seinen Onkel ab. Wo bleibt die Schwester denn? Mona kommt langsam die Hügel hoch; in ihren Händen balanciert sie den schweren Krug voller Bier. In der flimmernden
5 Hitze sieht der Junge unten die Umrisse des Arbeiterdorfes, in dem seine Familie wohnt. Gleich ist Essenszeit für die Arbeiter. Userkaf nimmt die Tasche mit Fladenbroten, Datteln und Hirsebrei und stolpert auf den Eingang der Baustelle zu. Eine lange Reihe von Arbeitern kommt schwer beladen mit
10 Ledereimern aus dem Tunnel. Alle schütten den Inhalt vor dem Eingang den Abhang hinunter.
Der Vorarbeiter sieht nicht gern Kinder hier oben – aber Userkaf und Mona kennt er seit langem. Sie bringen fast täglich Proviant – schließlich arbeiten Vater und Onkel schon seit
15 über sechs Jahren am Grab des Pharaos. Langsam wird der alte König unruhig – wird sein Grab rechtzeitig fertig? Soll er etwa in einem Rohbau bestattet werden? Beamte und Vorarbeiter haben die Arbeitszeiten verlängert und verlangen noch mehr Leistung von allen Arbeitern. Und das bei den kärg-
20 lichen Essensrationen! Kein Wunder, dass viele von zu Hause Nahrungsmittel bringen lassen. Immer wieder versuchen einzelne Arbeiter kostbare Baumaterialien und Werkzeuge nach Hause zu schmuggeln. Wer erwischt wird, ist arm dran!
Vor über 200 Jahren begannen Pharaonen in diesem abgele-
25 genen Tal am Westufer des Nils ihre Gräber bauen zu lassen. Auch im Tod sollte der Pharao das Land und seine Menschen beschützen. Die Gegend ist durchlöchert wie ein altes Lotusblatt ...
Userkaf nutzt die Essenspause der Arbeiter und schaut sich
30 in der Grabanlage um, die ca. 70 m tief in das Felsreich gehauen wurde. Im Eingangsbereich steht der fertige Sarkophag, ein kostbarer Sarg aus Marmor, in den nächsten Wochen wird er langsam auf Rollen heruntergebracht. Wenn er nur nicht bricht! Dann ist die Arbeit der Steinmetze von einem
35 Jahr hin. Der schmale Treppenaufgang und der erste Vorraum sind bereits vollständig mit Motiven aus den Jenseitsbüchern ausgemalt. Die Bilder zeigen den Verstorbenen befreit von allen Mühen und Lasten im Jenseits an den Ufern des himmlischen Nils. Der Vater hat auch an diesen Malereien mitge-
40 arbeitet. Die erste Säulenhalle wird von Handwerkern mit Gipsreliefs verschönert, im daneben liegenden Seitenraum wird schon ausgemalt. Dort ist auch sein Vater tätig. Im nächsten Raum sind Maler damit beschäftigt, Bildumrisse und Bildzeichen in Farbe vorzuzeichnen.
45 Der Staub der Steinbrucharbeiter macht den Malern zu schaffen – wie kann man vernünftige Bilder malen, wenn weiter unten noch die eigentliche Grabkammer in den Fels geschlagen wird! Fünf Arbeiter sind letzte Woche wieder von herabfallenden Felsbrocken erschlagen worden – von den Verletzten und
50 Verstümmelten ganz zu schweigen. Da entdeckt der Junge im Schein der Talglampen seinen Vater auf dem Gerüst ...
Verfassertext

M3 Grab des Tutenchamun
Ein sensationeller Fund im Tal der Könige war das noch nicht geplünderte Grab des Pharaos Tutenchamun (um 1340 v. Chr.). Es wurde von dem Engländer Howard Carter 1922 entdeckt.

1 Beschreibe das Aussehen der Götter in M1. Stellt die Szene des Friedensschlusses nach.
2 In vielen Wandmalereien kommt das Zeichen vor. Finde heraus, was es ausdrückt.
3 Welche Bedeutung hat das auf Seite 39 abgebildete „magische Auge"? Stelle eine Beziehung zu den Göttern in M1 her.
4 Auf der Zeichnung der vorangehenden Doppelseite (S. 38f.) sind nur einige wenige Arbeiter zu sehen – im Arbeitsalltag waren es vermutlich viel mehr. Du bist verantwortlicher Leiter der Baustelle. Welche Befehle würdest du erteilen? Was muss alles organisiert werden? Beziehe die Nummerierung auf S. 38f. und M2 auf dieser Doppelseite mit ein.
5 Informiere dich über den sensationellen Fund des Grabes von Tutenchamun im Tal der Könige und berichte darüber (M3). Was wurde dort alles gefunden?

Leben nach den Regeln des Nils

Ägypten – ein Geschenk des Nils. In Ägypten kommt es über das Jahr verteilt nur zu wenig Niederschlägen. In Oberägypten regnet es fast nie. Schon vor 2500 Jahren wunderten sich Reisende, wie der Grieche Herodot, die Ägypten besuchten: Wieso gibt es so gewaltige Überschwemmungen bei wolkenlosem, blauen Himmel zu einer Jahreszeit, in der in Europa die Flüsse austrocknen?

Zwischen Mai und August kommt es im vulkanischen Hochgebirge Äthiopiens zu wolkenbruchartigen Regenfällen. Die Wasser- und Schlammlawine des Blauen Nils wälzt sich alljährlich über 6000 Kilometer in Richtung Mittelmeer. Nach der Vereinigung des Blauen und des Weißen Nils im Sudan mündet noch ein letzter Nebenfluss ein – dann gibt es 2700 Kilometer keine Zuflüsse und auch keinen Regen. Der Wasserspiegel steigt bis Ende September beträchtlich an. Wenn das Wasser im Oktober zurückgeht, hat sich eine mehrere Meter dicke Schlammschicht abgesetzt, die so viele Nährstoffe enthält wie heutiger Kunstdünger. Die Dörfer lagen zur Zeit der Pharaonen an den Talrändern oder sicher vor dem Hochwasser auf kleinen Hügeln. Den Fluss erreichte man nur über sumpfigen Boden und durch meterhohes Schilf, wo aber auch viele Krokodile auf Beute lauerten.

Planung und straffe Organisation. Der Nil bestimmte durch seinen jährlichen Rhythmus das Leben in Ägypten und war Grundlage für die Wirtschaft und den Wohlstand des Landes. Aber er stellte die Bewohner des Landes zugleich vor viele Aufgaben. Kam es zu großen Überschwemmungen, wurden die Dörfer überflutet. Gab es zu wenig Wasser, drohten Missernten und Hunger. Um die Unwägbarkeiten zu meistern, legten die Beamten im Auftrag des Pharaos Vorräte an. Mithilfe von Dämmen wurden Mensch und Tier vor den Wassermassen geschützt. Das Eintreffen der Nilflut berechnete man im Voraus. Wenn im Juni der Stern Sirius kurz vor Sonnenaufgang hell am Himmel leuchtete, wussten die Ägypter, dass die Nilflut bevorstand. Die Zeit bis zum nächsten Aufleuchten des Sirius wurde in 12 Monate zu 30 Tagen eingeteilt. So entstand der Kalender. Ging die Flut zurück, waren Landvermesser und Schreiber verantwortlich für die gerechte Verteilung des Bodens, das Aufzeichnen der Erntemenge und die Organisation der Vorratswirtschaft für Krisenzeiten. Um diese Aufgaben zu bewältigen, schlossen sich anfangs Dörfer zusammen, später ganze Regionen. Schließlich wurde Ober- und Unterägypten zu einem Staat vereinigt. An Plätzen, an denen Vorräte gesammelt und Waren getauscht wurden, entstanden Städte mit großen Tempelanlagen.

M1 Ägypten (um 1250 v. Chr.)

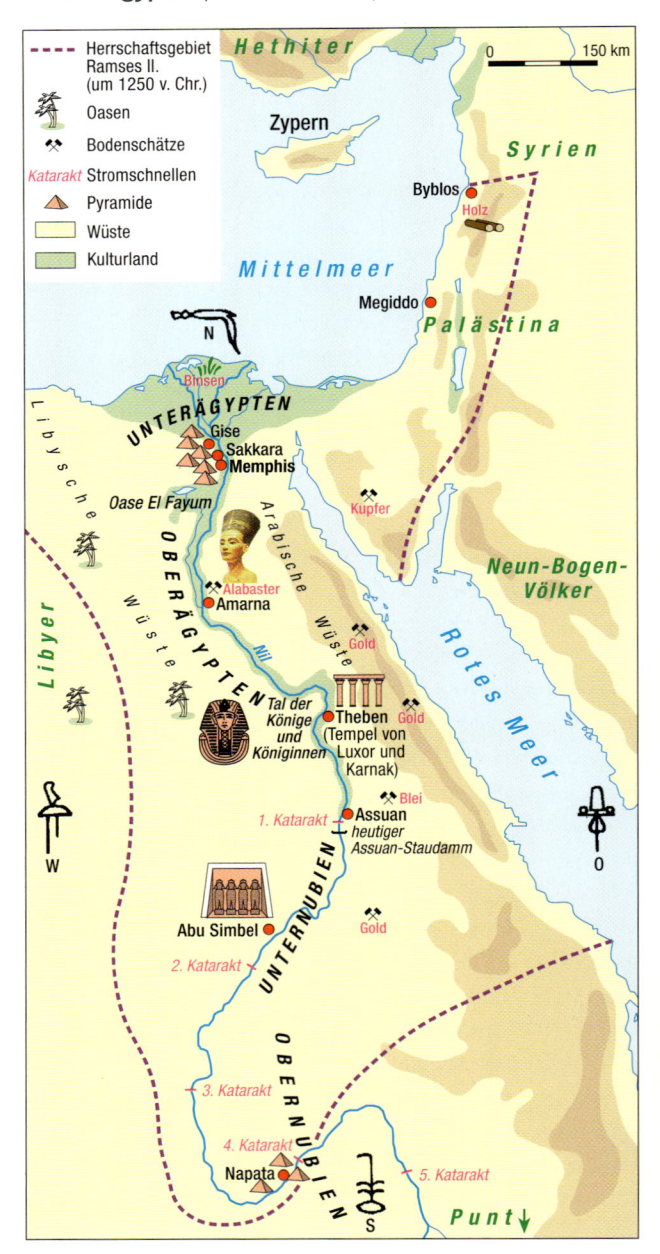

M2 Ein Lobgesang auf den Nil

Gesang des Dichters Cheti um 2000 v. Chr.:
Preis dir, Nil,
der du aus der Erde entspringst,
hervorkommst, um Ägypten Leben zu bringen.
Du Verborgener, der dunkel aus der Tiefe zu Tage kommt,
5 du Schlamm Oberägyptens, der die Sümpfe tränkt,
von Re (= dem Sonnengott) erschaffen,
um alle Durstigen zu erquicken.
Der Gerste schafft und Emmer (= Getreideart) wachsen lässt,
der die Tempel festlich ausstattet.
10 Wenn er träge ist, dann verengen sich die Nasen
und jedermann verarmt.
Wenn dann die Opferbrote für die Götter
geschmälert werden,
gehen die Menschen scharenweise zugrunde.
15 Wenn er den Geizigen spielt, leidet das ganze Land.
Groß und klein rufen: „Schreite weit aus!"
Sobald er naht, strömen die Menschen zusammen.
Wenn er steigt, jubelt das Land ...
Er ist es, der Nahrung bringt, reiche Speisen ... ,
20 der den Herden Futter beschafft
und damit jedem Gott Schlachtopfer besorgt.
Er hat die Macht über Ägypten, er füllt die Speicher
und weitet die Scheunen,
er gibt den Armen Unterhalt.
25 Er ist der, der den Schlamm ausspeit, wenn er sich
über die Felder wälzt,
der den einen reich macht, den anderen arm.
Er fällt ein Urteil, ohne
dass man widersprechen kann,
30 einer, der sich keine Grenzen setzen lässt.
Wenn er aber schwerer lastet, sterben die Menschen,
denn er tötet sie durch die Seuche des Jahres (= Hochwasser).
Jeder legt seine Geräte nieder,
35 es gibt keine Stricke für das Schiffstau mehr,
keine Kleider, sich zu kleiden, nicht einmal die Kinder der Vornehmen können geschmückt werden.
Es gibt keine Augenschminke mehr,
die Haare fallen aus, keiner kann sich salben ...
40 Ihr Menschen, die ihr alle Götter preist,
fürchtet euch vor der Macht, die sein Sohn (Pharao) ausübt,
der Herr über alles, der seine beiden Länder gedeihen lässt ...
auf Verborgener, auf Verborgener,
mach dich auf, Nil, komm nach Ägypten!

Jan Assmann (Hrsg.): Ägyptische Hymnen und Gebete, eingel., übers. und erl. von Jan Assmann, Zürich/München (Artemis) 1975, S. 500 ff.

M3 Das Niltal

Die Luftaufnahme zeigt ein Gebiet in der Nähe von Luxor (Oberägypten).

1 Schaue in einem Erdkundeatlas nach: Welche Länder durchquert der Nil mit beiden Quellflüssen auf seinem Weg zum Mittelmeer?
2 Löse folgendes Rätsel, das der arabische Dichter Al-Masudi um 950 n. Chr. verfasst hat:
Drei Monate eine weiße Perle
drei Monate schwarzer Moschus (= ein dunkles Öl)
drei Monate dunkelgrüner Smaragd
drei Monate ein Barren roten Goldes.
Beziehe M1 und M2 mit ein.
3 Teilt das Loblied M2 in Sinnabschnitte ein und lest es mit verteilten Rollen laut vor. Stellt in einer Liste die guten und schlechten Eigenschaften des Nils gegenüber.
4 Die Nilflut hat in diesem Jahr überraschend früh eingesetzt. Jeweils vier Schülerinnen und Schüler bilden einen Krisenstab und geben die wichtigsten Befehle an die Beamten weiter. Was ist zu tun? Notiert die Reihenfolge der wichtigsten Anordnungen.

Wie lebten die einfachen Leute in Ägypten?

Die Bauern. Die Masse der Bevölkerung Ägyptens lebte als Bauernfamilien unter einfachsten Bedingungen in Lehmhütten. Die Bauern bewirtschafteten nicht ihren eigenen Boden, sondern das Land des Pharaos und das der Tempel. Sie mussten einen großen Teil der Ernteerträge an öffentliche Kornspeicher abgegeben – ähnlich wie die Handwerker, die ebenfalls einen Teil ihrer Erzeugnisse abzuliefern hatten (z. B. Stoffe, Sandalen, Krüge). Sie bauten Getreide, Bohnen, Flachs, Gemüse und Wein an, besaßen Dattelpalmen, züchteten Geflügel und hielten Rinder. Obgleich die Bauern hart und mühsam arbeiteten und von deren Erträgen aus Ackerbau und Viehzucht die reichen Schichten lebten, waren sie nicht angesehen. Wenn die Arbeit auf den Feldern ruhte, halfen sie mit beim Bau der Pyramiden und Grabanlagen. Einzige Abwechslung in ihrem entbehrungsreichen Alltag stellten Feiern zu Ehren der Götter oder nach der Ernte dar. Dann ruhte ihre Arbeit.

Die Handwerker. Der Pharao, die Priester der Tempel und die hohen Beamten beschäftigten ein Heer von Handwerkern. Diese hatten keine eigenen Betriebe, sondern arbeiteten im Auftrag ihres jeweiligen Herrn in Staatsbetrieben oder in Tempelwerkstätten. Dafür wurden sie mit Lebensmitteln und Kleidung entlohnt. Unter den Handwerkern waren insbesondere Maurer, Maler, Bildhauer, Tischler, Steinmetze und Goldschmiede sehr angesehen, weil sie mithalfen, die Paläste der Pharaonen, großartige Tempelanlagen und die eindrucksvollen Grabanlagen im Tal der Könige zu bauen und auszuschmücken. Die Ausgrabungen in einem Arbeiterdorf bei Luxor in der Nähe des Tales der Könige geben uns heute einen Einblick in die Lebensverhältnisse von Arbeitern, Handwerkern und ihren Familien.

Das Essen. Hauptnahrungsmittel der einfachen Menschen waren Brot, Bier und Gemüse. Das ägyptische Bier hatte wenig mit unserem heutigen zu tun: Es wurde aus Datteln, Johannisbrot und Mohn gebraut, ehe sich Gerstenmalz durchsetzte. Nach den Dokumenten wurde dieser nahrhafte Bierbrei in großen Mengen genossen. Grund hierfür war auch die Tatsache, dass sich dieser Brei länger hielt als das oft schlechte Wasser. Die staatliche Vorratswirtschaft des Pharao garantierte einer vierköpfigen Familie in Notzeiten Getreide für fünf Brote sowie zwei Krüge Bier am Tag. Fleisch war so teuer, dass es nur zu besonderen Festtagen gegessen wurde. Unter den Nahrungsmittel produzierenden Berufen waren Imker, Dattel- und Weinbauern besonders angesehen.

M1 Bauern bei der Feldarbeit
(Wandmalerei aus dem Grab des Menena in Theben, um 1400 v. Chr.)

M2 Wie wohnten die Bauern?

Alle Bauerndörfer waren eine Ansammlung von grauen, schäbigen, wahllos aneinander gebauten Häusern, zwischen denen ein Labyrinth von engen, gekrümmten und düsteren Wegen und Sackgassen verlief. Eigentlich ist es eine Übertreibung, hier von „Häusern" zu sprechen, denn im Grunde waren es nur elende, einstöckige, fensterlose Hütten mit finster gähnenden Türöffnungen. Drinnen befand sich meist nur ein kleiner Raum. Das Dach aus Palmblättern oder aus Schilf und Rohr war so zerbrechlich und so niedrig, dass ein mittelgroßer Mann ein Loch hineinreißen konnte, wenn er sich unvorsichtig aufrichtete. Man hauste direkt auf der festgestampften Erde. Diese war nur selten richtig trocken und außerdem ständig verschmutzt, sodass ein widerlicher Gestank die Luft erfüllte. Das war darauf zurückzuführen, dass nachts Männer, Frauen, Kinder und Vieh in der stickigen, schmutzigen Hütte zusammengepfercht waren. Es gab keine Möbel, keine Stühle und auch keine Betten. Der Bauer besaß so wenig, dass er die Tür – wenn es eine gab – Tag und Nacht offen stehen ließ, denn die extreme Armseligkeit war ein wirksamer Schutz vor Einbrechern.

Zitiert nach: Sergio Donadoni (Hrsg.): Der Mensch des alten Ägypten, übers. von Asa-Bettina Wuthenow, Frankfurt am Main/New York (Campus Verlag) 1992, S. 43.

M3 Blick in ein Wohnviertel von Handwerkern
(Rekonstruktionszeichnung der Wohnverhältnisse um 1500 v. Chr.)

M4 Wie viel verdiente ein Arbeiter?

Die Überlieferungen der Schreiber von Deir-el-Medineh in der Nähe vom Tal der Könige beinhalten auch Lohnabrechnungen. Der Warenwert ließ sich in Edelmetall messen. Maßeinheit war der Deben (= 90 Gramm Kupfer). Eine Durchschnittsfamilie umfasste 8–10 Personen.
Löhne pro Monat: Vorarbeiter: 7,5 Sack Getreide;
Arbeiter: 5,5 Sack Getreide
(1 Sack = 76 Liter, Wert: 2 Deben)
Preise: Korb = $1/2$ Deben; kleines Messer = 1 Deben;
1 Paar Sandalen = 3 Deben; Stuhl = 12 Deben;
Bett = 25 Deben; Ochse = 100 Deben;
Arbeitszeit: Täglich ca. 8–10 Stunden; lange Mittagspause wegen der Hitze, der Monat bestand aus drei Arbeitswochen zu zehn Tagen. Mit den Feiertagen gab es im Jahr ca. 65 arbeitsfreie Tage. Die Arbeiter wurden dreimal im Monat entlohnt.

Zusammengestellt nach: Manfred Clauss: Das alte Ägypten, Berlin (Alexander Fest Verlag) 2001, S. 393f.

M5 Arbeiter streiken unter Ramses III. *(1184–1153 v. Chr.)*
Aus einem Papyrus:

Wir hungern seit 18 Tagen. Wir sind hierher gekommen, vor Hunger und Durst, wir haben keine Kleider, wir haben keine Salbe, wir haben keine Fische, wir haben kein Gemüse. Sendet Mitteilung an den Pharao, unseren guten Herrn, und schreibt an den Tschati (= Wesir), unseren Vorgesetzten, damit uns Lebensmittel verschafft werden.

Zitiert nach: Adolf Ermann, Hermann Ranke: Ägypten und ägyptisches Leben im Altertum, Tübingen (J. C. B. Mohr) 1923, S. 141f.

---

1 Beschreibe die Tätigkeiten der Bauern in M1, indem du das Bild von unten nach oben „liest". Wie viele verschiedene Tätigkeiten findest du heraus? Schreibe einen kurzen Bericht über einen Arbeitsalltag im Leben eines ägyptischen Bauern.
2 Schildere die Wohn- und Lebensverhältnisse von Arbeitern und Bauern (M2–M5 und S. 41/M2).
3 Rechne aus, wie viel Getreide ein Arbeiter für einen Stuhl (ein Bett, ein Paar Sandalen) ausgeben und wie lange er dafür arbeiten musste (M4).

Frauen und Kinder im alten Ägypten

Ehe und Familie. Eine Zeremonie der Eheschließung gab es nicht. Zog ein Paar zusammen, galt es als verheiratet – ebenso einfach scheint die Scheidung durch Auflösung der gemeinsamen Wohnung gewesen zu sein. Wie häufig die Ehe durch einen Vertrag geregelt wurde, wissen wir nicht. Die Einehe war die Regel. Reiche Ägypter konnten aber auch zwei und mehr Frauen heiraten.

Die ägyptische Familie bestand aus Eltern und deren Kindern, wobei acht bis zehn Kinder keine Seltenheit waren. Da das Ägyptische nur Wörter für die engsten Verwandten kennt, nehmen die Forscher an, dass man zu entfernteren Verwandten keine oder nur lockere Beziehungen pflegte.

Die rechtliche Stellung der Frau. Als der griechische Weltreisende Herodot im 5. Jh. v. Chr. Ägypten bereiste, kam er aus dem Staunen nicht heraus: „Bei den Ägyptern gehen die Frauen auf den Markt und treiben Handel, während die Männer zu Hause sitzen und weben." Herodot schrieb verwundert über die Tätigkeiten und Freiheiten von Frauen, die ihm angesichts der Rolle der Frau in der griechischen Öffentlichkeit (vgl. S. 96f.) unerhört vorkamen. Aus Herodots Urteil können wir jedoch nicht folgern, dass Frauen und Männer in Ägypten gleichberechtigt waren. Sicher zu sein scheint, dass Ägypterinnen vergleichsweise mehr Rechte besaßen als Frauen in anderen alten Kulturen: Sie konnten ihren Besitz ohne Zustimmung ihres Mannes vererben und durften selbstständig Verträge und Rechtsgeschäfte abschließen. In einigen Teilen Europas hätten selbst vor 100 Jahren solche Rechte für Frauen noch für Aufsehen gesorgt. Zudem durften ägyptische Frauen ohne Zustimmung ihres Ehemannes Eigentum erwerben, einen Beruf sowie religiöse Ämter ausüben und dafür Einkommen beziehen. Bei kriminellen Handlungen erhielten Frauen die gleichen Strafen wie Männer. Manche Berufe, wie die des Schreibers oder eines Beamten, durften sie nicht ausüben.

In den Bauernfamilien arbeiteten die Frauen wie ihre Männer in der Landwirtschaft und lebten unter den bereits geschilderten elenden Bedingungen. Die in den Quellen am häufigsten genannten Berufe für Frauen sind Weberin, Müllerin, Wäscherin, Perückenmacherin, Tänzerin und Dienerin am Hof.

Ganz anders sah das Leben der Frauen in den Königsfamilien aus: Sie hatten politischen Einfluss und ließen ihre Gräber ebenso kunstvoll ausstatten wie ihre Männer. Sie waren in Musik und Tanz ausgebildet und konnten schreiben und lesen. Zu der ägyptischen Götterwelt gehörten zahlreiche weibliche Gottheiten: Maat, Isis und Hathor waren die bedeutendsten. Es gab auch Pharaoninnen in der ägyptischen Geschichte (s. S. 54f.).

Kindheit und Jugend. Mädchen und Jungen waren in Ägypten gleichermaßen erwünscht. Das Aussetzen oder gar Töten von Neugeborenen, wie es aus anderen antiken Kulturen überliefert ist (s. S. 83 und 96), galt in Ägypten als Verbrechen. Die Erziehung und Ausbildung der Kinder lag in der Hand ihrer Eltern. Eine Schule konnten nur wenige Kinder besuchen. Grundsätzlich standen die Schreibschulen auch Mädchen offen, doch berichten die Quellen nur von wenigen Mädchen aus besser gestellten Familien, die tatsächlich zur Schule gingen. Höchstens ein Prozent der Ägypter konnte lesen und schreiben. Zum Spielen blieb den meisten Kindern wenig Zeit. Ab einem Alter von vier bis fünf Jahren mussten Bauern- und Handwerkerkinder ihren Eltern bei der harten Arbeit helfen.

M 1 Glücksgürtel

Fischamulett = Schutz gegen Ertrinken

Heth = Gott der „Millionen Jahre" = langes Leben

Seitenlocke = jugendliches Aussehen

(ca. 1500 v. Chr., aus goldenen Kaurimuscheln, Perlen aus Amethyst, Lapislazuli, Karneol und Türkissteinen)

M2 Ägyptische Familie auf der Vogeljagd im Papyrusdickicht des Nils *(Wandmalerei aus dem Grab eines Beamten, um 1400 v. Chr.)*

M4 Statue eines jungen Paares aus Theben *(30 cm hoch, um 1250 v. Chr.)*

Die Statue zeigt einen Wächter der Königsgräber in Theben namens Ini mit seiner Frau Tjennet-Imentet. Die Haltung der beiden folgt einer genauen Vorgabe, wie sie in allen Darstellungen ägyptischer Ehepaare zu sehen ist: Der Mann hält in der linken Hand eine (hier abgebrochene) Lattichpflanze als Zeichen der Fruchtbarkeit. Beide sind verbunden durch die Relieffigur ihres (erwünschten oder bereits geborenen) Kindes.

M3 Ein Ehevertrag *(ca. 1500 v. Chr.)*

Datum – Namen der Eheschließenden

Es hat gesagt der Mann zu seiner Ehefrau: Ich habe dich zur Ehefrau gemacht. Gegeben habe ich dir fünf Silberkite als deine Frauengabe (Kite = Silberstück von ca. 9 Gramm).

Scheidungsklausel 1:

Entlasse ich dich als Ehefrau und nehme ich eine andere zur Frau, so werde ich dir fünf Silberkite zusätzlich zu den oben beschriebenen fünf Silberkiten geben, die ich dir als Frauengabe gegeben habe. Dazu gebe ich dir ein Drittel von allem und jedem, was ich für uns erwerben werde. Wobei die Kinder, die du mir gebären wirst, die Herren von allem und jedem sind, was mir gehört. Siehe das Verzeichnis der Sachen, die du mit in mein Haus gebracht hast: (Liste der Kupfersachen und Kleider). Bist du drinnen, sind sie mit dir drinnen. Bist du draußen, sind die Dinge mit dir draußen.

Scheidungsklausel 2:

Wenn du es bist, die geht, indem du mich als Ehemann entlässt, so wirst du mir 2,5 Silberkite von den 5 Silberkiten geben, die ich dir als Frauengabe gegeben habe.

Unterschriften und Zeugen

Zitiert nach: Walther Wolf: Das Alte Ägypten (= dtv Wissenschaftliche Reihe, Nr. 4332), München ² 1978, S. 429f.

1 Welche Bedeutung hatte vermutlich der kostbare Schmuck (M1) für seine Besitzerin?

2 Beschreibe die abgebildeten Personen in M2.

3 Welche Regelungen werden im Ehevertrag (M3) getroffen? Erkläre die Abmachungen im Falle einer Scheidung aus der Sicht des Mannes und aus der Sicht der Frau.

4 Was kommt durch die Darstellung der Handhaltung in M4 zum Ausdruck? Stellt die Szene nach und macht Fotos. Worauf müsst ihr unbedingt achten?

5 „Nicht gleichberechtigt und doch nicht rechtlos": Fasse schriftlich die Informationen zur rechtlichen Stellung der Frauen im alten Ägypten zusammen.

6 Kinder und Erwachsene spielten gerne das Brettspiel Sennet (s. S. 45/M3). Im Internet erhältst du eine Spielanleitung. Probiert das Spiel aus.

Die Schrift – wichtiges Merkmal einer Hochkultur

Wann entwickelten die Ägypter eine Schrift? Die Entwicklung der Schrift in Ägypten geht auf die Zeit der ersten Pharaonen um 3000 v. Chr. zurück. Niemand weiß genau, wie sich aus einzelnen Vasenaufschriften eine eigenständige Schrift und Grammatik entwickelte.

Über drei Jahrtausende wurde die ägyptische Schrift benutzt. Als 394 n. Chr. im Tempel von Philae bei Assuan die letzten des Ägyptischen noch mächtigen Schreiber einen Text einmeißelten, verstand fast niemand mehr den Sinn der Zeichen. Die Griechen, die Ägypten besuchten, sprachen von „heiligen Zeichen" (griech. hieros = heilig, glyphein = einritzen).

Bildung als Schlüssel zum Erfolg? In einem über 4 000 Jahre alten ägyptischen Lehrbuch findet sich folgender Ratschlag eines Vaters an seinen Sohn: „Richte deine Gedanken auf das Schreiben. Ich kenne keinen Beruf, der mit dem des Schreibers zu vergleichen wäre ... Es gibt keinen Beruf, in dem einem nicht befohlen wird, außer dem des Beamten. Wenn du schreiben kannst, wird dir das mehr Nutzen bringen als alle anderen Berufe. Nützlich ist schon ein einziger Tag in der Schule ..."

Wer Schreiber werden wollte, brauchte Fleiß und viele Jahre Ausdauer beim Lernen. Einige Familien aus der Oberschicht schickten auch ihre Töchter in die Schreibschulen. Den Beruf des Schreibers übten jedoch nur Männer aus. Der wichtigste Besitz des Schreibers waren seine Palette, ein rechteckiges Stück Holz mit Vertiefungen zum Anrühren der roten und schwarzen Farbe sowie die Schreibgeräte. Sie wurden aus Schilf hergestellt, das überall am Nil wuchs. Es wurde nach gewünschter Breite und Härte ausgesucht. Das Ende der Schilfrohre zerkaute der Schreiber dann zu einem faserigen Pinsel. Farben rührte er aus Pigmenten an, die aus Holzkohle, Ocker und Akaziensamen gewonnen wurden.

Was lernten die Schreibschüler? Die Schüler erlernten zunächst die einfache Schreibschrift und dann die komplizierte Hieroglyphenschrift. Beide Schriften wurden von rechts nach links gelesen wie die heutige arabische Schrift. Stundenlang mussten Texte abgeschrieben und Bedeutungen gepaukt werden. Drei Lernbereiche waren zu unterscheiden: Am einfachsten waren die Bildzeichen, die den abgebildeten Gegenstand bezeichneten. Schwierigere Begriffe drückte man durch Kombinationen verschiedener ▸Hieroglyphen aus. Schließlich konnte ein Zeichen auch als Laut oder Silbe gelesen werden wie unsere heutige Buchstabenschrift. Ein einzelnes Zeichen konnte aber bis zu vier verschiedene Laute ausdrücken.

Wozu benötigte man die Schrift? Für eine funktionierende Verwaltung sind schriftliche Aufzeichnungen unerlässlich. Nur mithilfe der Schrift konnte man die Anzahl der Menschen und Tiere, die Aufteilung der Felder, die Höhe der Ernteerträge und die gelagerten Vorräte erfassen. Zudem erlaubt die Schrift, Wissen festzuhalten und an nachkommende Generationen weiterzugeben.

Neben den Verwaltungsaufgaben benutzte man die Schrift noch für andere Zwecke: Geschichten, Mythen oder Gedichte wurden aufgeschrieben; die ägyptische Literatur entstand.

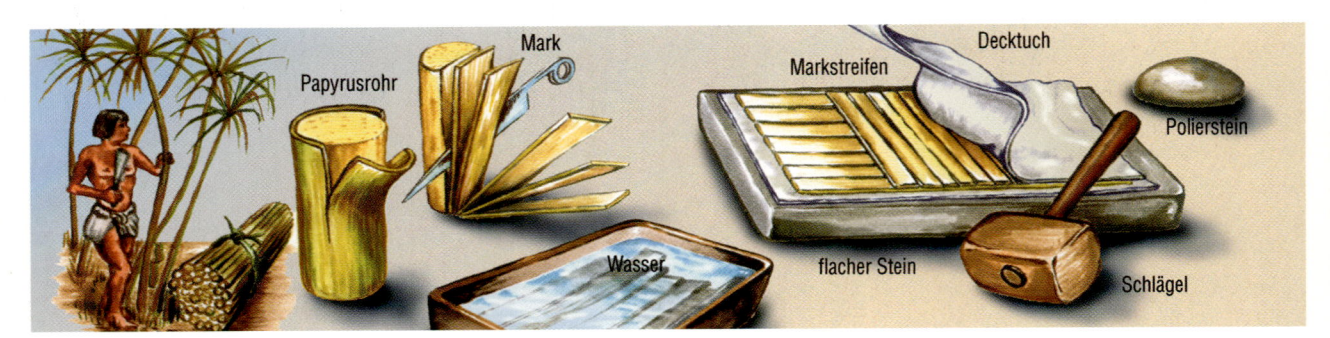

M1 Vom Schilf zur Schreibvorlage: Die Produktion von Papyrus

M2 Entwicklung der Schrift

Bildzeichen	Buchstabe	Bildzeichen	Buchstabe	Bildzeichen	Buchstabe
Geier	A	Hof	H	Hocker	P
Bein	B	Schilfblatt	I, J	Hund	R
Sandböschung	C, Q	Korb	K	gefalteter Stoff	S
Hand	D	Löwe	L	Brotlaib	T
Unterarm	E	Eule	M	K + S	X
Viper	F	Wasser	N	2 x Schilf	Y
Krugständer	G	Wachtelküken	O, U, V, W	Türriegel	Z

Am Schluss des Namens folgte bei Frauen und Mädchen und bei Männern und Jungen ein entsprechendes Symbol.

Hieroglyphen waren anfangs Bildzeichen. Sie entwickelten sich zur Buchstabenschrift, mit der man alle Begriffe ausdrücken konnte.

M3 Statue eines Schreibers
(51 cm hoch, um 2450 v. Chr.). Der Griffel in der rechten Hand ist abgebrochen.

■ GESCHICHTE AKTIV/KREATIV
Schreiben wie die alten Ägypter

1 Erfindet weitere Bildzeichen für Gegenstände, Lebewesen und Handlungen und zeichnet sie.
2 Überlegt, wie man „Wind", „Gefäß mit Bier", „Diener" und „Glück" darstellen könnte.
3 „SMS einmal anders": Verfasst Kurzbotschaften nur mit Bildzeichen – ägyptischen, modernen oder selbst erfundenen. Euer Nachbar soll sie entziffern.
4 Schreibt mit Hilfe der Tabelle M2 eure Namen in Hieroglyphen. Ihr könnt sie alle auf gleich große Blätter schreiben und wie eine Papyrusrolle zu einer Klassenliste zusammenkleben.

1 Beschreibe die Schritte der Papyrusherstellung (M1).
2 Nenne die Vorteile unserer Buchstabenschrift gegenüber einer Bilderschrift (M2).
3 Erläutere, warum der Beruf des Schreibers begehrt war (Autorentext und M3).
4 „Ein Monat ohne Schrift". Schreibt einen Erlebnisbericht. Was würdet ihr vermissen?
5 „Nun wird das Gedächtnis der Menschen schlechter!" soll einer der ersten Pharaonen über die zunehmende Verbreitung der Schrift gesagt haben. Was wollte der Herrscher damit vermutlich ausdrücken?
6 Über 1500 Jahre lang scheiterten alle Versuche, die Hieroglyphen zu entziffern. Erst der Fund des „Steins von Rosette" erlaubte dem französischen Gelehrten Champollion die sensationelle Entzifferung der ägyptischen Texte. Wie hat Champollion die Hieroglyphen zum Sprechen gebracht (s. S. 10)?

Wie war die ägyptische Gesellschaft aufgebaut?

Eine hierarchische Gesellschaft. Die soziale Gliederung der ägyptischen Bevölkerung hat sich über viele Jahrhunderte nicht verändert. Die Kinder eines Bauern wurden Bauern, die der Handwerker lernten den Beruf ihres Vaters.

Der Aufbau der ägyptischen Gesellschaft ist typisch für eine ▸ hierarchische Ordnung, d.h. Befehle werden von oben nach unten weitergegeben und müssen von der niedrigeren Rangstufe ausgeführt werden. Dafür erhalten die Untergebenen Schutz. Nur durch eine zentrale Regierung und leistungsfähige Verwaltung konnte die Zusammenarbeit funktionieren, die Versorgung der Menschen in Notzeiten sichergestellt und die riesigen Bauvorhaben verwirklicht werden. Nicht alle konnten alles machen, die einzelnen Berufe ergänzten sich, Arbeitsteilung war auch hier notwendig.

Der Tschati. Der oberste Beamte hieß Tschati oder Wesir. Als Stellvertreter des Pharao reiste er durch das Land, setzte sich mit Beschwerden auseinander, legte Steuern fest und erstattete dem Pharao Bericht über seine Tätigkeiten. Als Lohn für seine Dienste erhielt der Beamte große Güter und Wohnungen. Das Amt des Tschati wurde im Laufe vieler Jahrhunderte erblich.

Ihm unterstanden die Beamten, die die Befehle des Pharaos weitergaben. Sie konnten lesen und schreiben und überwachten die Ausführung der angeordneten Arbeiten. Die Beamten sorgten für die Wasserzu- und Bodenverteilung, versorgten die Arbeiter mit Lebensmitteln und Kleidung und überwachten die Übergabe der Abgaben. Durch die Beamten gelangten die Befehle bis in die entlegensten Gebiete des Landes. Viele Beamte waren bestechlich, oft waren Klagen zu hören über noch nicht ausbezahlten Lohn (s. S. 45/M5), über ungerechte Steuereintreibung oder nicht gerechtfertigte Wegnahme von Eigentum.

Die Priesterschaft. Die Priester waren – wie die Beamten – sehr angesehen. Nur sie durften das Allerheiligste eines Heiligtums betreten. Jeder Tempel besaß große Ländereien und beschäftigte viele Menschen. Die Priester lebten mit ihren Familien umgeben von vielen Dienern in der Tempelstadt, den Häusern rings um ein Heiligtum.

Andere wichtige Gruppen. Die Mehrheit der Ägypterinnen und Ägypter arbeitete als Bauern, Handwerker oder Arbeiter. Wichtig innerhalb der ägyptischen Gesellschaft waren auch die Soldaten, mit deren Hilfe die Pharaonen erfolgreiche Kriege führten und das Reich gegen Feinde von innen und außen verteidigten. Händler und Kaufleute kümmerten sich im Auftrag des Pharaos um die Einfuhr von wichtigen Rohstoffen, so z.B. um Holz aus dem Libanon für Palastbauten, Grabanlagen und Schiffe. ▸ Sklaven gab es in Ägypten erst ab 1500 v. Chr. Seit dieser Zeit führten die Pharaonen Kriege gegen die asiatischen und afrikanischen Nachbarn. Die bei diesen Feldzügen gefangen genommenen Krieger wurden versklavt.

M1 Viehzählung
(Holzmodell aus dem Grab eines hohen Beamten, 173 x 72 cm, um 2000 v. Chr.)

M2 Die Aufgaben des Tschati (Wesir)

Aus einer Inschrift im Grab eines Wesirs (ca. 1450 v. Chr.):
Er soll auf einem Stuhl mit Lehne sitzen, eine Rohrmatte auf dem Boden, einen Umhang umgelegt, auf einem Kissen sitzend, den Amtsstab in der Hand halten …

13. Ihm (dem Wesir) meldet man jeden, der eine Bittschrift an
5 den Herrscher richtet, nachdem er sie schriftlich eingereicht hat.
14. Er schickt jeden Boten der Verwaltung aus, der zu den Bürgermeistern und Ortsvorstehern geschickt wird …
16. Er zieht die Truppen zusammen, die zur Begleitung des
10 Herrschers nilaufwärts und nilabwärts mitgehen. Er bestimmt den Rest der Truppen, der in der südlichen Hauptstadt und Residenz (= Theben) stationiert bleibt.
17. Man lasse überhaupt einen Vertreter jedes Amtes, vom höchsten bis zum niedrigsten, in die Halle des Tschati eintre-
15 ten, damit sie sich untereinander beraten.
18. Er schickt zum Bäumefällen aus. Er sendet die Überwachungsbeamten aus, um im ganzen Land Kanäle graben zu lassen. Er schickt die Bürgermeister und Ortsvorsteher im Sommer zum Ackern …
20 21. Er sendet die Soldaten und Katasterschreiber (= Beamte, die die Größe der Grundstücke und den Namen der Eigentümer aufschreiben) aus, damit sie die Anweisungen des Herrschers ausführen. In seiner Halle sollen alle Akten des Bezirks gesammelt werden, damit man über jedes Feld Bescheid
25 weiß. Er setzt die Grenzen jedes Bezirks, jedes Weidelandes, jedes Tempelgutes und überhaupt die Grenze eines jeden Grundstücks durch eine gesiegelte Urkunde fest.
22. Er liest jede Beschwerde und verhört, wenn es Streit gibt. Er setzt die Wachleute ein.
30 23. Er wird in Kenntnis gesetzt, wenn es Fehlbeträge beim Gottesopfer gibt. Er berechnet die Abgaben aller Wirtschaftsbetriebe.
24. Er legt die Liste aller Rinder an. Die Bürgermeister, Ortsvorsteher und alle Bürger melden ihm alle ihre Abgaben. Man
35 meldet ihm den Aufgang des Sirius und das Steigen der Nilflut. Man meldet ihm jeden Regen …
26. Er leitet die beiden Länder, wenn der Herrscher sich beim Heer befindet.
Zitiert nach: Wolfgang Helck: Zur Verwaltung des Mittleren und Neuen Reiches, Leiden (Brill) 1958, S. 29ff.

M3 Bauern und Beamte

Die nachfolgenden Zeilen wurden in den Schreibschulen immer wieder als Übungstext verwendet:
Werde Schreiber! Dies wird dir die Mühsal ersparen und dich vor jeder Arbeit bewahren. Du brauchst keine Hacke in die Hand zu nehmen und wirst keinen Korb tragen müssen. Du wirst kein Ruder bewegen müssen und von aller Not ver-
5 schont bleiben.
Denk an die missliche Lage, in die der Bauer gerät, wenn die Beamten kommen, um die Erntesteuer zu schätzen. Schlangen und Nilpferde haben die Hälfte der Ernte verschlungen. Das im Speicher des Bauern verbliebene Getreide ist gestoh-
10 len worden. Was er für den gemieteten Ochsen bezahlen muss, kann er nicht bezahlen … Und genau in dem Moment legt der Beamte am Ufer an, um die Erntesteuer zu schätzen. Es gibt aber kein Getreide und der Bauer wird gnadenlos geschlagen. Seine Frau und seine Kinder werden gefesselt. Der
15 Beamte befiehlt allen. Seine Arbeit wird nicht besteuert; er hat keine Schulden. Merke dir das gut!
Zitiert nach: Donadoni: a. a. O., S. 36.

1 Wer hat was in der ägyptischen Gesellschaft zu tun? Zeichne eine Tabelle, schreibe zuerst den Namen der Gesellschaftsschicht auf und füge die entsprechenden Aufgaben hinzu (Autorentext und M2–M3).
2 Woran lässt sich erkennen, dass die ägyptische Gesellschaft auf Arbeitsteilung und Zusammenarbeit beruhte?
3 Gib den Ablauf der Viehzählung aus der Sicht eines der Schreiber (M1) schriftlich wieder. Überlege dir, was vor und nach dieser Zählung alles passieren konnte.
4 Stelle die Aufgaben des Tschati in einer Liste zusammen (M2).
5 Entwerft ein Streitgespräch (Stichwortzettel) zwischen Bauern und Beamten (M1 und M3). Die Beamten behaupten, die Bauern hätten ihre Ernte versteckt. Die Bauern beteuern ihre Unschuld und verweisen auf die schlechte Ernte. Sie wollen nicht noch mehr Abgaben leisten.

Staat und Gesellschaft

Der Pharao – König und Gott

An der Spitze der ägyptischen Gesellschaft stand der Pharao. Der Begriff ▶ Pharao bedeutet „großes Haus" – damit bezeichnete man ursprünglich den Königspalast. Seit etwa 2500 v. Chr. wurde der Pharao als Sohn des Sonnengottes Re verehrt. Alle Einwohner Ägyptens waren dem Gottkönig unterworfen und mussten ihm gehorchen. Ihm gehörte das gesamte Land. Er galt als fehlerlos und entschied über alle wichtigen Angelegenheiten seines Landes. Er war Gesetzgeber, Richter über Leben und Tod, oberster Kriegsherr und Priester, er gab den Auftrag für den Bau von Pyramiden, Tempeln und Städten. Seine Hauptaufgabe war die Sicherung des Friedens nach innen und außen. Man sah in ihm auch den Mittler zwischen den Menschen und den Göttern.

Der Pharao lebte mit seiner Hauptgemahlin und vielen Nebenfrauen abgeschirmt von seinem Volk in einem weitläufigen Palast aus Stein. Zum Hofstaat gehörten Beamte, Priester, Musikanten, Tänzerinnen, Künstler und zahlreiche Diener. Starb ein Pharao, herrschte Trauer im ganzen Land. Der Nachfolger war nicht unbedingt ein Sohn des Pharaonenpaares, entstammte aber fast immer der erweiterten Familie. Die Herrschaft einer Familie, die über einen längeren Zeitraum einen Herrscher stellte, nennen wir Dynastie. Kam ein neuer Herrscher an die Macht, begann die Zeitrechnung wieder bei Null.

M1 Silbersarg von Pharao Psusennes I. *(um 1000 v. Chr.)*

In den Händen hält der Pharao Krummstab und Geißel.

M2 Krönung von Pharao Ptolemaios VIII.: *Vereinigung der Kronen Ober- und Unterägyptens (164–116 v. Chr., Relief auf dem Tempel in Edfu, Oberägypten)*

Das ägyptische Krönungszeremoniell blieb bis in die griechische und römische Zeit erhalten. Dieses Relief zeigt, dass der griechische Herrscher die Tradition der altägyptischen Pharaonen fortsetzte.

M3 Huldigung für Pharao Ramses II. *(ca. 1290–1224 v. Chr.)*

Wir kommen zu Dir, Herr des Himmels, Herr der Erde, Du Atum (= Sonnengott), Herr des Geschickes, Du Säule des Himmels, Herr vielfacher Speisung, Du, der die Fürsten macht und die Waisen aufbaut, dessen Rede alle heilige Speise entstehen ließ, der wacht, wenn alles schläft, dessen Kraft Ägypten errettet, der über die Fremdländer siegt und triumphierend heimkehrt, dessen Stärke Ägypten schützt, Geliebter der Wahrheit, mächtig an Jahren, groß an Gewalt. Du, unser König und Herr.

Gottfried Guggenbühl: Quellen zur Allgemeinen Geschichte, Bd. 3: Altertum, Zürich (Schulthess), neu bearb. von Hans C. Huber, 3. Aufl. 1964, S. 16.

Methode: Bilder betrachten und deuten

Die Bilder verschiedener Epochen haben jeweils besondere Merkmale – sie folgen einem bestimmten Stil. So sind die Bilder der Ägypter oft übersät mit Hieroglyphen und Tierdarstellungen. Sie wirken auf uns fremd, zuweilen eigenartig. Die Gesichter zeigen keine individuellen Züge, die Körper sind schematisch gezeichnet. Personen wirken merkwürdig verdreht: Sie werden im Profil, d. h. von der Seite dargestellt, aber der Oberkörper öffnet sich zum Betrachter hin; der Kopf schaut wieder zur Seite, aber das Auge blickt in seiner ganzen Breite den Betrachter an. Solche Bilder wollen nicht die Wirklichkeit darstellen, vielmehr veranschaulichen sie religiöse Vorstellungen oder politische und gesellschaftliche Verhältnisse ihrer Zeit. Dazu verwenden die Künstler Mittel, die uns als unwirklich vorkommen: Personen sind unverhältnismäßig groß oder klein, mit den Menschen treten Götter oder Fabelwesen auf, Himmelskörper verlassen ihre Bahn, Abstände und Raumverhältnisse stimmen nicht. Die Auftraggeber achteten genau auf die Einhaltung der Regeln.

Die Bildaussage lässt sich leichter entschlüsseln, wenn wir in folgenden Schritten vorgehen:

1. Schritt: Bildbeschreibung
Wie ist der Hintergrund gestaltet? Welche Personen stehen im Vordergrund? Wohin schauen die Personen? Ist ein Handlungsablauf erkennbar? Welche Bildelemente fallen besonders auf?

2. Schritt: Das Bild in einen Zusammenhang stellen
Du musst die Bildunterschrift genau lesen; sie gibt wichtige Auskünfte über Entstehung, Inhalt und Verwendung des Bildes. Wenn möglich, solltest du das Bild mit ähnlichen Bildern vergleichen, so z. B. mit den Bildern von Pharaonen auf der linken Seite.

3. Schritt: Leitfragen formulieren
Während du die ersten beiden Arbeitsschritte ausführst, wird dir noch bewusster, um welches Thema es bei dem bearbeiteten Bild geht und warum es in einem bestimmten Zusammenhang in diesem Buch auftaucht. Worum es im Kern geht, sollte man in einer „Leitfrage" formulieren. Sie ist wichtig; ohne Leitfrage würde sich die Bildinterpretation nur an zufällige Eindrücke halten. Die Leitfrage an das Bild auf dieser Seite (und die Abbildungen gegenüber) lautet: Was erfahren wir aus dem Bild über Rang und Macht der ägyptischen Pharaonen? Dazu könnt ihr folgende Teilfragen beantworten: Welche Herrschaftszeichen trägt der Pharao? Was sagen sie über seine Machtstellung aus? In welcher Beziehung steht der Pharao zu den Göttern?

4. Schritt: Das Bild deuten
Jetzt musst du dich noch einmal intensiv mit dem Bild auseinander setzen. Die Leitfrage hilft dir, eine Auswahl zu treffen und zu bestimmen, welche Bildelemente wesentlich sind und welche du „übersehen" kannst.

M4 Sethos I. *(ca. 1304–1290 v. Chr., im Tal der Könige)*

Der Pharao steht vor Osiris und der Göttin Hathor. Er wird von dem falkenköpfigen Gott Horus begleitet (Nachzeichnungen aus der Grabkammer).

1 Interpretiere das Bild M4. Gehe dabei nach den beschriebenen Arbeitsschritten vor.
2 Nenne die Aufgaben, die ein Pharao zu erfüllen hat (M3).
3 Am oberen Rand sind die Herrschaftszeichen eines Pharaos wie Wasserzeichen eingebracht. Nenne ihre Bezeichnung und ihre Bedeutung.

Die Königin mit dem Bart

Hatschepsut – eine Frau auf dem Thron. Mehrfach übte in der ägyptischen Geschichte eine Königin die Herrschaft für ihren noch unmündigen Sohn aus. Dies bezeichnen wir als Regentschaft. Wir kennen aber nur drei Frauen, die Herrscherinnen wurden. Die bedeutendste unter ihnen ist Hatschepsut; sie regierte von 1490 bis 1468 v. Chr.

Hatschepsut übernahm nach dem Tod ihres Mannes Thutmosis II. die Regentschaft für ihren unmündigen Stiefsohn, den sie zum Mitregierenden ernannte. Nach der Tradition hätte Hatschepsut ihrem Stiefsohn die Herrschaftsgewalt spätestens bei Erreichen der Volljährigkeit abtreten müssen. Nun begann das Außergewöhnliche: Im zweiten Jahr der Regentschaft ließ Hatschepsut sich zum „König Ägyptens" ausrufen und feierlich krönen. Den Begriff Pharaonin gab es im Ägyptischen nicht. Wie sollte man also mit einem weiblichen Pharao umgehen?

Aus den Inschriften jener Zeit wissen wir, dass Hatschepsut mit ihrer Ausrufung zur Königin eine kleine Revolution auslöste. Ihr Vorhaben war nur durch die Unterstützung einflussreicher Kreise möglich. Dazu gehörten der Hofstaat und die Priesterschaft. Die Priester verwiesen auf den göttlichen Segen und die Orakelsprüche, die Hatschepsut die Herrschaft zuerkannten. Bis heute streiten die Forscher darüber, ob Thutmosis sich mit der anerkannt guten Herrschaft der Königin abfand oder zu schwach zur Durchsetzung seiner Ansprüche war. Für die Gegner Hatschepsuts war es offensichtlich eine unerträgliche Vorstellung, dass eine Frau das Königsamt nicht zurückgab. Dies widersprach nach Meinung dieser Gruppe allen bisherigen Herrschaftsregeln.

Als Pharao musste Hatschepsut männliche und kriegerische Beinamen übernehmen. Während ihrer fast 22-jährigen Herrschaft wurden erstmals weibliche Königstitel erfunden wie „vollkommene Göttin" und „Tochter des Re".

Die Leistungen der Königin. Hatschepsut baute umsichtig die Verwaltung des Landes aus, indem sie Landwirtschaft und Handel förderte. Unter ihrer Herrschaft führte Ägypten keine Kriege. Anders als ihr verstorbener Mann setzte Hatschepsut auf friedliche Handelsbeziehungen zu den Nachbarstaaten. Besonders bekannt wurde die Ausrüstung von Handelsschiffen zu einer Expedition ins sagenhafte Land Punt. Dort tauschten die Ägypter Waffen, Geräte, Schmuck und Statuen gegen Weihrauch, Elfenbein, Gold, kostbare Öle und Tiere aus Zentralafrika.

Wir wissen nicht, ob die Königin eines natürlichen Todes starb. Nach ihrem Tod wurde ihr Stiefsohn neuer König. In dieser Zeit müssen die Gegner der „Edelsten unter den Frauen" – wie ihr Name übersetzt lautet – Rache ausgeübt haben: Fast alle Statuen der Königin wurden zerschlagen, ihr Name und ihr Bildnis in den steinernen Inschriften ausgemeißelt bzw. zerstört.

M 1 Der Terrassentempel der Hatschepsut
(Deir-el-Bahari in Theben-West) Mehrere hintereinander liegende Terrassen waren durch Rampen verbunden. Der Tempel war dem Sonnengott Amun (oder Amun-Re) gewidmet. Die Anlage wurde nach der Entdeckung im 19. Jahrhundert fast völlig rekonstruiert. Prächtige Wandreliefs und Malereien stellen die Herrschaftsjahre der Königin dar, darunter die Expedition ins Land Punt (heutige Ostküste Afrikas).

M2 Statue der Königin in jungen Jahren

M3 Hatschepsut auf der Jagd *(Relief am Terrassentempel Deir-el-Bahari)*

M4 Statue der Königin in älteren Jahren

M5 Königin Hatschepsut über sich selbst
Aus Tempelinschriften:

Ich bin wie ein wilder Stier mit spitzen Hörnern. Ich bin ein Falke, der über Land fliegt, der sich auf der Erde niederlässt und seine Grenzen festigt. Ich bin ein Schakal mit schnellem Schritt, der in einem Augenblick durch das ganze Land laufen kann. Ich bin ein wütendes Krokodil, das mit Gewalt zupackt, das ganz sicher zu-
5 packt und dem keiner entkommen kann. Ich bin ein verborgenes Krokodil, ich bin ein heimtückisches Krokodil, das den Schatten sucht und das sich im Weideland versteckt hält.
Zitiert nach: Claus: a. a. O., S. 197.

Amun, der Herr der Throne beider Länder, veranlasste, dass ich zur Belohnung das Rote Land und das Schwarze Land (= Ober- und Unterägypten) regiere. Niemand rebelliert gegen mich in meinen Ländern ... Ich bin wahrhaftig seine Tochter,
5 die ihm dient und die weiß, was er befiehlt. Meine Belohnung von meinem Vater ist die Herrschaft auf dem Horusthron aller Lebenden, wie Re auf ewig.
Joyce Tyldesley: Töchter der Isis. Die Frau im alten Ägypten, aus dem Amerikan. von Christa Broermann und Andrea Kann, München (Heyne) 1998, S. 253 © Limes, München.

1 Wie stellt sich Hatschepsut in M2 bis M5 selbst dar? Beachte besonders den Unterschied der Statue in den ersten Herrscherjahren und in der Spätzeit der Herrschaft. Deute die Wortwahl der schriftlichen Aussagen (M5).

2 Verfasse einen Stichwortzettel für ein Streitgespräch: Darf Hatschepsut Königin bleiben oder muss sie die Königswürde bei Volljährigkeit ihres Sohnes an diesen abgeben?

3 Stelle eine weitere Herrscherin Ägyptens vor: Königin Teje oder Königin Nofretete (Nefertiti). Erkläre deinen Mitschülern, wie du bei der Materialsuche vorgegangen bist.

Die Glaubensvorstellungen der Ägypter

Die Ägypter verehrten eine Vielzahl von Göttern (▶ Polytheismus; im Gegensatz dazu ▶ Monotheismus = Glaube an einen Gott). Deren Abbildungen finden sich auf Papyrusrollen, in Tempeln oder in Grabkammern. Nicht selten sind sie als Mittler besonders für die Pharaonen abgebildet, die sie auf ihrer letzten Reise ins Jenseits begleiten sollten. Hierfür war es wichtig, den Körper möglichst unversehrt zu erhalten und dem Toten Speisen und Hilfsmittel für dessen Fahrt ins Totenreich mitzugeben. In der trockenen Luft des Wüstenklimas dörrten die toten Körper aus und verwesen nicht. Erst als man in späterer Zeit dazu überging, Pharaonen und reiche Beamte in prachtvollen Gräbern zu bestatten, musste ein Mittel gefunden werden, um die Verwesung in den feuchten Begräbnisstätten zu verhindern. Die Ägypter begannen die Leichen zu mumifizieren. Sie perfektionierten diese Technik so weit, dass selbst heute gefundene Mumien noch hervorragend erhalten sind.

■ M1 Die Reise ins Jenseits

Die letzte und größte Reise eines Verstorbenen begann mit der Trennung des Geistes (Ka) vom Körper. Die Seele schwebt ratlos um den Leichnam und wird dann von der Göttin Isis unter ihre Flügel genommen. Sie vertraut die Seele dem weisen Anubis an, der den Weg zum göttlichen Gericht weist.
Nun machen sich beide auf zu den Grenzen der Welt, und zwar zu einem der vier Gebirge, die die bewohnte Welt umgeben. Nach der mühseligen Überwindung der Berge fährt die Seele mit dem Boot über den „Strom der Unteren" in die „Galerie der Nacht". Anubis steuert das Boot geschickt durch alle Strudel. Dann gilt es, die Riesenschlange Apofis zu überlisten, die den Eingang in die Unterwelt verbaut. Das Ufer wimmelt nun von Gefahren: Riesige Paviane stürzen sich auf die Reisenden und versuchen sie mit großen Netzen zu fangen. Mit langen spitzen Stacheln bewehrte Schlangen, Feuer speiende Drachen und Reptilien mit fünf Köpfen veranstalten ein ohrenbetäubendes Geheul. Herzzerreißende Klagen von Seelen, die zurückgewiesen wurden und nun als wandernde Schatten umherirren, erfüllen die Luft. Am Ende der Gefahren gelangt die Seele an sieben gewaltige Tore, die in den großen Saal des Osiris führen. An drei Toren muss die Seele die Zauberworte kennen, um weiter zu kommen. Der letzte Wächter nennt der Seele ihren geheimen Namen für die Ewigkeit. Die Seele betritt nun den großen Saal der Gerechtigkeit des Osiris. Hier steht die Seele nun allein vor dem Totengericht und muss beweisen, dass sie „niemals jemandem etwas Böses zugefügt habe". Erst wenn diese Prüfung überstanden ist, beginnt das Leben im ägyptischen Paradies ... Zunächst reinigt sich die Seele durch ein Bad im Lotus-See, wird schön und jugendlich und geht dann den Tätigkeiten an den Ufern des himmlischen Nils nach.

Zitiert nach: Alberto C. Carpiceci: Kunst und Geschichte in Ägypten, Florenz (Bonechi) 2000, S. 92ff. © Theiss, Stuttgart.

■ M2 In der Werkstatt eines Mumifizierers

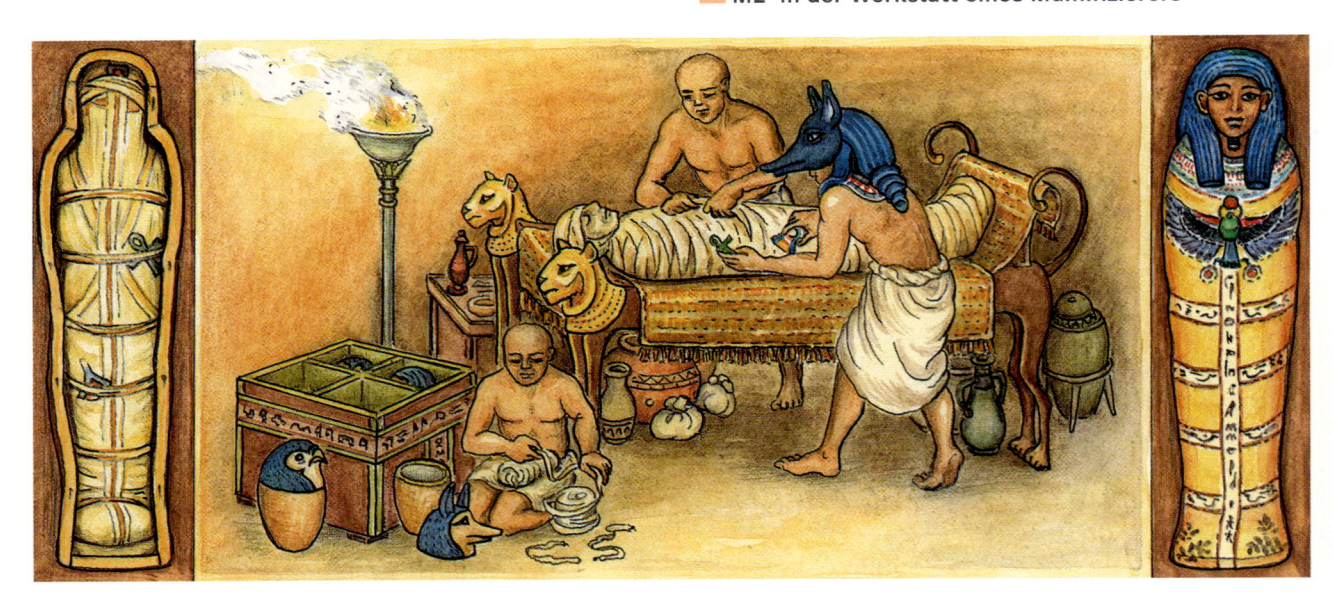

M3 Über die Mumifizierung

Der Grieche Herodot (ca. 484–425 v. Chr.) machte ausgedehnte Reisen in Ägypten und berichtete:

Wenn in einem Haus ein angesehener Hausgenosse stirbt, lassen sie die Leiche im Haus liegen; die weiblichen Hausbewohner laufen mit entblößter Brust, sich schlagend, durch die Stadt. Auch Männer schlagen sich und haben ihr Gewand unter der Brust festgebunden. Hiernach schreitet man zur Einbalsamierung der Leiche. Es gibt besondere Leute, die das berufsmäßig ausüben. Zu ihnen wird die Leiche gebracht und sie zeigen nun hölzerne, auf verschiedene Art bemalte Leichname vor. Es gibt drei unterschiedlich teure Arten der Mumifizierung. Die vornehmste Art ist folgende: Zunächst wird mittels eines eisernen Hakens das Gehirn durch die Nasenlöcher herausgeleitet. Dann macht man mit einem scharfen Stein einen Schnitt in die Seite und nimmt die ganzen Eingeweide heraus. Sie werden gereinigt und in kleine Krüge (Kanopen) gefüllt. Nun liegt der Leichnam 70 Tage lang in Natronlauge. Dann wird die Leiche gewaschen, mit Binden umwickelt und in einen Sarg gelegt.

Herodot 2. 85. Zitiert nach: Herodot: Historien, hrsg. und erl. von Hans Wilhelm Haussig, übers. von August Horneffer, Stuttgart (Kröner) 1957.

M4 Das Totengericht des Schreibers Hunefer *(Papyrus, um 1300 v. Chr., British Museum, London)*

A Die Feder der Göttin Maat liegt auf der Waage. Das Herz des Toten muss leichter als die Feder sein, um die Prüfung zu bestehen.
B Horus führt Hunefer zur Urteilsverkündung vor den Thron des Osiris.
C Thoth schreibt das Ergebnis auf.
D Der Herrscher des Jenseits verkündet das Urteil. Hinter ihm stehen Isis und Nephthys.
E Der Verstorbene wird von Anubis vor das Gericht geführt.
F Bei Nichtbestehen der Prüfung wird Ammit den Verstorbenen verschlingen.

1 Beschreibe mithilfe von M2 und M3 den Vorgang der Mumifizierung.
2 Warum war es für die Ägypter wichtig, dass der Körper des Toten erhalten blieb?
3 Betrachte die Bildquelle zum Totengericht genau (M4). Lies die Texte A bis F. Stelle die richtige Reihenfolge her und erzähle den Weg des Hunefer ins Jenseits nach. Beziehe auch M1 mit ein.
4 Schreibe die Namen der abgebildeten Gottheiten in eine Tabelle. Füge kurz hinzu, wofür sie zuständig waren (z. B. Osiris, Gott der Unterwelt). Lies in einem Lexikon nach.
5 Vergleiche die altägyptischen Vorstellungen von Totengericht und Jenseits mit entsprechenden Glaubensinhalten im Christentum.

Die Religion der Ägypter

Bauwerke für die Ewigkeit

Eine Treppe zum Himmel. Ein toter Pharao stieg nach der Vorstellung der Ägypter auf einer Himmelsleiter zu den Sternen, wo für ihn ein Platz am Firmament bereitet war. In der Frühzeit der ägyptischen Geschichte beerdigte man alle Toten im Wüstensand. Nur Könige erhielten aufwändige Grabhügel aus Ziegeln, Holz und Schilfmatten. Unter Pharao Djoser und seinem Chefarchitekten Imhotep entstand um 2650 v. Chr. erstmals anstelle eines einfachen Grabes eine riesige Begräbnisanlage aus Stein. Bei Sakkara ließ der König ein 544 m langes und 277 m breites Areal mit einer 10 m hohen Umfassungsmauer aus leuchtend weißem Kalkstein errichten. In der Mitte der Anlage erhob sich majestätisch ein neuartiges Bauwerk: die Stufenpyramide des Djoser. Um die ▸ Pyramide herum waren zahlreiche Nebengebäude angeordnet. Dort befanden sich Grabanlagen für die Verwandten des Königs, Tempel und Wohnhäuser der Priester.

Drei Versuche bis zur „richtigen" Pyramide. Die Idee Djosers scheint großen Eindruck auf seine Nachfolger gemacht zu haben. Der Bau einer angemessenen Grabanlage noch zu Lebzeiten war das wichtigste Projekt eines Herrschers. Das eigentliche Pyramidenzeitalter begann mit Pharao Snofru, der seine Bauleute gleichzeitig an drei riesigen Baustellen arbeiten ließ. In Medum war die Pyramide bis zum Tod seines Vorgängers nur zur Hälfte fertig gestellt worden. Was lag also näher, als an ihr weiter zu bauen? Doch der ehrgeizige Pharao wollte eine noch größere und gewaltigere Pyramide bauen lassen. Dabei verschätzten sich seine Mathematiker und Statiker: Die Treppe zum Himmel war so steil angelegt, dass Teile abbrachen und die gesamte Pyramide einzubrechen drohte. Also flachten die Ingenieure kurzerhand den Winkel ab und das Bauwerk wurde weniger hoch als ursprünglich berechnet. Heute nennen wir dieses Pharaonengrab die „Knickpyramide". In direkter Nachbarschaft erhebt sich die erste „echte" Pyramide; sie misst 104 m und wird die „Rote Pyramide" genannt.
Unter Snofrus Sohn Cheops wuchs dann die höchste der Pyramiden empor. Bis heute ist sie das gewaltigste Bauwerk aus Stein auf der Erde.

M1 Die Cheopspyramide aus der Nähe
(im Hintergrund: die Chephrenpyramide)

Wozu bauten die Ägypter solche Bauwerke? Bis heute diskutieren die Experten darüber, ob die Bauern zum Pyramidenbau gezwungen wurden oder freiwillig mitarbeiteten. Die Bereitschaft dazu muss groß gewesen sein, da es sich um ein religiöses Gemeinschaftswerk handelte. So waren die Bauern der Auffassung, dass ihr Leben von der Gunst des Pharaos abhing, der nach seinem Tod als Gott weiter über die Ägypter regierte. Durch diese Dienste konnten sie Segen vom Pharao im Diesseits und vor dem Totengericht erwarten.

■ **M2 Höher, gewaltiger, prunkvoller**
Die Baufolge der bedeutendsten Pyramiden

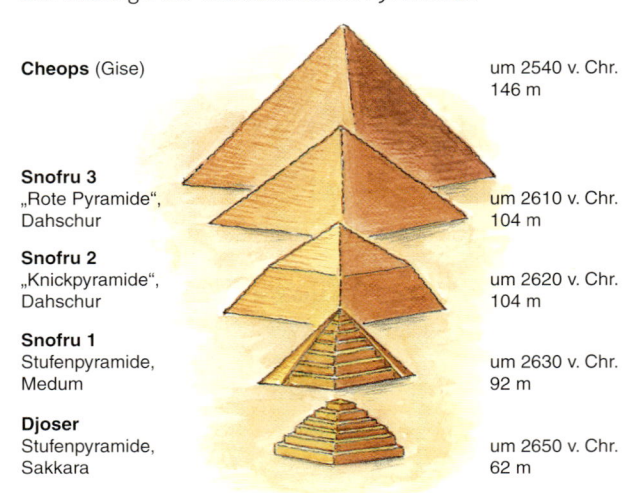

Cheops (Gise) — um 2540 v. Chr. / 146 m

Snofru 3
„Rote Pyramide", Dahschur — um 2610 v. Chr. / 104 m

Snofru 2
„Knickpyramide", Dahschur — um 2620 v. Chr. / 104 m

Snofru 1
Stufenpyramide, Medum — um 2630 v. Chr. / 92 m

Djoser
Stufenpyramide, Sakkara — um 2650 v. Chr. / 62 m

M3 Bau der Cheopspyramide

Bis heute ist nicht genau geklärt, auf welche Weise die Steinquader hochgezogen wurden.

M5 Schnitt durch die Cheopspyramide

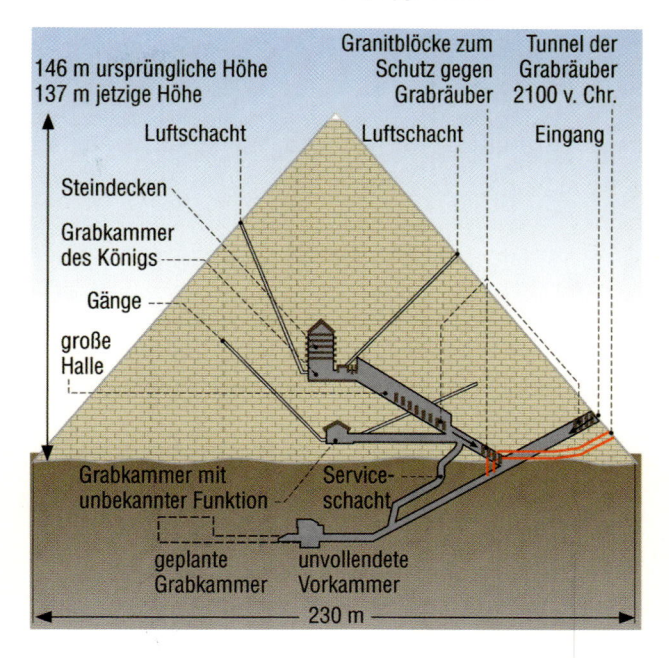

146 m ursprüngliche Höhe
137 m jetzige Höhe

Granitblöcke zum Schutz gegen Grabräuber

Tunnel der Grabräuber 2100 v. Chr.

Luftschacht — Luftschacht — Eingang

Steindecken
Grabkammer des Königs
Gänge
große Halle

Grabkammer mit unbekannter Funktion — Serviceschacht

geplante Grabkammer — unvollendete Vorkammer

230 m

M4 Großbaustelle Pyramidenbau – aus antiker Sicht

Der Grieche Herodot (5. Jh. v. Chr.) schreibt:

Cheops ... hat alle Ägypter gezwungen für ihn zu arbeiten. Die einen mussten aus den Steinbrüchen im arabischen Gebirge Steinblöcke bis an den Nil schleifen. Über den Strom wurden sie auf Schiffe gesetzt und andere mussten die Steine wei-
5 terschleifen bis hin zu den so genannten libyschen Bergen. 100 000 Menschen waren es, die jeweils daran arbeiteten ... je drei Monate (während der Nilüberschwemmung). So wurde das Volk bedrückt und es dauerte zehn Jahre, ehe nur die Straße gebaut war, auf der die Steine dahergeschleift wurden,
10 ein Werk, das mir fast ebenso gewaltig erscheint, wie der Bau der Pyramide selbst ... An der Pyramide wurde 20 Jahre gearbeitet.

Herodot, Historien 2, a. a. O.

1 Erkläre mithilfe des Textes und der Grafik M2 die verschiedenen Baustufen bis zur ersten „echten" Pyramide. Erstellt dazu eine Wandzeitung mit Darstellung der Stufenpyramide des Djoser, der „Knickpyramide" und der „Roten Pyramide". Fügt besonders hohe Bauwerke aus unserer heutigen Zeit hinzu.
2 Bis heute wissen wir nicht genau, wie die Steinblöcke aufgetürmt wurden. Erläutere die in M3 gezeigte Methode. Kennst du weitere?
3 Verwaltungsbeamte gaben den Technikern, Handwerkern und Aufsehern Befehle. Du bist Vorarbeiter und legst für deinen Bautrupp die Aufgaben für die nächsten Wochen fest (M1 und M3–M5)? Denke auch an die Verpflegung.
4 Herodot war der Auffassung, dass die Bauern und Arbeiter zum Pyramidenbau gezwungen wurden (M4). Lies dazu auch den darstellenden Teil und überlege, wie die Ägypter darüber gedacht haben könnten. Begründe.
5 Stelle Vermutungen an, warum die Pyramiden in ihrem Inneren so verwinkelt und kompliziert gebaut wurden (M5).

Hochkulturen im Vergleich

Mesopotamien – eine frühe Hochkultur am Euphrat und Tigris

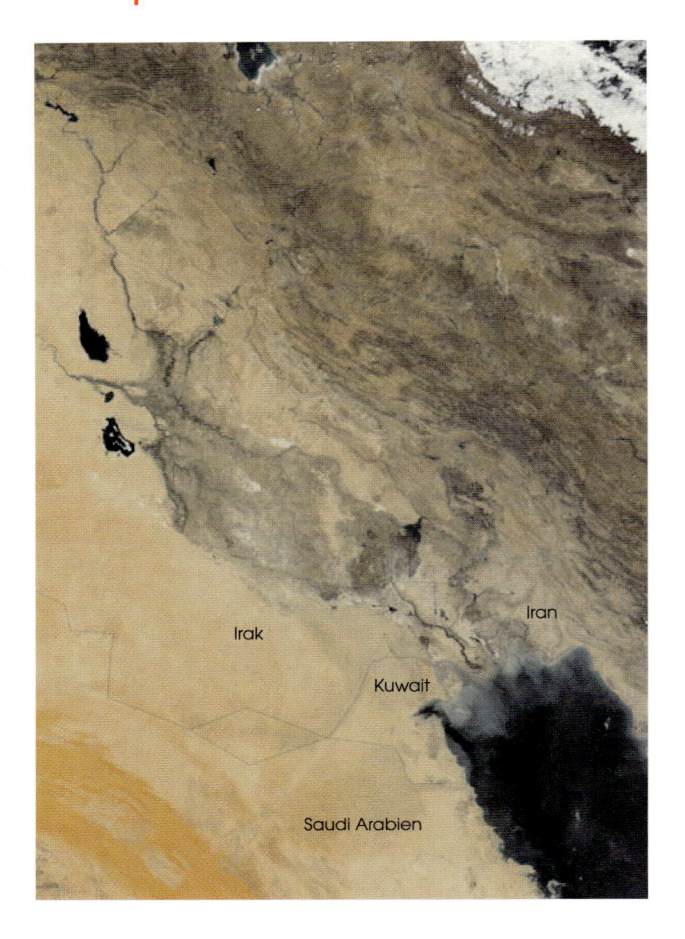

M1 Überschwemmungen und Trockenheit
Der Wasserstand der beiden Ströme Euphrat und Tigris schwankt im Lauf des Jahres stark.

M2 Künstliche Bewässerung
Seit Jahrtausenden ist das Land von Bewässerungsgräben durchzogen.

M3 Tempel von Ur. *In den Städten des Zweistromlandes wurden seit etwa 3500 v. Chr. Stufentempel (Zikkurats) für den jeweiligen Hauptgott erbaut.* ▼

M4 Tontäfelchen in Keilschrift
Das Volk der Sumerer erfanden um 2900 v. Chr. die Keilschrift. Sie entwickelte sich im 2. Jahrtausend v. Chr. zur internationalen Schrift des Alten Orients. Sogar am ägyptischen Hof wurde sie benutzt.

M5 Oberer Teil der Gesetzessäule des Hammurabi

Der König erhält von dem thronenden Gott der Sonne und des Rechts Schamasch Ring und Stab, als Zeichen der Herrschaft. Darunter stehen die eingemeißelten Gesetzestexte. Die Basaltsäule ist über 2,20 m hoch (um 1750 v. Chr.). Sie kann heute im Louvre in Paris besichtigt werden.

M6 Aus den Gesetzen des Hammurabi *(ca. 1750 v. Chr.)*
Auszüge:

(22) Wenn ein Bürger Raub begangen hat und gegriffen wird, so wird dieser Bürger getötet.

(53) Wenn ein Bürger bei der Befestigung seines Felddeichs die Hände in den Schoß gelegt und seinen Deich nicht ge-
5 festigt hat, in seinem Deiche eine Öffnung entsteht, er gar die Flur von Wasser wegschwemmen lässt, so ersetzt der Bürger, in dessen Deich die Öffnung entstanden ist, das Getreide, das er (dadurch) vernichtet hat.

(128) Wenn ein Bürger eine Ehefrau genommen, aber keine
10 vertragliche Abmachungen über sie aufgesetzt hat, so ist diese Frau keine Ehefrau.

(138) Wenn (sich) ein Bürger von seiner ersten Gemahlin, die ihm keine Kinder geboren hat, scheiden will, so gibt er ihr Geld in der Höhe ihres Brautpreises ...

15 (195) Wenn ein Sohn seinen Vater schlägt, so schneidet man seine Hände ab.

(200/201) Wenn ein Bürger den Zahn eines ihm ebenbürtigen Bürgers ausschlägt, so schlägt man seinen Zahn aus. Wenn er den Zahn eines Untergebenen ausschlägt, so zahlt er ein
20 Drittel Mine Silber. (1 Mine = ca. 500 g)

(218) Wenn ein Arzt einem Bürger mit einem bronzenen ... Messer eine schwere Wunde gemacht hat und den Bürger (daran) sterben lässt, ... so schneidet man seine Hand ab.

Dies sind Rechtssprüche der Gerechtigkeit, die Hammurabi,
25 der tüchtige König, festgesetzt und durch die er dem Lande rechte Leitung und gute Führung verschafft hat ...
Zitiert nach: Wilhelm Eilers. Gesetzesstele Chammurabis. In: Der alte Orient, Bd. 31. H.3/4, Leipzig (Hinrichs) 1932, S. 19ff. (bearb. vom Verfasser).

1 Stelle Vermutungen an, warum sich König Hammurabi zusammen mit der obersten Gottheit auf der Gesetzestafel abbilden ließ (M5).

2 Gib in eigenen Worten die Bedeutung der einzelnen Vorschriften wieder (M6). Was verstand man damals unter Gerechtigkeit und was heute? Beurteile die Art der Strafen und stelle Vergleiche mit der heutigen Zeit an.

3 Welche Gemeinsamkeiten zwischen den Hochkulturen der Sumerer und Ägypter findest du heraus (M1–6 und S. 38ff.)?

Zusammenfassen – Sichern – Vertiefen

Merkmale früher Hochkulturen

um 3000 v. Chr.	Beginn der Pharaonenzeit
um 2900 v. Chr.	Entwicklung der Keilschrift Vereinigung von Ober- und Unterägypten Hieroglyphenschrift und Kalender
um 2600 v. Chr.	Cheopspyramide vollendet, Aufbau einer leistungsfähigen Verwaltung
ab ca. 1550 v. Chr.	Felsengräber im Tal der Könige und Königinnen
ca. 1290–1224 v. Chr.	Ramses II. – Pharao mit der längsten Regierungszeit

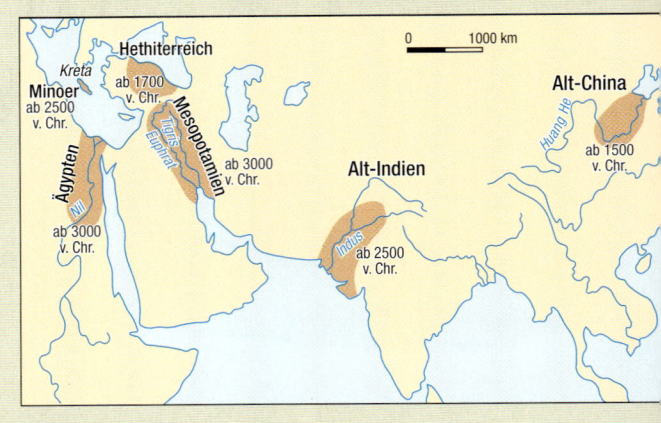

M2 Frühe Hochkulturen

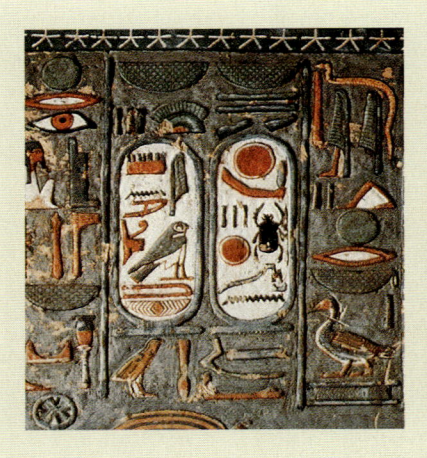

M1 Hieroglyphen

M3 Die drei Jahreszeiten

Sicherung wichtiger Begriffe

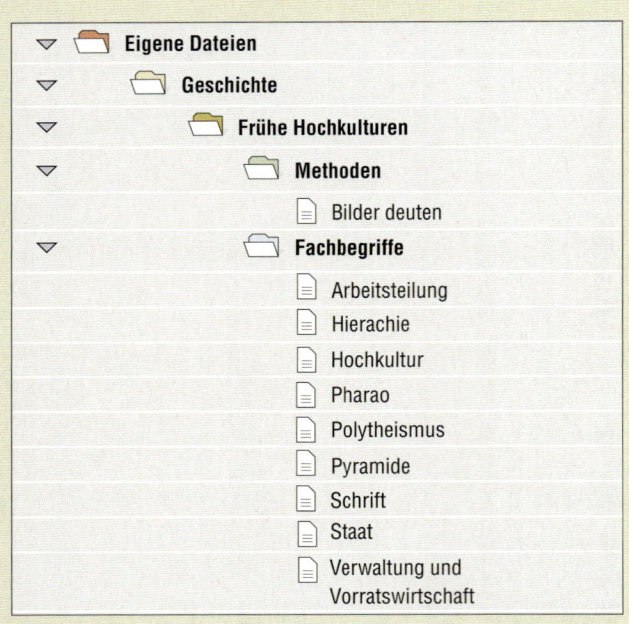

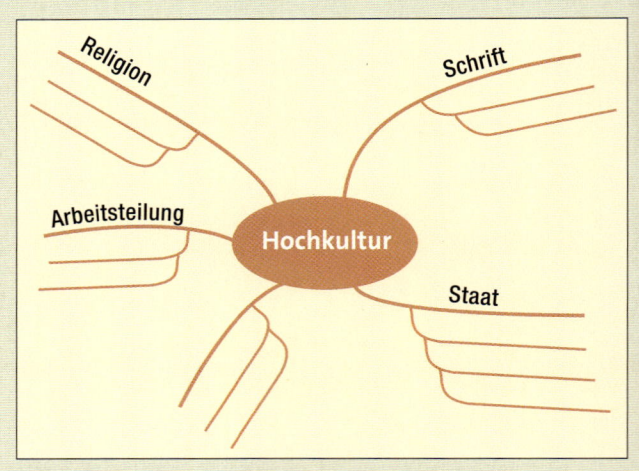

- Eigene Dateien
  - Geschichte
    - Frühe Hochkulturen
      - Methoden
        - Bilder deuten
      - Fachbegriffe
        - Arbeitsteilung
        - Hierachie
        - Hochkultur
        - Pharao
        - Polytheismus
        - Pyramide
        - Schrift
        - Staat
        - Verwaltung und Vorratswirtschaft

M4 Mindmap zu Merkmalen der Hochkultur

Zusammenfassen – Sichern – Vertiefen

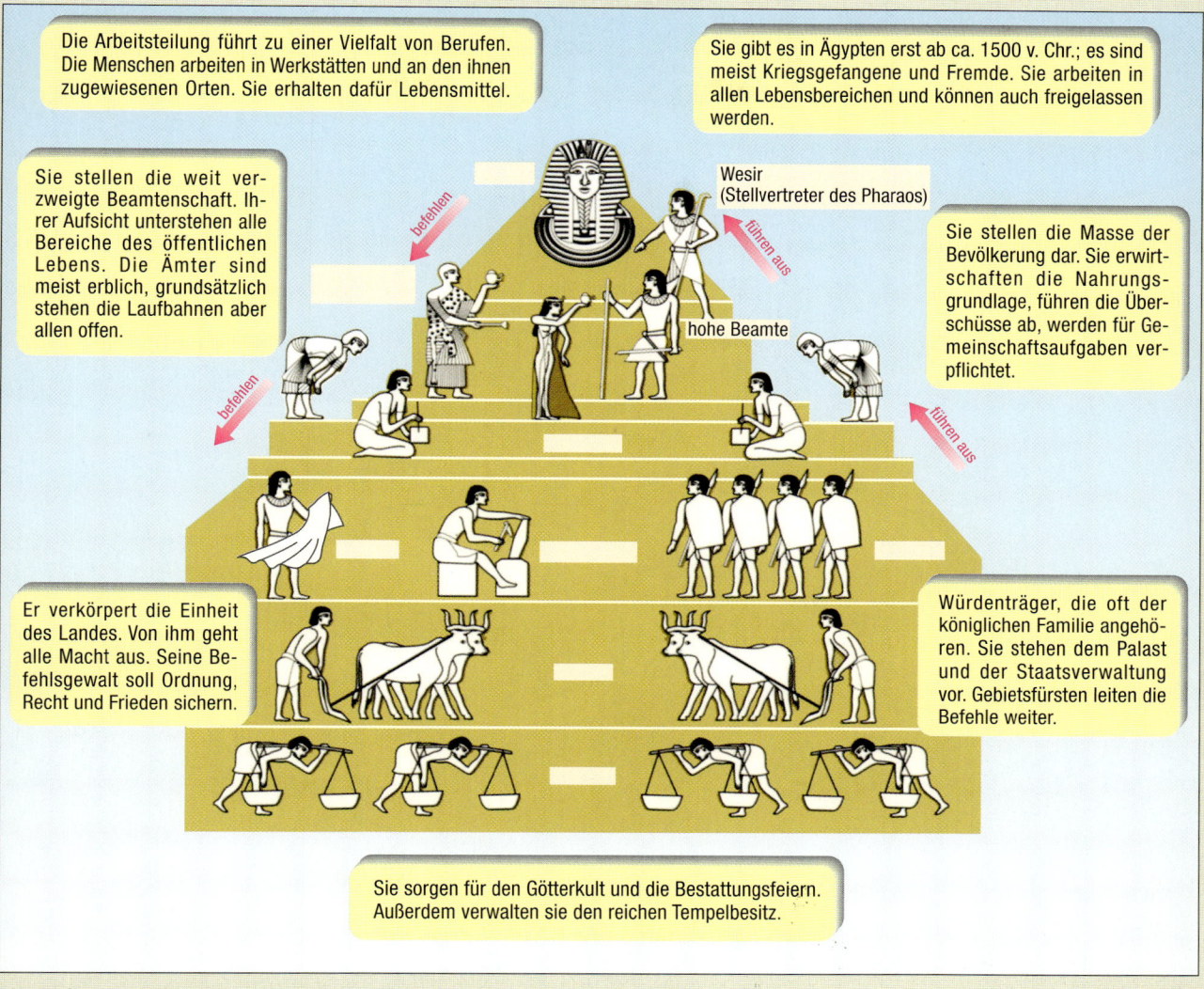

Die Arbeitsteilung führt zu einer Vielfalt von Berufen. Die Menschen arbeiten in Werkstätten und an den ihnen zugewiesenen Orten. Sie erhalten dafür Lebensmittel.

Sie gibt es in Ägypten erst ab ca. 1500 v. Chr.; es sind meist Kriegsgefangene und Fremde. Sie arbeiten in allen Lebensbereichen und können auch freigelassen werden.

Sie stellen die weit verzweigte Beamtenschaft. Ihrer Aufsicht unterstehen alle Bereiche des öffentlichen Lebens. Die Ämter sind meist erblich, grundsätzlich stehen die Laufbahnen aber allen offen.

Wesir (Stellvertreter des Pharaos)

hohe Beamte

Sie stellen die Masse der Bevölkerung dar. Sie erwirtschaften die Nahrungsgrundlage, führen die Überschüsse ab, werden für Gemeinschaftsaufgaben verpflichtet.

Er verkörpert die Einheit des Landes. Von ihm geht alle Macht aus. Seine Befehlsgewalt soll Ordnung, Recht und Frieden sichern.

Würdenträger, die oft der königlichen Familie angehören. Sie stehen dem Palast und der Staatsverwaltung vor. Gebietsfürsten leiten die Befehle weiter.

Sie sorgen für den Götterkult und die Bestattungsfeiern. Außerdem verwalten sie den reichen Tempelbesitz.

M5 Aufbau der ägyptischen Gesellschaft

1 Welche Möglichkeiten eröffnete die Erfindung der Schrift (M1)?
2 Wie bestimmte der Nil das Zusammenleben der Menschen in Ägypten? Wiederhole anhand von M3 die jeweils erforderlichen Arbeiten.
3 Vervollständige die Mindmap (M1–M5).
4 Zeichne die Umrisse der Gesellschaftspyramide (M5) in dein Heft ab. Trage die Namen der einzelnen Personen und Gruppen an der richtigen Stelle in die Pyramide ein. Schreibe dazu auch die Kurzinformationen ab oder formuliere eigene Sätze. Füge in deine Grafik auch die Pfeile mit der Beschriftung „befehlen" und „führen aus" ein.

5 Schlage die links genannten wichtigen Begriffe im Buch nach. Wenn du an einem PC arbeiten kannst, gibt die Dateien entsprechend dem Muster ein. Alternative ohne PC: Schreibe die Erklärung auf kleine Karten und sortiere diese in einen Karteikasten ein (s. auch S. 36).
6 Erläutere, wodurch sich in der Menschheitsentwicklung die „Kulturstufe" in der Jungsteinzeit von der „Hochkultur" unterscheidet. Benutze dabei die Begriffe „Natur", „Kultur", „Gesellschaft" und „Staat" als Vergleichsraster. Erörtere, worin der „Fortschritt" besteht.

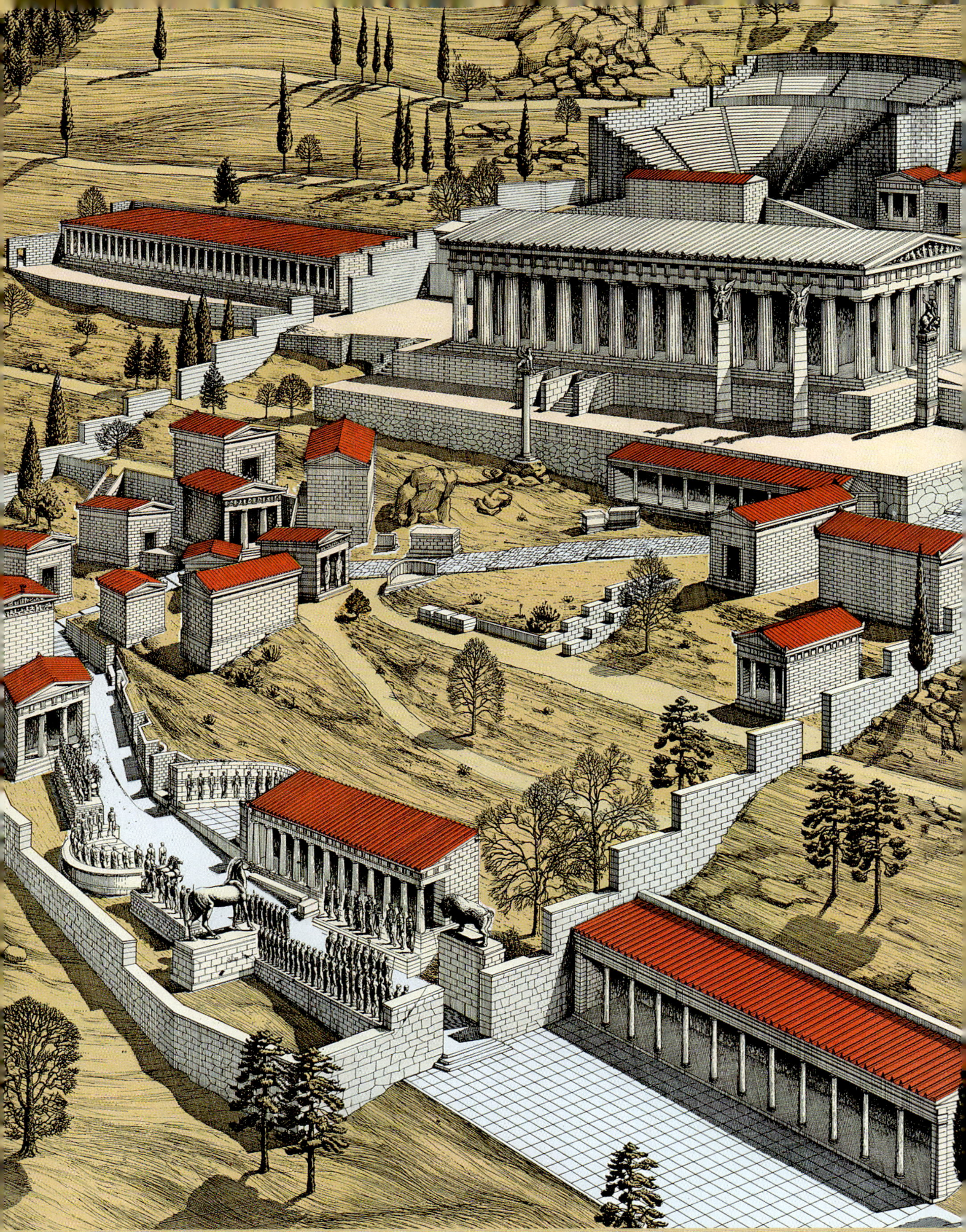

Die griechische Welt in der Antike

Delphi: Nabel der Welt?

Die Bedeutung des Ortes. Die vorangehende Doppelseite zeigt eine Sehenswürdigkeit, die jährlich von vielen tausend Menschen aus aller Welt besucht wird: Delphi. Heute geben die Ruinen nahe der Stadt Delphi den Touristen viele Rätsel auf, sie benötigen Fantasie, einen guten Führer oder eine Rekonstruktion der Bauwerke, um sich den Ort und das Leben in der Antike vorzustellen. Vor 2 500 Jahren war Delphis Anziehungskraft kein bisschen geringer, denn es zählte als das religiöse Zentrum der Griechen zu den meist besuchten Stätten der antiken Welt. Sein Ruf hatte sich seit dem 7. Jh. v. Chr. über Griechenland hinaus nach Osten und Westen ausgebreitet. Fürsten und Könige aus vielen Ländern fragten hier an, erhielten Ratschläge, schickten wertvolle Geschenke. Aber auch einfache Menschen pilgerten hierher.

Das Orakel von Delphi. Hauptanziehungspunkt war eine dem Gott Apollo geweihte Tempelanlage im Heiligen Bezirk. Dort saß die Priesterin Pythia auf einem Dreifuß über einer Erdspalte, aus der Dämpfe entwichen. Die meisten Rat Suchenden erhofften sich Antwort auf private Fragen: War es der richtige Zeitpunkt für eine weite Reise? Konnte man es riskieren, Geld zu verleihen? Sollte geheiratet werden? Man befragte aber auch das Orakel, wenn es um wichtige Entscheidungen, wie z. B. Krieg und Frieden, ging. Priester stellten die Fragen und der göttliche Rat, von der Pythia wie im Rausch gestammelt gegeben, blieb den Besuchern unverständlich und musste von Priestern gedeutet werden. Das Ergebnis war dann ein rätselhafter, vieldeutiger Spruch, der den Eindruck erwecken sollte, dass das Orakel stets Recht behielt.

Aus allen Teilen der antiken griechischen Welt kamen die Menschen nach Delphi, um das Orakel nach ihrem Schicksal zu befragen. Hier trafen sich die Griechen aber auch zu religiösen Bräuchen, Festen und Wettkämpfen.

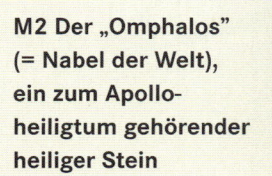

M2 Der „Omphalos" (= Nabel der Welt), ein zum Apolloheiligtum gehörender heiliger Stein

Der Erdnabel wird von ineinander verflochtenen Binden umschlossen. Auf der Spitze des Steins waren zwei goldene Adler angebracht. Der Göttervater Zeus ließ – so lautet der Gründungsmythos von Delphi –, an ihren Enden zwei Adler aufsteigen, um die Mitte der Erde zu finden. Beide flogen gleich schnell aufeinander zu, trafen sich und landeten an der Stelle mitten im Heiligtum von Delphi, wo später der Omphalos stand. Heute kann man eine antike Nachbildung davon im Museum von Delphi bewundern. Der Originalstein wurde nicht gefunden.

Worum geht es in diesem Kapitel? Schon die alten Griechen nannten Delphi „Nabel der Welt". Und dies zu Recht: Dort ist die griechische Geschichte wie mit einem Brennglas eingefangen. In den Orakelsprüchen spiegelt sich das wechselvolle Schicksal ganz Griechenlands wider. Diese Entwicklung, wie die Griechen nach und nach ihre Welt und sich selbst entdecken, beschreiben die folgenden Seiten. Sie berichten von den kulturellen Gemeinsamkeiten innerhalb der griechischen Staatenwelt, aber auch von den Gegensätzen. Du wirst erfahren, wie es zu der bunten Welt griechischer Kleinstaaten gekommen ist, was die Menschen damals glaubten und wie sie lebten. Du wirst miterleben, dass die Griechen Kriege gegen äußere Feinde, aber auch gegeneinander führten – und wie fast die ganze damals bekannte Welt griechisch wurde, und erkennen, was die heutige Welt den Griechen verdankt.

M1 Ein Rat Suchender bei der Pythia *(Trinkschale, um 440 v. Chr.)*

M3 Orakelsprüche

- Um 546 v. Chr. wurde dem sagenhaft reichen Kroisos, dem König von Lydien (Kleinasien) und großzügigen Spender für das Heiligtum von Delphi, die Vernichtung eines großen Reiches vorausgesagt, wenn er den Grenzfluss zum benach-
5 barten riesigen Reich der Perser überschreite. Als er dies tat, wurde er von den Persern vernichtend besiegt – sein eigenes großes Reich wurde zerstört.

- Als 480 v. Chr. der Perserkönig Xerxes mit einem gewaltigen Heer und einer mächtigen Flotte die griechischen Städte
10 erobern wollte (s. S. 86f.), riet die Pythia den Athenern, ihre Stadt hinter einer „Mauer aus Holz" zu verteidigen. Die einen glaubten, dass damit die Akropolis (Zentrum Athens mit Tempeln) gemeint sei, die von Dornenhecken umgeben war. Andere fanden, dass sich der Spruch auf eine Verteidigung
15 mithilfe der Flotte beziehen müsse. Die zweite Ansicht setzte sich durch und führte zu einem unverhofften Sieg.

- 336 v. Chr. besuchte König Alexander von Makedonien (s. S. 106f.), gerade einmal zwanzig Jahre alt, Delphi. Er verfolgte den ehrgeizigen Plan, den Großteil der damals bekannten
20 Welt zu erobern, und wollte wissen, ob sein Unternehmen göttlichen Beistand habe. Der Sage nach war es an seinem Besuchstag in Delphi nicht gestattet, das Orakel zu befragen. Weil Alexander aber nicht ohne Antwort gehen wollte, bestand er auf einer Weissagung und zwang die Priesterin
25 dazu. Sie rief verärgert aus: „Oh Sohn, du bist unwiderstehlich!" Der junge König nahm diesen Spruch als Verheißung eines siegreichen militärischen Feldzuges auf.

- Pyrrhus, König von Epirus in Griechenland, war in einen langwierigen Krieg gegen das Römische Reich verwickelt. Da
30 er den Ausgang des Krieges wissen wollte, befragte er das Orakel. Die Antwort ließ sich zweifach deuten: Sieg und glückliche Heimkehr oder Niederlage und Tod. Pyrrhus entschied sich für die erste Auslegung. Zwar konnte er in den Jahren 280/79 v. Chr. die Römer besiegen, aber mit un-
35 geheuren Verlusten, sodass er selbst meinte: „Noch solch ein Sieg und wir sind verloren!" Nach einer vernichtenden Niederlage bei Benevent (Süditalien) 275 v. Chr. kehrte er nach Griechenland zurück und fiel wenig später im Kampf.

1 Vergleiche die Ruinen und die Rekonstruktion auf den Seiten 66f. Welche Gebäude erkennst du in der Ruinenlandschaft wieder? Wo liegt jeweils das Schatzhaus der Athener (M4)? Entdeckst du in der Zeichnung die Sphinx der Naxier (M5)? Wozu wurden Schatzhäuser und Weihegeschenke im Heiligtum errichtet? Was gefällt dir an der Rekonstruktion? Was ist schwierig zu erkennen oder zuzuordnen?

2 Lies die Orakelsprüche (M3). Wenn du mehr über die geschichtlichen Hintergründe wissen willst, schlage mithilfe der Verweise im Buch oder in einem Lexikon nach. Beantworte folgende Fragen: Von wem stammen die Anfragen? Was fällt dir an den Antworten auf? Stelle selbst eine Frage an das Orakel. Tausche sie mit einem Partner/einer Partnerin aus, und gib auf die dir gestellte Frage eine Antwort im Sinne der Pythia.

3 Lies den Text auf S. 66 und fasse kurz zusammen, warum die antiken Griechen Delphi als „Nabel der Welt" bezeichneten (M2).

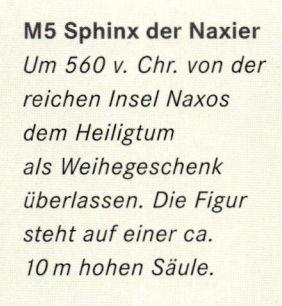

M5 Sphinx der Naxier
Um 560 v. Chr. von der reichen Insel Naxos dem Heiligtum als Weihegeschenk überlassen. Die Figur steht auf einer ca. 10 m hohen Säule.

◀ **M4 Schatzhaus der Athener** *(Marmor, um 500 v. Chr., ca. 8 m hoch, über 9 m lang und 6 m breit). Darin befanden sich wertvolle Weihegeschenke.*

Griechenland – ein Raum zum Siedeln?

Landschaft, Natur und Meer bestimmen Griechenland

Landschaft und Natur. Die Karte (M3) verdeutlicht die Vielfalt der Landschaftsformen Griechenlands. Die Berge bestehen zum größten Teil aus wasserdurchlässigem Kalkstein, deshalb sind die Böden trocken, meist hart und steinig. Die Gebiete, die sich für Ackerbau und Besiedlung eignen, sind sehr begrenzt. Das Ägäische Meer ist erdgeschichtlich gesehen eine Region, an der die Erdkruste eingebrochen ist. Ihre frühere Gestalt lässt sich noch erahnen, da die Inseln als Reste die Gebirgszüge des Festlandes fortsetzen. An der Nahtstelle zwischen drei Kontinenten kommt es oft zu Erdbeben, die die Menschen auch heute noch beunruhigen.

Das Meer und die Seefahrt. Das Land wurde von den Griechen früher als trennend, das Meer mit seinen Inseln als verbindend empfunden. Der Landweg war schwierig und zeitraubend, der Transport von Menschen und Gütern mit dem Schiff schneller und leichter. Dafür bot die Ägäis gute Bedingungen. Schon in sehr früher Zeit nutzten die Griechen Segelschiffe, deren Wände mit Pech abgedichtet waren. Nach dem Schriftsteller Herodot betrug die Geschwindigkeit 7,5 bis 11 km pro Stunde. Die Seemänner vertrauten auf die Götter, denn ihre eigenen Kenntnisse und Möglichkeiten waren gering. Die Schiffe fuhren meist nur bei Tage, nicht weit von der Küste entfernt oder von Insel zu Insel. Oft mussten die Kapitäne auf günstige Winde warten.

■ **M1** Nachbau eines griechischen Handelsschiffs aus dem 4. Jh. v. Chr.

■ **M2** Griechische Landschaft *(südliche Peloponnes)*

Methodenseite

Methode: Karten lesen und verstehen

Das Land der Griechen lernen wir noch genauer kennen, wenn wir eine geographische Karte auswerten. Solche Karten sind euch aus dem Erdkundeunterricht schon vertraut. Im Geschichtsunterricht spielen sie eine Rolle bei der Frage, wie die besondere Lage oder das Klima eines Landes dessen geschichtliche Entwicklung beeinflusst oder sogar bestimmt hat. Wir haben gesehen, dass dies bei Ägypten der Fall war – hier hat der Nil die Herausbildung der Hochkultur ermöglicht und herausgefordert. Geographische Karten werden in den folgenden Schritten ausgewertet:

■ M3 Siedlungsraum der Griechen

1. Schritt: Zeichen entschlüsseln
Informiert euch genau über die Bedeutung von Farben, Linien und Symbolen. Wichtig ist auch der Maßstab der Karte, um Entfernungen abschätzen zu können.

2. Schritt: Karte beschreiben
Beschreibt das Relief, d.h. die Oberfläche der dargestellten Landschaft. Beachtet die Farbunterschiede. Ihr könnt auch ein Profil zeichnen, d. h. ihr „schneidet" das Land entlang einer festgelegten Linie auseinander und zeichnet die Schnittfläche auf.

3. Schritt: Informationen zusammenfassen und Fragen daraus ableiten
Zieht im Hinblick auf die Lebensbedingungen Schlüsse aus eurer Kartenbeschreibung: Wo können Menschen siedeln und Ackerbau betreiben? Was erschwert oder erleichtert die Verbindung einzelner Landesteile miteinander? Welche politische Organisation des Landes liegt nahe? Warum kann hier kein einheitliches Reich mit einem Mittelpunkt entstehen?

1 Beschreibe Griechenland als Ganzes. Welche Ausdehnung hat das Land, wie hoch sind Berge und Gebirge, wo liegen die meisten Orte, wie sind Land und Meer gegliedert und verzahnt (M3)? Beziehe den Autorentext und M2 in deine Beschreibung ein.

2 Fertige eine Schablone an, in deren Mitte ein Quadrat von 2x2 cm ausgeschnitten ist. Lege sie so auf die Karte von Griechenland, dass a) die Stadt Sparta, b) die Stadt Athen genau in der Mitte des Ausschnitts liegt („Fensterverfahren"). Übertrage den Kartenausschnitt in vierfacher Größe in dein Heft („Lupenverfahren"). Beschreibe das Relief oder zeichne ein Profil. Suche in Atlanten nach weiteren wichtigen Angaben (Flüsse, Pässe, Siedlungen usw. – in der Antike oder heute) und trage sie in deine Karte ein.

3 Werte mit den hier angegebenen Schritten 1–3 die Karte (M3) aus.

4 Du bist Kapitän eines Schiffes und sollst auf dem sichersten Weg Zypressenholz von Kreta nach Athen und von dort Vasen nach Kefallinia bringen. Welche Route wählst du? Bedenke, dass Korinth je einen Hafen am Saronischen und am Korinthischen Golf hatte. Wie viel Zeit veranschlagst du für die Reise?

Die Adels- und Bauerngesellschaft in der Frühzeit

Oikos – mehr als eine Familie. Das frühe Griechenland war landwirtschaftlich geprägt. Die freien Bauern lebten mit ihrer jeweiligen Hausgemeinschaft (griech. oikos = Haus, Haushalt) auf großen Bauernhöfen. Wer außerhalb dieser Gemeinschaften lebte, z.B. die Tagelöhner (Theten), die für geringen Lohn den Bauern zeitweise aushalfen, hatte oft ein hartes Schicksal zu erleiden und wurde bei Arbeitsunfähigkeit schnell zum Bettler. Zu einem ▸ Oikos zählten nicht allein die Familienangehörigen im engeren Sinne, sondern alle zum Haus- und Hofbesitz gehörenden Personen. Bei wohlhabenderen Bauern waren dies auch Sklaven. Alle Mitglieder fanden im Oikos Nahrung, Kleidung und Absicherung. Der Hausherr sorgte für den entsprechenden Schutz, verfügte aber auch über große Macht. Die Besitzer kleinerer Oikoi mussten sich gegenseitig unterstützen, um wirtschaftlich unabhängig sein zu können.

Adel – zu den Besten gehören. Die Größe eines Oikos begründete Macht und Einfluss des Herrn. Mehr Land als die Bauern besaßen die Adeligen. Ihre Hausgemeinschaften umfassten eine große Zahl von Gefolgsleuten: Pächter, Knechte, Mägde und Sklaven. Aufgrund ihrer Unabhängigkeit und ihres Reichtums herrschten Adelige über kleinere Gebiete wie Könige, sie nahmen richterliche und religiöse Aufgaben wahr. In der griechischen Frühzeit (8. – 6. Jh. v. Chr.) konnten nur sie sich Pferde und Waffen leisten. Insbesondere Pferde waren ein Zeichen für Macht und Reichtum.
So sehr der Adel auch untereinander um Ruhm, Einfluss und Ehre stritt, die Vorrechte und die politische Macht wollte man gemeinsam behalten. Daher wurde der Zusammenhalt der Adeligen durch gegenseitige Besuche und den Austausch von Geschenken gefestigt. Diese Gastfreundschaft verbesserte im gesamten griechischen Raum die Beziehungen zwischen den Adeligen, die sich als Elite fühlten. Sie betonten ihre Abstammung und grenzten sich als die „Besten" (griech. aristoi = die Besten, kratein = herrschen, ▸ Aristokratie = Herrschaft der Besten) von den Übrigen ab. Als oberstes Prinzip galt: „Immer der Beste zu sein und die anderen zu übertreffen."

M1 Welt des Adels *(Vase, Ende 7. Jh. v. Chr.)*

Homer erzählt vom Adel. Über Homer, den ältesten bekannten Dichter Griechenlands und zugleich Europas, wissen wir wenig. Er soll im 8. Jh. v. Chr. in Kleinasien gelebt haben. Seine Werke schildern weit vor seiner Zeit zurückliegende Ereignisse, spiegeln aber auch die Verhältnisse seiner Zeit wider. Über Generationen wurden die Erzählungen mündlich weitergegeben. Bis zu 20 000 Verse mussten die Erzähler dazu auswendig lernen. Homers Epen (Epos = langes Versgedicht) erzählen von den Taten der adeligen Helden in der Frühzeit Griechenlands und vom Eingreifen der Götter in das irdische Geschehen. Die Erzählungen knüpfen an wirkliche Gegebenheiten an, gestalten diese aber phantasievoll aus und verbinden sie mit dem damaligen Götter- und Heldenglauben.
Die „Ilias" erzählt von der Entführung der schönen Königin Helena nach Troja. Zehn Jahre lang belagerten die Griechen die Stadt, ehe sie durch eine List des Odysseus eingenommen werden konnte. Homer beschreibt u. a. Zweikämpfe, berichtet von Adeligen, die in Streitwagen an den Ort des Kampfgeschehens fahren. Seine Helden tragen riesige Schilde und töten durch das Werfen von Speeren. Homers Dichtungen machten die alten Sagen unvergesslich. Seine Hörer und Leser fanden darin ihre Vorbilder, fühlten mit ihren Helden, eiferten dem Mut des Achill, dem listenreichen Odysseus oder Helenas Klugheit nach und glaubten an die Einflussnahme der Götter.

M2 Adelige Lebensweisen
(Vasenmalereien, um 570 v. Chr.)

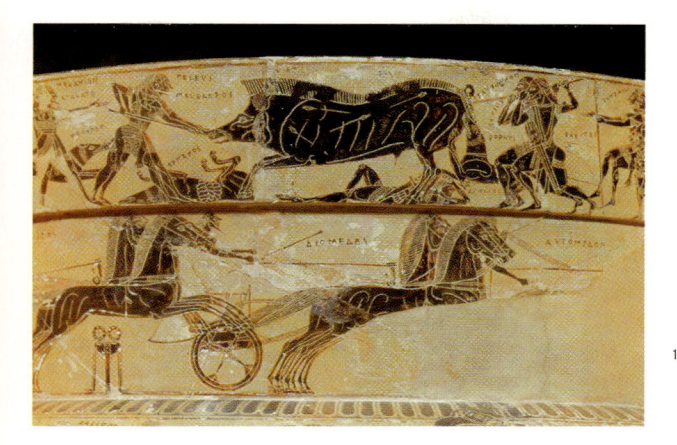

M3 Arbeitende Bauern *(Vasenbild, 7. Jh. v. Chr.)*

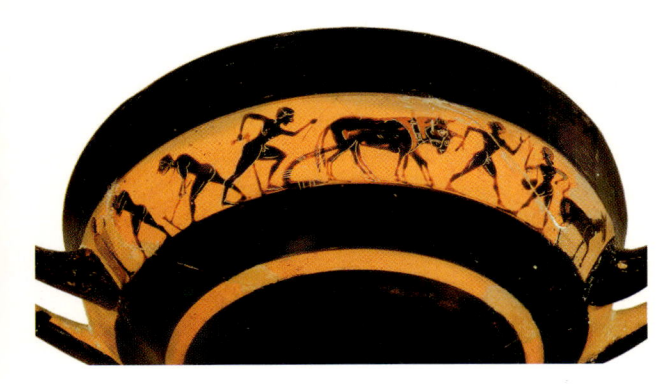

M4 Zusammengehörigkeit der Griechen?
Der griechische Geschichtsschreiber Thukydides denkt im 5. Jh. v. Chr. über die Frühzeit der Griechen nach:
Die Schwäche der frühen Zeiten zeigt sich für mich nicht zuletzt in folgender Tatsache: Offenbar hat Griechenland vor dem Trojanischen Krieg keine Aktion gemeinsam unternommen. Mir scheint, dass Griechenland als Ganzes noch nicht
5 einmal diesen Namen besaß …, nur einzelne Stämme … benannten Gebiete nach ihrem Namen … So hat Homer auch noch nicht von Barbaren gesprochen, und zwar deswegen, wie mir scheint, weil die Griechen noch nicht unter einem entsprechenden Gegenbegriff zusammengefasst wurden. Diese
10 einzelnen Stämme, die … erst später den Namen „Griechen" bekamen, haben vor dem Trojanischen Krieg wegen ihrer Schwäche und mangelhaften Kontakte untereinander nichts gemeinsam unternommen.
Thukydides, Geschichte des Peloponnesischen Krieges I/3. Vom Verfasser übersetzt.

M5 Wahlspruch des Glaukos
Ich nun bin des Hippolochos Sohn
und ich rühme mich dessen;
Und er entsandte mich fort nach Troja
und legte ans Herz mir,
5 Immer mich tapfer zu zeigen
und hoch als der Erste von allen
Und nie Schande zu machen
dem Hause der Väter, die immer
Weit die besten waren …
10 Das ist das Blut und die Sippe,
woher ich zu stammen mich rühme.
Homer, Ilias 6, 206ff. Zitiert nach: Thassilo von Scheffer: Homer. Ilias, Wiesbaden (Dieterich) 1947.

1 Beschreibe die Malereien auf M1–M3. Was zeigen die Bilder vom Leben des Adels und der Bauern?
2 Was hat sich nach Auffassung von Thukydides (M4) durch den Trojanischen Krieg verändert? Schreibe die Unterschiede auf.
3 Gib den Wahlspruch des Glaukos (M5) mit eigenen Worten wieder. Welche Tugenden nimmt er für sich in Anspruch? Wie könnte das zu seiner Zeit auf die Bauern gewirkt haben? Was hältst du heute davon?
4 Vergleiche die antike Form der Hausgemeinschaft mit deiner Familie. Was ist heute anders?
5 Suche Informationen zu den Helden des Homer (z. B. Odysseus, Achill und Paris) und zur Stadt Troja.

Kolonisation – die Griechen besiedeln ihre Welt

Stadtstaaten entstehen. Die landschaftlichen Voraussetzungen ließen nur kleinräumige Ansiedlungen zu (s. S. 69). So entwickelten sich im 9. und 8. Jh. v. Chr. erste, von festen Mauern umgebene kleine Stadtanlagen, in denen jeder jeden kannte. Meist lagen sie in einem überschaubaren Gelände im Schutz einer Burg. Diese, zusammen mit der Stadt und dem Umland, bildeten eine ▸Polis. Die neue Siedlungsform prägte ein neues politisches Denken. Die Zugehörigkeit zu einer Polis bestimmte fortan das gemeinsame Leben und politische Handeln ihrer Bewohner. Eine Polis war also mehr als eine mauerbewehrte Stadt; sie war vor allem ein gemeinsames Staatswesen – ein Staat im Kleinen. Von Polis leitet sich auch unser Wort „Politik", d.h. die Angelegenheiten, die alle Bürger angehen, ab.

Die Griechen gründen Kolonien. Vom 8. bis 6. Jh. v. Chr. entstanden immer mehr dieser griechischen Kleinstaaten im gesamten Mittelmeerraum. Die Bevölkerung hatte stark zugenommen und der karge Boden bot keine ausreichende Grundlage für die Ernährung. Die bereits bestehenden Städte (Mutterstädte), wie z.B. Chalkis und Eretria, später Korinth, Megara und Milet, gründeten zahllose neue Poleis. Solche neu gegründeten Städte nennt man Tochterstädte oder ▸Kolonien. Allein das kleinasiatische Milet soll mehr als 90 Städte gegründet haben. Im Rahmen dieser ▸Kolonisation verbreitete sich die neue Staatsform der Polis. Im 5. Jh. v. Chr. lebten drei bis vier Millionen Griechen in den Neugründungen – genau so viele wie im Mutterland.

Andere Völker, wie die Etrusker in Italien und die Phöniker in Nordafrika, versuchten den wachsenden griechischen Einfluss zu begrenzen und gründeten eigene Niederlassungen. Diese waren aber Handelsstützpunkte und wurden – von Karthago abgesehen – nicht zu eigenständigen Staaten wie die griechischen Kolonien.

Die Welt der Griechen. In Griechenland entstand somit – anders als in Ägypten – kein einheitliches, großes Reich. Vielmehr wurde die Landkarte bestimmt durch das bunte Nebeneinander zahlloser griechischer Klein- und Kleinststaaten, von denen ein jeder darauf bedacht war, seine Selbstständigkeit und Unabhängigkeit gegen Machtansprüche und Einflussnahme von außen zu verteidigen. Die größten Poleis waren Athen und Sparta.

Seit dem 8. Jh. v. Chr. – zum Teil sogar weitaus früher – waren die Griechen bis in die abgelegensten Ecken der damals bekannten Welt vorgedrungen und hatten sich dort auch niedergelassen. Vom Kaukasus im Osten bis zu den Felsen von Gibraltar im Westen sitzen die Griechen rund um Schwarzes Meer und Mittelmeer wie „Frösche um einen Teich" – so schilderte der Philosoph Sokrates die geographische Ausdehnung der griechischen Staatenwelt.

Was bedeutete Heimat? Als Heimat empfanden die Griechen der Antike ihre Region oder Stadt. Sie fühlten sich als Athener, Spartaner oder Bürger aus Milet. Auch Auswanderer blieben ihrer Mutterstadt verbunden. Die Menschen im antiken Griechenland nannten sich selbst Hellenen. Damit wollten sie sich von den Barbaren absetzen, allen nicht griechisch sprechenden Völkern, deren Sprachen sie als gestammeltes und gestottertes (barbarisches) Kauderwelsch empfanden. Die Hellenen verstanden sich als eine große Sprach- und Kulturgemeinschaft. Die Gemeinsamkeiten etwa in Sprache und Schrift, in Religion und Kunst schufen ein Zusammengehörigkeitsgefühl, das sich in Krisensituationen zwar durchaus auch in gemeinsamem Handeln niederschlagen konnte, niemals aber zur Grundlage eines griechischen Reiches wurde.

M1 Tempel gewidmet dem Gott Poseidon in Paestum *(um 450 v. Chr., Süditalien)*

M2 Siedlungsgebiete der Griechen, Etrusker und Phöniker (700–500 v. Chr.)

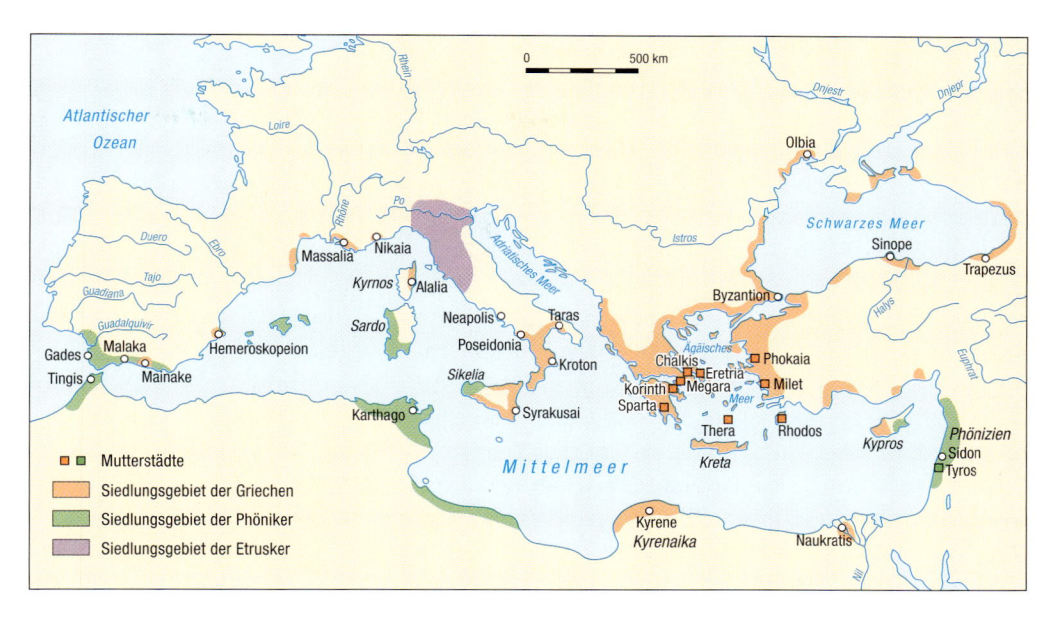

M3 Die Gründung einer Kolonie
Der Historiker Herodot lebte im 5. Jh. v. Chr. Er berichtet hier über Ereignisse, die sich etwa 200 Jahre vorher abspielten, als die Bewohner der Insel Thera, heutiges Santorin, 631 v. Chr. in Nordafrika die Stadt Kyrene gründeten:

Sieben Jahre lang war der Regen auf Thera ausgeblieben und alle Bäume der Insel waren verdorrt. Da befragte der König der Insel das Delphische Orakel. Pythia gab den Rat, eine Expedition nach Libyen zu entsenden und dort eine Kolonie zu
5 gründen. Die Bürger Theras waren nicht begeistert, befolgten aber den Spruch. Die vom König einberufene Versammlung beschloss, dass aus allen Familien der Insel jeweils ein Sohn auswandern sollte. Die ausgewählten Söhne durften sich nicht weigern; andernfalls erwartete sie die Todesstrafe. Auch
10 durften sie nach Thera nur dann zurückkehren, wenn sich das Unternehmen trotz hartnäckiger Bemühungen nach fünf Jahren als völliger Fehlschlag erweisen sollte. Zum Anführer der Expedition wurde Battos bestimmt. Auf zwei Schiffen richteten sich die etwa 200 Auswanderer ein und verließen den Ha-
15 fen. Ungünstige Winde ließen sie jedoch nach Thera zurückkehren. Die Inselbewohner aber schossen auf sie und verhinderten ihre Landung. So mussten sie endgültig mit Kurs auf Kreta losfahren. Dort nahmen sie einen kretischen Steuermann in ihre Dienste und setzten nach Libyen über. Sie lan-
20 deten an der Ostküste der Kyrenaika auf einer unwirtlichen kleinen Insel. Diese schien ihnen ein sicherer Ausgangspunkt für Streifzüge auf dem Festland zu sein. Aber in den folgenden zwei Jahren ging es ihnen auch hier schlecht. Sie fuhren erneut nach Delphi, doch der Gott Apollo bestand auf ihrer
25 Ansiedlung in Libyen. Daraufhin ließen sie sich für sechs Jahre vorläufig im Osten der Kyrenaika nieder, dann siedelten sie sich endgültig in der Landesmitte an. Dazu wählten sie eine günstige Stelle mit einer ergiebigen Quelle. Dort war der Boden gut bewässert und eignete sich für den Ackerbau.
Herodot, Historien IV, 150ff. Vom Verfasser nacherzählt.

1 Suche auf der Karte M2 die auf dieser Doppelseite genannten Städte. Vergleiche die Siedlungsgebiete von Griechen, Phönikern und Etruskern. Wo konnten Probleme zwischen ihnen auftreten? Warum?
2 Nenne heutige Küstenstädte im Mittelmeerraum, die auf die griechische Kolonisation zurückgehen. Warum besuchen Touristen heute diese Stätten (M1)?
3 Verfolge auf der Karte M2 die Fahrten der Aussiedler aus Thera, die in M3 beschrieben sind. Welche Phasen des Unternehmens lassen sich unterscheiden? Nenne Gründe, die für die Auswanderung im Text genannt werden. Welche weiteren Ursachen vermutest du? Wie beurteilst du das Verhalten der Siedler und das der Zurückbleibenden auf Thera?

Götter und Helden

Götter – menschlich oder übermenschlich? In der Frühzeit leitete der Adel seine Herkunft von Göttern und Helden ab und stärkte so sein Ansehen. Die Göttinnen und Götter wohnten weit weg auf dem Olymp, dem höchsten Berg Griechenlands, und unterschieden sich von den Menschen durch ewige Jugend und Schönheit sowie durch die Unsterblichkeit. Sie besaßen ungewöhnliche Fähigkeiten, konnten durch die Luft fliegen oder die Gestalt von Tieren annehmen. Die Götter wachten über Recht und Ordnung ebenso wie über die Natur und griffen auch in die Geschicke der Menschen ein. Zeus regierte Götter und Menschen als allgewaltiges Oberhaupt. Andererseits stellten sich die Griechen ihre Götterfamilie häufig auch sehr menschlich vor mit Fehlern und Schwächen. Dies änderte aber nichts daran, dass die Griechen ihren Göttern mit Ehrfurcht und Respekt begegneten, sie um Rat fragten (s. S. 66) und zu ihren Ehren große religiöse Feste feierten (s. S. 76f.). Die Gemeinden hatten ihre Tempel und heiligen Haine (kleiner heiliger Wald), die Privathaushalte oft einen Hausaltar, wo geopfert und um Schutz und Hilfe gebeten wurde.

Halbgötter und Helden am Himmel. Die Griechen der Antike schauten zum abendlichen Sternenhimmel auf, wie es Menschen auch heute noch tun. Am fernen Himmel war Platz für Träume und Geschichten, Halbgötter und Sagengestalten. Manches Abenteuer des Zeus endete damit, dass seine Geliebte – sei es aus Strafe oder zur Rettung vor dessen eifersüchtigen Ehefrau Hera – als ewiges Sternenbild an den Himmel versetzt wurde. Auch die Zeussöhne Herakles (lat. Herkules) und Perseus finden sich hier. Sie sind Heldengestalten mit übermenschlichen Kräften, die unzählige Abenteuer überstanden.

■ **M1 Griechische Götter am Sternenhimmel**

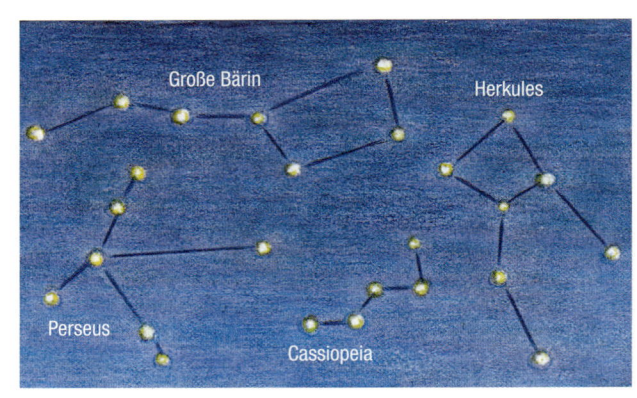

(Abbildung nicht maßstabsgetreu)

M2 Griechische Götter auf Vasenbildern
(von links: Zeus, Poseidon, Ares und Aphrodite)

M3 Geschichte erzählt
Stolz auf Athene

Euphiletos, ein junger Mann aus Athen, berichtet:

Ich möchte euch etwas über meine Lieblingsgöttin Athene erzählen. Sie ist die Göttin, die ich am meisten verehre, weil sie die Schutzherrin meiner Heimatstadt ist. Die Geschichte, die ich euch als erste erzähle, handelt von Athenes sagenhafter Geburt. Zeus' erste Frau, noch bevor er Hera heiratete, war die sehr kluge Metis, sie wusste wirklich alles. Das Orakel von Delphi hatte Metis vorhergesagt, dass sie nur besonders schlaue Kinder kriegen würde. Weiterhin orakelte es, dass sie als erstes Kind eine Tochter bekomme, die genauso begabt wäre wie ihr Vater, und danach einen Sohn, der Zeus' Platz als König der Götter und Menschen einnehme. Als nun Metis schwanger wurde, bekam Zeus eine solche Angst, dass er sie verschlang, um die Geburt zu verhindern.

Nach einiger Zeit, während sich bei Metis in Zeus' Magen die ersten Wehen ankündigten, bekam der Vater rasende Kopfschmerzen. Diese wurden immer stärker und Zeus klagte ununterbrochen darüber. Hephaistos, Schutzgott des Herdfeuers und der Schmiede, hörte Zeus' Klagerufe und kam mit einer großen Axt, um ihm zu helfen. Hephaistos ließ die Axt mit voller Wucht auf Zeus' Schädel niedersausen und wenig später sprang Athene mit einem gewaltigen kriegerischen Geschrei aus dem Kopf ihres Vaters. Sie war schon eine erwachsene Frau, trug eine goldene Rüstung, in der einen Hand einen Speer und in der anderen einen Schild. Ganz schön ungewöhnlich diese Geburt.

M4 Kopfgeburt der Athene

Kekrops, ein aus der Erde geborenes Wesen, halb Mensch, halb Schlange, soll der erste König von Athen gewesen sein. Er spielt eine wichtige Rolle in der nächsten Geschichte, die mir eingefallen ist, weil sie mir mein Großvater früher immer erzählte und weil es die Geschichte ist, die wir Athener am besten kennen. Also es gab einen Streit zwischen Poseidon, dem Meeresgott, und Athene, wer die Vorherrschaft in Athen erhalten sollte. Sie stritten, bis sich schließlich Kekrops einmischte. Er forderte von beiden ein Geschenk für die Menschen. Poseidon, der Bruder des Zeus, schleuderte seinen Dreizack mit aller Kraft in den Hügel, der Athen überragte, sodass dort eine sprudelnde Quelle mit salzigem Wasser entsprang. Die Götter auf dem Olymp klatschten Beifall.

Poseidons Geschenk war nicht schlecht angekommen und er lächelte schon siegessicher. Dann schritt Athene auf den Hügel, grub ein kleines Loch und pflanzte eine Olive ein, worauf ein Ölbaum entstand. Tosender Applaus und Jubelschreie auf dem Olymp waren zu hören. Kekrops überlegte kurz und entschied für Athene, weil ihr Geschenk den Göttern besser gefallen hatte und es für die Menschen mehr Nutzen brachte als eine Quelle mit salzigem Wasser. So kam es, dass Athene unsere Schutzherrin wurde, worauf wir sehr stolz sind. Ohne sie hätte Athen wahrscheinlich nie eine so bedeutende Rolle in der griechischen Geschichte gespielt, wie es der Fall ist.

Sagen nacherzählt von einer Schülerin

1 Beschreibe das Verhältnis der Menschen zu den Göttern.

2 Lies in einem Lexikon über die abgebildete Göttin und die abgebildeten Götter nach oder recherchiere im Internet (M2). Welche Aufgaben schreibt man ihnen zu? Informiere dich über die Verwandtschaftsverhältnisse und zeichne einen Götterstammbaum. Deute die Gegenstände in den Händen der Gottheiten.

3 Nenne Unterschiede in der Darstellungsweise der Götter bei den Griechen und Ägyptern (s. S. 53 und 56f.).

4 Schlage im Lexikon nach oder informiere dich im Internet über eine der in der Sternenkarte (M1) genannten griechischen Sagengestalten.

5 Welche abgebildeten Götter kommen in der Erzählung M3 vor? Aus welcher Sicht wird hier erzählt? Woran merkst du das? Informiere dich über zwei weitere griechische Göttersagen und erzähle sie wie Euphiletos vor der Klasse.

Gemeinsame griechische Kultur

Olympische Spiele

M1 Rekonstruktionszeichnung der Stätten von Olympia
① Zeustempel ② Ringerschule ③ Gästehaus ④ Heratempel ⑤ Stadion ⑥ heiliger Bezirk

Wettkämpfe zu Ehren der Götter. Die Griechen besaßen gemeinsame kulturelle Traditionen. Dazu gehörten große religiöse Feiern und sportliche Wettkämpfe. Diese fanden regelmäßig an verschiedenen Orten statt, u. a. in Athen und Delphi. Am wichtigsten waren die Wettspiele, die in Olympia zu Ehren des Göttervaters Zeus abgehalten wurden. Diese Spiele fanden alle vier Jahre statt. Die Zeitspanne dazwischen nennt man eine Olympiade, was zur Grundlage der Zeitrechnung im alten Griechenland wurde. Bis ins Jahr 776 v. Chr. reichen die antiken Siegerlisten zurück, als die Spiele mit einem einzigen Wettbewerb, dem Stadionlauf, stattfanden.

Das olympische Fest. Kurz vor Beginn der Spiele in Olympia kamen Zuschauer, Künstler und Politiker; die Sportler trainierten bereits seit einigen Wochen fleißig. Für die Ehrengäste gab es seit Mitte des 4. Jh. v. Chr. ein schönes Gästehaus mit Zimmern, Speiseräumen und einem Innenhof; die meisten Besucher jedoch übernachteten in Zelten außerhalb des heiligen Bezirks.

Am ersten Tag der Spiele zogen Teilnehmer, Trainer, Schiedsrichter und Zuschauer zum Heiligtum des Zeus. Dort stand die berühmte Zeusstatue des Bildhauers Phidias, die als eines der sieben Weltwunder galt. Sportler und Schiedsrichter leisteten einen Eid, in dem sie versprachen, die Regeln zu achten. Auch mussten die Sportler schwören, griechischer Abstammung zu sein, denn nur freie griechische Männer durften teilnehmen. Die Startlisten wurden aufgestellt. Am dritten Tag gab es einen großen Festzug zum Zeusaltar; dort wurde geopfert und gebetet. An den übrigen Tagen fanden Wettkämpfe statt, deren

M2 Olympische Disziplinen auf griechischen Vasen

Anzahl und Form sich in den vielen Jahrhunderten veränderte. Auch ein kulturelles Rahmenprogramm wurde geboten. Dichter, Philosophen, Redner und Politiker traten auf, um sich so über die Grenzen ihrer Heimatstadt hinaus bekannt und beliebt zu machen. Obwohl die Spiele in der Hitze des Hochsommers stattfanden, zogen sie eine für die damalige Zeit riesige Menschenmenge – bis zu 40 000 Besucher – an. Für die Dauer der Anreise der Sportler, während der Spiele und für die Zeit der Rückkehr war eine Waffenruhe einzuhalten.

Ehrung der Sieger. Typisch für den griechischen Gedanken des Wettstreits: Nur der Sieg zählte. Die Nächstplatzierten gingen leer aus. Am sechsten Tag fanden als ein weiterer Höhepunkt die Siegerehrungen statt. Der Siegespreis für den jeweils Ersten einer Disziplin war in Olympia eine eher symbolische Auszeichnung – ein Kranz aus Ölbaumzweigen und ein rotes Wollband. Danach nahmen die Sieger an einem gemeinsamen feierlichen Mahl teil. Bei der Rückkehr in die Heimatstadt erwarteten die Sieger auch materielle Vorteile. Neben großem Jubel und öffentlichen Ehrungen gab es stattliche Prämien – bis hin zur Steuerfreiheit oder einer lebenslangen Rente.

1 Betrachte die Rekonstruktionszeichnung M1. Was liegt im Zentrum der Anlage, was am Rand? Begründe mithilfe des Autorentextes, warum dies so ist.
2 Erkläre, welche Sportarten auf den Vasenbildern (M2) dargestellt sind. Zeige auf, welche Sportarten einen militärischen Ursprung haben könnten.
3 Auf welchem Bild bestraft der Schiedsrichter ein grobes Foul?
4 Keine Frauen in Olympia? Recherchiere im Internet.
5 Informiere dich über die heutigen Olympischen Spiele: Wo und wann werden sie ausgetragen? Wie lange dauern sie? Wie sieht die Eröffnungsfeier aus? Welche Sportarten werden betrieben? Wer darf daran teilnehmen? Wie bereiten sich die Sportler darauf vor? Was bedeutet der Sieg für den Athleten? Stelle Unterschiede und Gemeinsamkeiten mit den Spielen der Antike heraus.

■ **GESCHICHTE AKTIV/KREATIV**
Projektidee: „Olympia-Zeitung"
Die nächsten Olympischen Spiele kommen garantiert. Aus diesem Anlass könnt ihr eine Zeitung verfassen und in eurer Schule verteilen. Stellt dazu Informationen aus dem Schulbuch zusammen und ergänzt sie durch Material aus anderen Medien. Sucht gutes Bildmaterial aus. Überlegt, wer von euch welche Berichte, Reportagen, Interviews schreiben könnte. (Bittet eure/n Deutschlehrer/in um Hilfe.)
Mögliche Themen/Schlagzeilen: Besuch im Trainingslager – Feierliche Eröffnung – Das Wagenrennen – Der Festzug zum Zeustempel – Der Fünfkampf – Interview mit einem Olympiasieger/einem Schiedsrichter – Siegerehrung – Empfang in der Heimat. Einige von euch gestalten Titelblatt (Lasst euch vom/von der Kunstlehrer/in beraten.) und Inhaltsverzeichnis, andere besorgen Anzeigen, um die Vervielfältigungskosten zu decken.
Stellt eure Arbeiten gegenseitig vor und verbessert sie. Zum Schluss gestaltet eine Gruppe die Text- und Bildabfolge (eventuell mit PC-Unterstützung) und sorgt für die Vervielfältigung und Verteilung.

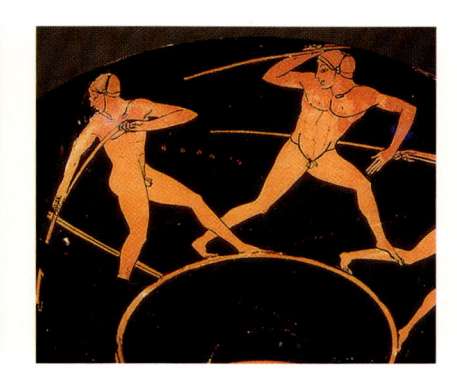

Methodenseite

Vasenbilder erzählen Geschichte

Vasen – ein Exportschlager. Kerameikos heißt ein Stadtteil Athens, weil dort in der Antike Töpfer kunstvolle Keramiken herstellten, die als begehrte Handelsware auch über das Meer verschifft und ausgeführt wurden. Eine Vielzahl von Tonwaren haben Archäologen in ganz Griechenland sowie im gesamten übrigen Mittelmeerraum gefunden und oft mühsam wieder zusammengesetzt. Meistens handelte es sich dabei um Geschirr wie Teller, Schalen, Trinkbecher oder Vorratsgefäße. Besonders prächtig geschmückt wurden Tongefäße, die als Weihgaben oder Geschenke vorgesehen waren.

Vasenbilder – Fernsehen der Antike. Bis ins 8. Jh. v. Chr. hinein wurden die Gefäße mit einfachen geometrischen Mustern versehen. Die abgebildeten Menschen erinnern an Strichmännchen.

M1 Begräbnis eines griechischen Helden
(Ausschnitt aus einer Vase, um 750 v. Chr.)

Im Laufe der Jahrhunderte entwickelte sich die Malerei über einfache Umrisszeichnungen und schattenrissartige Darstellungen bis hin zu wirklichkeitsgetreuen Abbildungen, deren Einzelheiten immer besser gestaltet wurden. Seit etwa 700 v. Chr. kannte man die schwarzfigurige Vasenmalerei, die ursprünglich aus Korinth stammte. Ab 530 v. Chr. entstand in Athen die hohe Kunst der rotfigurigen Malerei.

Neben Szenen aus dem alltäglichen Leben sind sehr oft Motive aus den griechischen Sagen dargestellt. So sind Menschen beim Arbeiten und Feiern, bei Sport und Spiel, aber auch als kämpfende Helden mit den Göttern zusammen zu sehen. Oft sind mehrere ausdrucksvolle Szenen in einem Bild zusammengefasst. In antiker Zeit waren diese Vasenbilder das, was heutzutage Foto, Film und Fernsehen sind. Dank der vielen Funde kann man auch heute noch eine genaue Vorstellung vom Leben und Denken der Griechen bekommen.

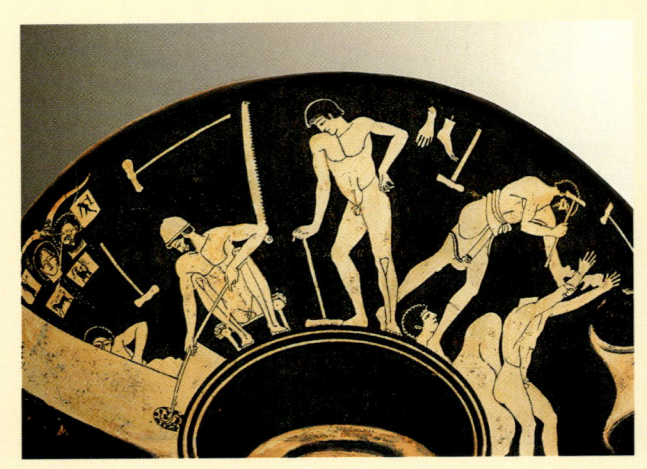

M2 Handwerker bei der Arbeit
(Vasenmalerei auf einer Trinkschale, um 500 v. Chr.)

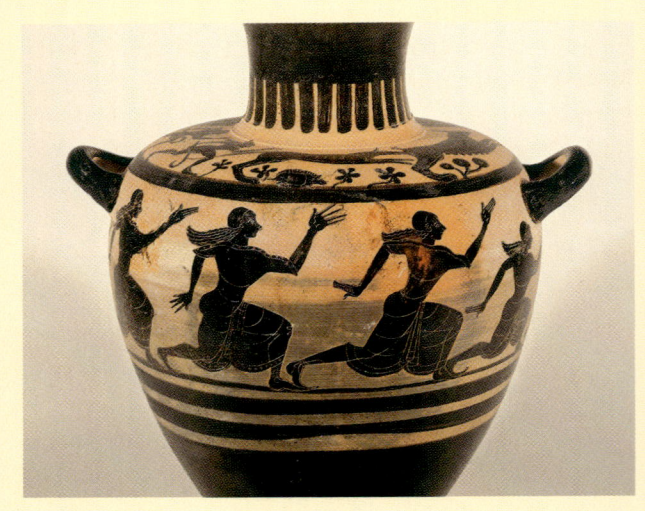

M3 Wettlauf von Frauen *(Vasenmalerei, um 500 v. Chr.)*
Bei den Olympischen Spielen waren Frauen als Zuschauer ausgeschlossen. Für sie gab es jedoch gesonderte Wettkämpfe zu Ehren der Göttin Hera. Es wurde ein Lauf über 160 Meter in drei Klassen veranstaltet (s. auch S. 76f.).

M4 Zweikampf im Trojanischen Krieg
(Vasenmalerei, um 490 v. Chr.)

Das Bild zeigt links Achill und rechts Hektor. Die Kämpfer haben keine eigenen Gesichter. Es sind dem Ideal nachempfundene Heldenfiguren, wie sie auch Homer schilderte.

Methode: Vasenbilder als Quellen auswerten

Die Abbildungen auf Vasen gehören, wie auch Gemälde und Zeichnungen, zu den bildlichen Quellen. Einen ersten Schritt zur Auswertung dieser Art von Material hast du schon kennen gelernt: Die Bildbeschreibung (s. S. 53). Hier gehen wir darüber hinaus und kommen zur Erklärung und Interpretation.

1. Schritt: Beschreiben
Erfasse die Einzelheiten des Bildes. Dazu gehören z. B. Personen, Kleidung, Bewaffnung, Rüstung, Gesichtsausdruck und Haltung.

2. Schritt: Erklären der Zusammenhänge
Erfasse die Stellung der abgebildeten Personen und ihr Verhältnis zueinander. Erschließe Charaktereigenschaften, die in der Darstellung ausgedrückt sind.

3. Schritt: Zusatzinformationen
Ziehe weitere Angaben aus dem Bildtitel, der Bildlegende oder einer zusätzlichen Textquelle heran.

M5 Zweikampf zwischen Achill und Hektor
Die Ilias, hier ein Ausschnitt aus dem 12. Gesang, handelt vom Kampf der Griechen um die Stadt Troja. Homer schildert die Ankunft Achills vor den Mauern Trojas, der den Tod seines Freundes Patroklos an Hektor rächen will. Priamos, Hektors Vater, rät seinem Sohn zu fliehen. Doch Achill verfolgt Hektor:

Dreimal liefen sie so um die Mauern der Stadt, und Apollon gab Hektor Schnelligkeit und Stärke. Als sie aber den Fluss Skamander zum vierten Mal erreichten, zog Zeus das Todeslos für Hektor aus der goldenen Lostrommel. Da wandte Apol-
5 lon sich ab und Athene, die Feindin der Troer, jubelte laut und nahm die Gestalt von Hektors tapferem Bruder an. Mit dessen Stimme, Wuchs und Gestalt sprach sie zu Hektor: „Bruder, ruhe dich aus, ich werde dir helfen." Als Hektor die Stimme vernahm, freute er sich, dass der liebste seiner Brü-
10 der ihm nun hilfreich zur Seite stand. Tapfer ging er Achill entgegen, und es kam zum Kampf. Achill warf mit mächtigem Schwung die sausende Lanze. Aber Hektor duckte sich tief, und der Speer flog über ihn hinweg. Doch Athene griff ihn und gab ihn Achill zurück. Als auch Hektor seinen Gegner ver-
15 fehlte, stand er ohnmächtig da und sah, dass der Grieche, wie durch ein Wunder, die Lanze wieder in den Händen hielt. Da schrie er laut auf, rief seinen Bruder um Hilfe; aber sein Bruder war nicht mehr zu sehen. Nun wusste der Troer, dass er allein war und niemand ihm half. „Wehe", rief er mit
20 klagender Stimme, „wie hat mich Athene getäuscht! Nah ist mein Tod, denn Apollon hat sich zur Seite gewandt. Doch ich will tapfer sein, damit die Menschen sich meiner erinnern." Mutig ergriff er sein Schwert und stürmte Achill entgegen; aber der Grieche deckte den Leib mit dem mächtigen Schild;
25 dann schwang Achill selbst die Lanze und traf den Feind an der verwundbarsten Stelle, zwischen dem Schlüsselbein und der Schulter.

Homer, Ilias 22, 139–326. Zitiert nach: Walter Jens: Ilias und Odyssee, Ravensburg 2002 (vereinfacht).

1 Beschreibe und erkläre ausführlich das Vasenbild M4 in der Reihenfolge der drei Arbeitsschritte. Kläre dabei mithilfe von M5, wie sich die Götter in das Leben der Menschen einmischen, welcher Teil des Textes im Vasenbild vorkommt und wie der Kampfverlauf darin ausgedrückt ist.
2 Welche Informationen kannst du aus den anderen Vasenbildern (M1–3) erhalten?

Verschiedene Staatsformen

Sparta: ein Kriegerstaat

Ausbreitung statt Auswanderung. Die Spartaner waren ein Stamm, der aus dem Norden kommend im 8. Jh. v. Chr. die Bewohner des fruchtbaren Eurotastales unterwarf und sie zu Staatssklaven (▶ Heloten) machte. Die Heloten mussten das Land der Spartaner (auch Spartiaten genannt) bebauen. Letztere widmeten sich ausschließlich der Jagd, den Kampfspielen und der Politik. Bald konnte die wachsende Bevölkerung nicht mehr von den Erträgen der Felder ernährt werden. So eroberten die Spartaner nach schweren Kämpfen (740–720 und 660–640 v. Chr.) das benachbarte Messenien. Die dortige Bevölkerung wurde ebenfalls versklavt. Damit war die Zahl der Sklaven so groß geworden, dass die Spartaner in ständiger Angst vor einem Aufstand lebten. Um dies zu verhindern, mussten die Männer stets kampfbereit sein. Jedes Jahr wurde deshalb den Heloten der Krieg erklärt. Ein Spartiat konnte jederzeit einen Heloten ungestraft töten (s. S. 92).

Während viele griechische Poleis in der Kolonisation einen Ausweg aus wirtschaftlicher und sozialer Not suchten (s. S. 72f.), setzten die Spartaner auf Ausbreitung durch Krieg. Zugleich wurden Fremde vertrieben, Münzgeld verboten und damit auch der Fernhandel untersagt. Es gelang den Spartiaten, ihre Vorherrschaft auf den ganzen Peloponnes auszudehnen; dazu hatten sie auch Bündnisse mit Nachbarstaaten geschlossen (Peloponnesischer Bund, s. S. 104f.). Bis 370 v. Chr. hatte im griechischen Raum Sparta das mit Abstand größte Polisgebiet. Es wurde zur wichtigsten Landmacht Griechenlands.

Eine neue Kampfform. In den messenischen Kriegen entwickelten die Spartaner eine neue Kampftaktik. Homer schildert in seiner Darstellung des Trojanischen Krieges noch eine ältere Kampfesweise: Der adelige Krieger fuhr auf seinem Streitwagen in die Schlacht, die aus einer Vielzahl von Einzelkämpfen bestand. Jetzt rückten die spartanischen Soldaten zu Fuß in geschlossener Formation als Phalanx, wie eine eiserne Walze vor. Dicht gedrängt, deckte der eigene Rundschild auch die ungeschützte rechte Seite des linken Mitstreiters. Da die Phalanx bis zu acht Reihen tief war, rückte ein Hintermann nach, wenn einer aus der vorderen Reihe fiel. Die schwer bewaffneten Fußsoldaten, die in der Phalanx kämpften, nannte man ▶ Hopliten (von griech. „Hoplon", dem Namen für den großen runden Schild).

M1 Foto der heutigen Stadt Sparta vor dem Taygetosgebirge

M2 Hoplitenphalanx
(Vasenbild, um 640 v. Chr.)
Der Dichter Plutarch beschreibt die Hopliten folgendermaßen: „ ... Das war ein erhabener und dabei schrecklicher Anblick, wenn sie so nach dem Takt der Flöte in dicht geschlossenen Reihen einherzogen und ohne alle Bestürzung mit heiterem, gelassenem Mut unter Gesang der Gefahr entgegengingen. Leute von solcher Stimmung mussten natürlicherweise sowohl frei von Furcht als auch von übertriebenem Eifer sein."

M3 Peloponnes

(Karte: Peloponnes mit Polis Sparta um 500 v. Chr., verbündete Staaten und Städte, Polis Athen 2 550 km², Polis Sparta 8 400 km²; Regionen: Achaia, Elis, Arkadien, Argolis, Messenien, Lakonien; Orte: Athen, Aegina, Epidauros, Sparta, Kythera; Fluss Eurotas)

M4 Die Haltung zu Krieg und Tod

Der spartanische Dichter Tyrtaios lebte zur Zeit des 2. Messenischen Krieges im 7. Jh. v. Chr. Seine Klagelieder sind heute z. T. nur bruchstückhaft erhalten:

Denn zu sterben ist gut, in den ersten Reihen zu fallen
Für einen wackeren Mann kämpfend fürs Vaterland ...
Mut, ich ruf es euch zu, des Herakles echtem Geschlechte,
Des unbesiegten. Noch nie mied euch das Auge des Zeus!
5 Auch vor der Feinde Gemeng
sollt ihr nicht weichen noch zagen,
Grad in der Vorkämpfer Reih'
trage der Mann seinen Schild!
Achtet das Leben als Feind,
10 und die schwarzen Vögel des Todes
grüßt sie mit Lust, wie sonst Helios Strahlen ihr grüßt! ...

Tyrtaios, Fr. 6 und 8. Zitiert nach: Walther Kranz: Die Kultur der Griechen, Wiesbaden (Dieterich) 1947, S. 139.

Schwerlich vermag man jegliches Unheil in Worte zu fassen, wie es den Bürger trifft, der sich verächtlich benimmt.
Ist es doch bitter und schmachvoll, im Rücken verwundet zu werden,
5 wenn man bei tobender Schlacht feige sich wendet zur Flucht;
Schande bedeutet es,
liegt man als Toter danieder im Staube,
wuchtig die Spitze des Speeres tief in den Rücken gebohrt.

Fr. 11. Zitiert nach: Martin L. West (Hrsg.): Iambi et Elegi graeci, London (Sandpiper Books) 1998.

M5 Wie frei sind die Spartaner?

Der Grieche Libanios kritisiert im 4. Jh. n. Chr. die spartanische Gesellschaftsordnung. Er bezog sich dabei auf einen Aufstand der Heloten, die das nach einem schweren Erdbeben entstandene Chaos dazu nützten, die Herrschaft der Spartiaten abzuschütteln:

Aus Misstrauen gegen diese Heloten nimmt der Spartiat im Haus ihnen den Riemen (Halterung) aus dem Schilde. Da er dies aber im Felde nicht tun kann, weil hier oft rasches Handeln nötig ist, so geht er immer mit dem Speer in der Hand
5 umher, in der Meinung, auf diese Weise dem Heloten überlegen zu sein, wenn er etwa mit dem Schild allein meutern sollte. Sie haben sich auch einen Türverschluss ersonnen, der, wie sie glauben, einen von jener Seite kommenden Einbruch abwehren kann ...
10 Wie können denn Menschen ... wahrhaft die Freiheit genießen, die beim Frühstücken, beim Schlafen und jeder anderen Beschäftigung die Furcht vor ihren Sklaven dazu zwingt, gewappnet zu sein? Gegen die die Sklaven bei dem Erdbeben einen Aufstand begannen, ein Zeichen, dass sie bei gleicher Ge-
15 legenheit ein Gleiches tun würden? So wie nun ihre Könige nicht so recht frei waren, da es den Ephoren (oberste Beamte) freistand, einen König zu binden und zu töten, so waren alle Spartiaten der Freiheit beraubt, da der Hass ihrer Sklaven mit ihnen zusammen hauste.

Libanios, 25. Rede. Zitiert nach: Geschichte in Quellen (= GiQ), Bd. 1: Altertum, bearb. von Walter Arend, München ⁴1989, S. 148.

1 Was ist spartanisch? Finde durch eine Umfrage bei Schülern, Eltern, Verwandten oder Bekannten heraus, was man heute unter „spartanisch" versteht.
2 Die Spartaner gründeten keine Kolonien. Erläutere diesen Satz anhand der Karte M3 und des Autorentextes. Was sagt die Karte über das Verhältnis zwischen Sparta und Athen aus?
3 Schildere mit eigenen Worten die Phalanxtaktik (M2). Welche Eigenschaften mussten bei den Soldaten für den Kampf besonders ausgebildet werden?
4 Stelle M4 und M5 einander gegenüber: Worin sehen die Verfasser das Schicksal der Spartaner? Wie stellt Tyrtaios Krieg und Kampf dar?

Spartas Gesellschaftsordnung

Wie sich die Spartaner organisierten. Die Zahl der anfangs (8. Jh. v. Chr.) etwa 9000 Spartiaten nahm durch die vielen Kriege ständig ab: von 6000 um 450 v. Chr. auf wenig über 3000 hundert Jahre später. Damit sich die Spartiaten ganz auf Kampf und Krieg konzentrieren konnten, war ihnen jede Handwerks- und Handelstätigkeit verboten. Die fruchtbaren Äcker im Eurotastal waren nicht ihr ständiger Besitz, sondern wurden unter ihnen immer wieder neu verlost. Die Spartiaten lebten von den Erträgen, die die 140 000 – 200 000 Heloten auf diesen Äckern erwirtschafteten. Die 40 000 – 60 000 Periöken, so genannte Umwohner, besaßen eigene Äcker, die an Berghängen gelegen waren und wenig Ertrag brachten; sie durften Handel treiben. Als Leichtbewaffnete waren sie zur Heeresfolge verpflichtet und dienten zum Schutz gegen Helotenaufstände, hatten aber keine politischen Rechte.

Die Verfassung Spartas. Eine ▶ Verfassung regelt die Machtverteilung in einem Staat. Sie legt die Pflichten und Rechte der Bürger fest und bestimmt, wer Bürger ist und wer regiert. Wie war das nun in Sparta geregelt?

Viele Jahrhunderte lang hatte das Doppelkönigtum zweier gleichberechtigter Herrscher als Besonderheit Spartas gegolten. Die Führungsposition war zwei vornehmen Familien vorbehalten. Diese beiden erblichen Könige verloren zwar im Laufe der Zeit ihren politischen Einfluss, behielten aber eine herausragende Stellung als oberste Priester und Anführer des Heeres. Die Regierung lag fortan beim Rat der Alten (Gerusia), dem neben den Königen 28 Männer mit einem Mindestalter von 60 Jahren angehörten, auf Lebenszeit gewählt von der Volksversammlung (Apella). Diese wählte auch fünf Ephoren als oberste Beamte, entschied über Krieg und Frieden sowie über die Gesetze. Alle männlichen Spartiaten über 30 Jahre hatten in der Volksversammlung gleiches Stimmrecht. Sie stimmten allerdings diskussionslos mit „Ja" oder „Nein" über Anträge ab, die die Ephoren oder die Gerusia formuliert hatten. Bei Zustimmung klopften die Spartiaten mit ihren Speeren auf die Schilde. Wahlen erfolgten auf Zuruf: Gewählt war, wer den lautesten Zuspruch erhielt. Die Ephoren achteten mit aller Strenge auf die Einhaltung der Gesetze und die Wahrung der alten spartanischen Sitten. So konnten sie alle Bürger, Beamte und sogar den König verhaften lassen. Ihre Macht nahm im Laufe der Zeit immer mehr zu.

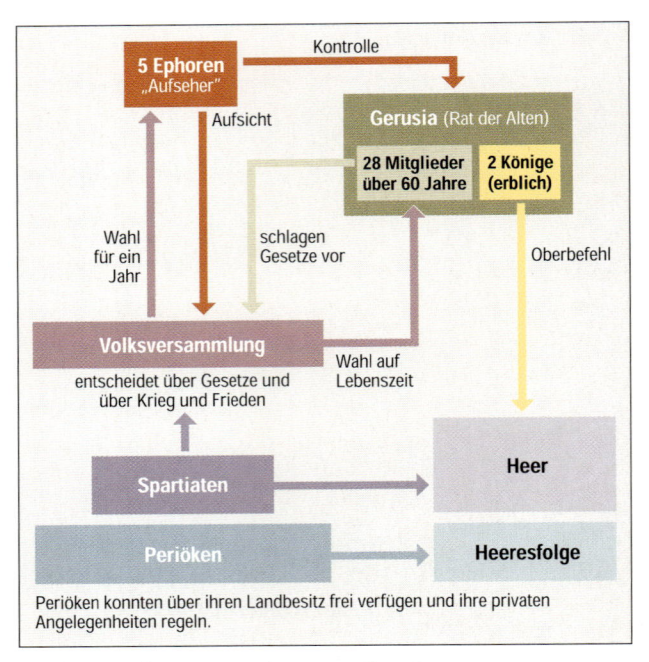

M1 Verfassungsschema zu Sparta

Frauen im Kriegerstaat. Anders als im übrigen Griechenland waren die Frauen in Sparta – vom politischen und militärischen Bereich abgesehen – selbstständig und den Männern oft gleichberechtigt. Als junge Mädchen wurden sie in die staatliche Erziehung mit einbezogen und wie die Jungen in sportlichen Wettkämpfen trainiert. Während Mädchen sonst in Griechenland schon im Alter von ca. 14 Jahren als heiratsfähig galten, waren die Spartanerinnen bei der Eheschließung mindestens fünf Jahre älter. Die Auswahl des Ehepartners und der Entschluss zur Hochzeit gingen zumeist vom Brautpaar selbst aus und wurden nicht vom Vater bestimmt. Eine Mitgift war nicht nötig. Die Frau war in der Ehe unabhängig und unterstand nicht der Rechtsgewalt ihres Mannes. Auch in privater Hinsicht verfügten die spartanischen Frauen über einen größeren Freiraum, da sie die Hausarbeit den Heloten und ihre Säuglinge oder kleinen Kinder staatlichen Ammen überlassen konnten. So hatten sie Zeit für andere Betätigungen. Und da sie eigenständig Geschäfte führen durften und erbberechtigt waren, konnten sie Vermögen erwerben und frei darüber verfügen.

M2 Erziehung der Mädchen

Plutarch (ca. 46 – ca. 120 n. Chr.) über Lykurg, der den Spartanern neue Gesetze gegeben haben soll:

Lykurg hat auch den Frauen jede mögliche Sorgfalt zugewendet. Er kräftigte die Körper der Mädchen durch Laufen, Ringen und Speerwerfen, damit die Zeugung der Kinder in kräftigen Körpern erfolge und die Frucht umso besser heran-
5 wachse, und damit sie die Geburten mit Kraft bestehen könnten. Weichlichkeit, Verzärtelung und alle Weiblichkeit in der Kleidung verbannte er und gewöhnte die Mädchen, wie die Knaben, nackt ihre Aufzüge zu halten und bei bestimmten Festen zu tanzen und zu singen, in Gegenwart und vor den
10 Augen junger Männer. Die Entblößung der Mädchen hatte übrigens nichts Peinliches, weil Zurückhaltung dabei war und keine Lüsternheit, und sie bewirkte die Gewöhnung an Schlichtheit und das Streben nach körperlicher Fitness. Sie gab auch der Frau Sinn und Geschmack für edles Selbstbe-
15 wusstsein, dass auch sie nicht weniger als der Mann Anteil haben sollte am Streben nach Tapferkeit und Ruhm. Zuweilen griffen die Mädchen auch durch Spottverse jeden an, der sich etwas hatte zuschulden kommen lassen, oder sie sangen Loblieder auf die Würdigen und erweckten so Ehrgeiz und
20 Wetteifer in den jungen Männern.

Plutarch, Lykurgos 1 u. 16. Zitiert nach: Große Griechen und Römer, eingel. und übers. von Konrat Ziegler, Zürich/München (Artemis) 1954/7, S. 5ff.

M3 Erziehung der Jungen

Plutarch berichtet weiter:

War ein Kind zur Welt gekommen, so war es nicht das Recht des Vaters zu entscheiden, ob es aufzuziehen sei. Er musste es an einen festgesetzten Ort bringen, wo die Ältesten es genau untersuchten. War es kräftig, ließen sie es aufziehen.
5 War es aber schwach und missgebildet, so ließen sie es in einen Felsengrund hinabstürzen ... Die Ammen zogen die Säuglinge ohne Windeln auf und ließen es so zu, dass die Glieder der Kleinen sich frei entwickelten. Sie brachten sie dazu, glücklich und zufrieden zu sein, nicht wählerisch beim Essen,
10 Dunkelheit und Alleinsein nicht zu fürchten und nicht launisch und weinerlich zu sein. Darum leisteten sich auch Fremde oft Ammen aus Sparta. Die Knaben entzog Lykurg, sobald sie sieben Jahre alt waren, ihren Vätern und ließ sie in Gruppen miteinander aufwachsen und erziehen. Hier lernten sie, beim
15 Spiel wie bei ernster Beschäftigung, immer beisammen zu sein ... Lesen und Schreiben lernten sie nur so viel, wie sie brauchten; die ganze übrige Erziehung war darauf gerichtet, dass sie lernten, pünktlich zu gehorchen, Strapazen zu ertragen und im Kampfe zu siegen. Zur Abhärtung durften sie nur
20 barfuss gehen, und sie mussten ihre Übungen in der Regel nackt halten. Sobald sie zwölf Jahre alt waren, gingen sie stets ohne Unterkleidung und durften, abgesehen von wenigen Tagen im Jahr, weder baden noch sich salben. Sie schliefen auf Stroh, das sie selbst zusammentrugen, indem sie
25 Schilfspitzen mit bloßen Händen abbrachen.

Ebenda.

M4 Ein spartanisches Mädchen

(Bronzestatuette, um 530 v. Chr.)

Vielen Griechen aus anderen Poleis erschien diese Bekleidung als „unsittlich".

---

1 Wieso tragen die Zahlen am Anfang des Autorentextes zum Verständnis der Quelle M5 auf S. 81 bei? Errechne die Zahlenverhältnisse zwischen Spartiaten und Heloten bzw. Spartiaten und der Gesamtbevölkerung.

2 Wer hat das „Sagen" in Sparta? Sprich darüber anhand des Verfassungsschemas M1.

3 Wie erzogen die Spartaner ihre Kinder? Notiere mit verschiedenen Farben Gemeinsamkeiten und Unterschiede (M2 und M3) in einer Tabelle. Worin zeigte sich hier der Militärstaat?

4 Die spartanische Lebensart wurde von den Zeitgenossen geschätzt oder entschieden abgelehnt. Begründe deine Auffassung und beziehe z. B. die Kindererziehung, die Kleidung der Mädchen (M4), die stete Kampfbereitschaft der Spartiaten (M2–M5 auf S. 80f.) oder die Gesellschaftsordnung (S. 82) mit ein.

5 Fasst zusammen, was ihr auf den Seiten 80 – 83 gelernt habt, und vergleicht dies mit den Ergebnissen eurer Umfrage. Was ist nun typisch spartanisch?

Athens langer Weg zur Demokratie

Die Adelsherrschaft. Im 8. bis 7. Jh. v. Chr. löste die Aristokratie wie in den meisten griechischen Poleis das Königtum (▶ Monarchie, griech. monos = allein, archein = herrschen) ab. Die Adeligen nannten sich „aristoi", die Besten (s. S. 70f.). Sie waren Großgrundbesitzer und wählten aus ihren Reihen neun Beamte (Archonten), die für unterschiedliche Aufgaben zuständig waren. Die Adeligen übten diese Ämter ein Jahr aus, danach wurden sie in den Adelsrat, den Areopag, aufgenommen. In dieser Funktion überwachten sie dann die Archonten und waren zugleich oberstes Gericht.

Krise in Athen. Während die Adeligen ihre großen Ländereien von Sklaven bewirtschaften ließen und stattliche Gewinne durch den Verkauf ihrer Produkte, wie z. B. Oliven, erzielten, ging es den Kleinbauern immer schlechter. Durch Kriege und Missernten waren sie verarmt, sie mussten sich von den Adeligen Geld leihen, konnten es nicht zurückzahlen, verloren ihre Äcker und gerieten in Schuldknechtschaft. Die Bauern forderten eine Landreform, die Befreiung von der Adelswillkür, eine Festschreibung des Rechts und die Abschaffung der Schuldknechtschaft. Den Händlern und Handwerkern dagegen ging es wirtschaftlich gut, denn unter den in Athen hergestellten Waren erwiesen sich z. B. die rotfigurig bemalten Vasen als begehrte Luxusware und Exportschlager. (s. S. 78) Die reich gewordenen Händler verlangten nach politischer Mitbestimmung.

Die Reformen des Solon. Der 594 v. Chr. zum obersten Archonten gewählte adelige Solon versuchte die Krise zu bewältigen. Die Schuldknechtschaft wurde verboten, die in die Sklaverei verkauften Bürger freigekauft. Solon schaffte zahlreiche Vorrechte des Adels ab und verteilte die politischen Rechte der Bürger nach Besitz (Timokratie, timos = Reichtum, kratein = herrschen). Die Bürger wurden nach ihrem Vermögen in vier Klassen eingeteilt. In der ▶ Volksversammlung hatten alle männlichen ▶ Bürger gleiches Stimmrecht, sie konnten über Gesetze abstimmen, den Rat der 400 sowie Beamte wählen. Allerdings durften nur Angehörige der ersten Klasse Archonten werden. Der Rat der 400 bestand aus den oberen drei Klassen. Gleichzeitig setzte Solon weitere bedeutende Verbesserungen durch: Die höchst unterschiedlichen Maße und Gewichte wurden vereinheitlicht. Das Recht wurde aufgeschrieben; jeder Bürger konnte nun öffentlich Anklage erheben.

M1 Solon (ca. 640–561 v. Chr.)

Die ▶ Tyrannis. Solon gelang es aber nicht, die sozialen Spannungen auf Dauer abzubauen. Die Bauern waren enttäuscht, da er keine Neuverteilung des Bodens hatte durchsetzen können. Und der Adel trauerte dem Verlust seiner Vorrechte nach. Diese Lage nutzte ein Adeliger namens Peisistratos, indem er mithilfe der unteren Schichten zum Alleinherrscher wurde. Die Griechen nannten eine solche widerrechtlich erworbene Herrschaft Tyrannis. Peisistratos war beim athenischen Volk beliebt, weil er die Adelsmacht beschränkte. Den Angehörigen der vierten Steuerklasse, meist Tagelöhner (Theten), gab er Arbeit durch die Errichtung prächtiger Bauten und förderte das Gemeinschaftsgefühl aller Bürger durch Feste und Feiern. Die Söhne des Peisistratos konnten sich nicht durchsetzen; 510 v. Chr. wurden sie von den Athenern vertrieben.

Die Reform des Kleisthenes. Nach den schlechten Erfahrungen mit der Tyrannis strebten die Athener danach, die politische Ordnung zu verbessern und vor Missbrauch zu schützen. Der adelige Kleisthenes konnte sich durchsetzen, weil er die Macht des Volkes stärkte. Die attische Bevölkerung war in vier Gruppen (Phylen) eingeteilt, in denen einzelne Adelsfamilien herrschten. Diese starke Machtposition brach Kleisthenes, indem er die vier Phylen durch zehn neue Verwaltungseinheiten ersetzte, die zu je einem Drittel aus Bewohnern der Stadt, der Küste und des Binnenlandes bestanden. Aus jeder neuen Phyle loste man 50 Bürger aus, die gemeinsam den Rat der 500 bildeten. Die Rechte der Volksversammlung wurden erweitert. Hier fand die Abstimmung über Krieg und Frieden statt, die Feldherren und Finanzbeamten wurden gewählt und Gesetze beschlossen.

M2 Schaubilder: Verfassungen im Vergleich

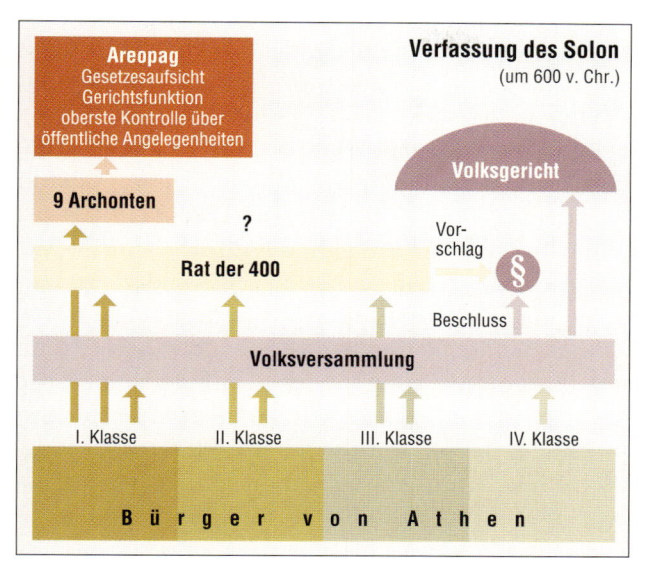

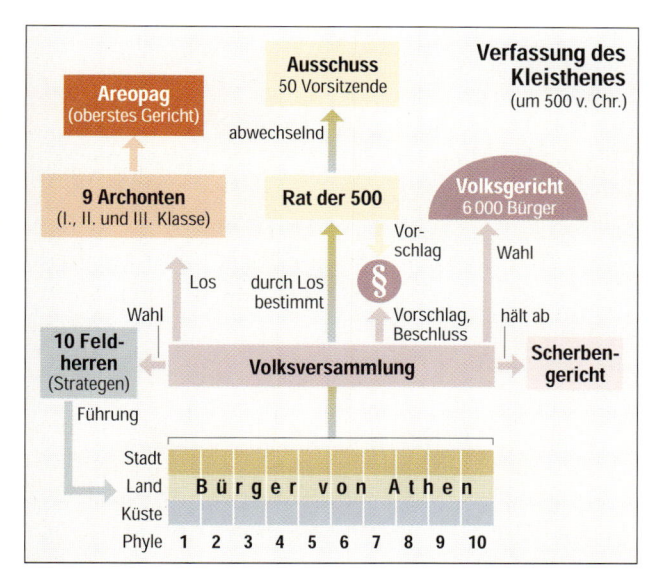

Verfassung des Solon (um 600 v. Chr.)

- Areopag: Gesetzesaufsicht, Gerichtsfunktion, oberste Kontrolle über öffentliche Angelegenheiten
- 9 Archonten
- Rat der 400
- Volksgericht (Vorschlag, Beschluss)
- Volksversammlung
- I. Klasse, II. Klasse, III. Klasse, IV. Klasse
- Bürger von Athen

Verfassung des Kleisthenes (um 500 v. Chr.)

- Areopag (oberstes Gericht)
- Ausschuss: 50 Vorsitzende (abwechselnd)
- 9 Archonten (I., II. und III. Klasse)
- Rat der 500 (durch Los bestimmt)
- Volksgericht: 6000 Bürger (Wahl)
- 10 Feldherren (Strategen) – Führung
- Volksversammlung (Vorschlag, Beschluss)
- Scherbengericht (hält ab)
- Bürger von Athen: Stadt, Land, Küste – Phyle 1 2 3 4 5 6 7 8 9 10

M3 Das Scherbengericht am Beispiel des Aristeides (482 v. Chr.)

Kleisthenes führte ein Verfahren der Verbannung ein, das eine Tyrannis verhindern sollte. Plutarch (ca. 46 – ca. 120 n. Chr.) beschreibt das Verfahren folgendermaßen:

Aristeides war zunächst beliebt gewesen; er erhielt den Beinamen „Der Gerechte". Dies setzte ihn aber der Missgunst aus. Insbesondere Themistokles (athenischer Adeliger) verbreitete unter der Menge das Gerede, Aristeides richte und
5 entscheide alles allein. Er habe die Gerichtshöfe aufgehoben und unbemerkt eine Alleinherrschaft errichtet. Auch nahm das Volk an seinem Beinamen Anstoß, der ihn über die Menge erhob. So kamen sie von allen Seiten der Stadt zusammen und verbannten Aristeides durch das Scherbengericht. Dabei
10 gaben sie ihren Neid auf seinen Ruhm als Angst vor tyrannischer Herrschaft aus ...

Das Verfahren lief wie folgt ab: Jeder Bürger nahm eine Tonscherbe und schrieb darauf den Namen des Mannes, den er verbannen wollte. Dann brachte er die Scherbe an einen Ort
15 auf dem Markt, der mit Schranken umschlossen war. Die Beamten zählten zunächst die gesamten abgelieferten Scherben durch. Bei weniger als 6 000 abgegebenen Scherben war die Abstimmung ungültig. Bei gültigem Verfahren wurden die Scherben nach den Namen geordnet. Wer von der Mehrzahl
20 aufgeschrieben worden war, den verbannten sie für zehn Jahre. Sein Vermögen dagegen blieb ihm erhalten.

Plutarch, Aristeides 7. Zitiert nach: Große Griechen und Römer, a. a. O.

Tonscherbe (griech. ostraka, davon leitet sich auch der Name ▶ „Ostrakismos" für Scherbengericht ab) mit dem Namen des Aristeides, Sohn des Lysimachos.

1 Liste in Form einer Tabelle auf: Welche verschiedenen Formen der Regierung hatte Athen ab dem 8. Jh. v. Chr.? Welche Rolle spielte dabei jeweils die Bevölkerung? Lies dazu auch im Glossar auf den Seiten 170ff. nach.

2 Vergleiche die beiden Schaubilder (M2). Welche Änderungen kannst du feststellen? Inwieweit ist die Verfassung des Kleisthenes ein weiterer Schritt auf dem Weg zur Demokratie?

3 Informiere dich im Lexikon oder Internet über die beiden in M3 genannten Politiker. Inwieweit hältst du die Entscheidung des Scherbengerichts für gerecht? Begründe, warum ein Ostrakismos keine Gerichtsverhandlung ist.

Verschiedene Staatsformen

Wird Athen Vormacht in Griechenland?

Kampf gegen die Perser. Im Osten der griechischen Welt hatte sich im 6. Jh. v. Chr. das Persische Reich herausgebildet. Es umfasste das riesige Gebiet zwischen Indien und dem Mittelmeer, dazu Ägypten und auch die Griechenstädte an der Küste Kleinasiens.

Als sich die kleinasiatischen Griechen gegen die Perser erhoben, kam ihnen Athen mit zwanzig Schiffen zu Hilfe. Der persische Großkönig Dareios I. (522–486 v. Chr.) ließ den Aufstand niederschlagen und schwor den Athenern Rache. 490 v. Chr. fiel seine Streitmacht in Attika ein. Aber das Unglaubliche geschah: Die zahlenmäßig unterlegenen, doch schwer bewaffneten athenischen Fußsoldaten schlugen das persische Heer am Strand bei dem Ort Marathon.

Die Athener wussten, dass die Perser wiederkommen würden. Sie fragten beim Orakel von Delphi (s. S. 66f.) an, was sie tun sollten. Der Politiker Themistokles überzeugte die Volksversammlung, den Bau einer großen Kriegsflotte zu beschließen. 480 v. Chr. rückten die Perser unter König Xerxes (486–465 v. Chr.) mit einem riesigen Heer und einer Flotte erneut gegen Griechenland vor. Sie verwüsteten Attika und zerstörten die Stadt Athen. Durch eine Täuschung war es gelungen, die überlegene persische Flotte in die enge Bucht vor der Insel Salamis zu locken. Hier griffen die wendigen athenischen Dreiruderer an und bohrten die persischen Schiffe in den Grund. Xerxes kehrte in sein Reich zurück. Im folgenden Jahr wurde sein Landheer vom griechischen Heer unter Führung der Spartaner vernichtend geschlagen.

M1 Griechischer und persischer Soldat
(Vasenbild, 5. Jh. v. Chr.)

Das Attische Seereich. Nach dem Sieg zog sich Sparta wieder auf die Peloponnes zurück. Athen aber baute seine Stellung als stärkste Seemacht in Griechenland gezielt aus. Es gründete mit zahlreichen Städten und Inseln einen Seebund, um die Perser endgültig aus der Ägäis zu verdrängen. Die Mitglieder des Bundes stellten Schiffe oder zahlten Geld in die gemeinsame Kasse auf der Insel Delos ein. Mit der Zeit wurden die Athener immer selbstherrlicher: Nur sie durften noch Schiffe besitzen, die anderen Bündnismitglieder hatten immer höhere Beiträge zu bezahlen. Schließlich holten sie die Kasse nach Athen und bedienten sich aus ihr, um Schiffe zu bauen, aber auch, um ihre Stadt nach dem Perserkrieg umso prächtiger wieder aufzubauen (s. S. 90f.). Aus dem Attisch-Delischen Seebund wurde ein Attisches Seereich. Athen war dabei, die ▶ Hegemonie, d.h. eine Vormachtstellung, in Griechenland zu erlangen.

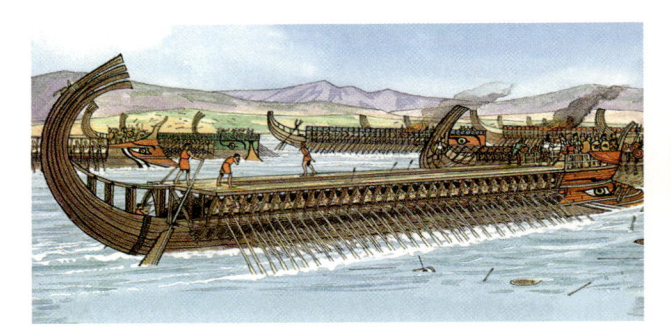

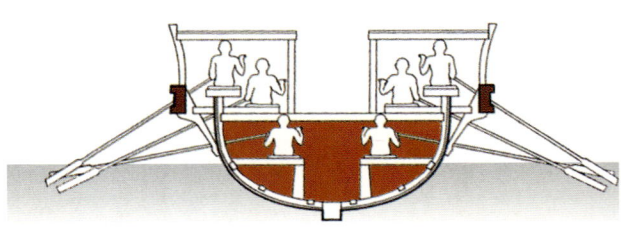

M2 Attische Triere
Sie war 35–40 m lang und 5 m breit. In drei Reihen saßen 170–200 Mann an den Rudern auf beiden Seiten des Schiffs. Trieren waren sehr schnell und wendig. Die Besatzung versuchte, mit dem Rammsporn feindliche Schiffe zu treffen und sie zum Sinken zu bringen.

M3 Der persische Großkönig Xerxes erläutert seine Pläne vor dem Kriegsrat:

Perser! Alles, was wir unternehmen, gelingt uns. Als ich den Thron bestiegen hatte, sann ich nach, wie wir Ruhm und ein großes Land gewinnen können, und wie wir damit zugleich Rache für eine Beschimpfung nehmen können. Ich will ein
5 Heer durch Europa nach Hellas führen, um die Athener zu bestrafen für alles, was sie den Persern und meinem Vater angetan haben. Ich will nicht ruhen, bis ich für ihn und ganz Persien Rache geübt und Athen erobert und niedergebrannt habe, das den Streit mit mir und meinem Vater angefangen
10 hat. Denn zuerst sind die Athener nach Sardes (Stadt in Kleinasien) gezogen und haben die heiligen Haine und Tempel in Brand gesteckt. Dann, als die Perser in Attika ans Land stiegen, so wisst ihr alle, wie übel sie ihnen mitgespielt haben. Wenn wir die Athener und deren Nachbarvölker unterworfen
15 haben, so dehnen wir das Persische Reich so weit aus, dass es mit dem Himmel zusammenstößt.
Herodot, Historien 7,8ff., a. a. O.

M4 Athenische Gesandte betonen in Sparta Athens Leistungen in den Perserkriegen

Bei Marathon haben wir allein mit den Barbaren den Kampf ausgetragen. Und als sie wiederkamen, sind wir Mann für Mann zu Schiff gestiegen, weil wir nicht stark genug waren, sie zu Lande abzuwehren. Gemeinsam mit den übrigen Hel-
5 lenen haben wir die Schlacht bei Salamis geschlagen; dadurch wurden die Perser gehindert, die Städte auf dem Peloponnes nacheinander anzulaufen und das Land zu verwüsten. Die Städte wären nicht in der Lage gewesen, gegen eine so gewaltige Flotte einanderzu beizustehen. Die Perser selbst lie-
10 ferten den klarsten Beweis dafür: Zur See besiegt, kehren sie mit dem größeren Teil des Heeres in Eile heim, weil sie den Hellenen nicht mehr gewachsen waren. Für diese so verlaufene Seeschlacht aber, die deutlich bewies, dass das Heil der Hellenen auf der Flotte beruht, hat Athen die drei nützlichsten
15 Dinge geliefert: die größte Schiffszahl, den umsichtigsten Feldherrn, den glühendsten Eifer. Es hat etwas weniger als zwei Drittel der fast 400 Schiffe zählenden Flotte gestellt. Es hat den Themistokles als Führer der Flotte gestellt; er hat es hauptsächlich durchgesetzt, dass die Seeschlacht in der
20 Meeresenge stattfand, was ohne allen Zweifel Hellas gerettet hat. Ihr selber habt ihn dafür ja auch mehr als irgendeinen Fremden, der je eure Stadt besucht hat, geehrt. Und den allergrößten Wagemut und Eifer haben wir dadurch bewiesen, dass wir, als niemand uns ... zu Hilfe kam und alle Stämme bis
25 zu uns schon unterworfen waren, die Stadt räumten und unser Eigentum der Zerstörung preisgaben. Wir taten dies jedoch nicht, um die noch übrig gebliebenen Bundesgenossen im Stiche zu lassen und uns zu zerstreuen; nein, wir stiegen in die Schiffe und kämpften und trugen es euch nicht
30 nach, dass ihr uns vorher nicht zu Hilfe gekommen wart."
Zitiert nach: Thukydides: Der Peloponnesische Krieg, übertr. von August Horneffer, durchges. von Gisela Strasburger, Bremen (Schünemann) 1957.

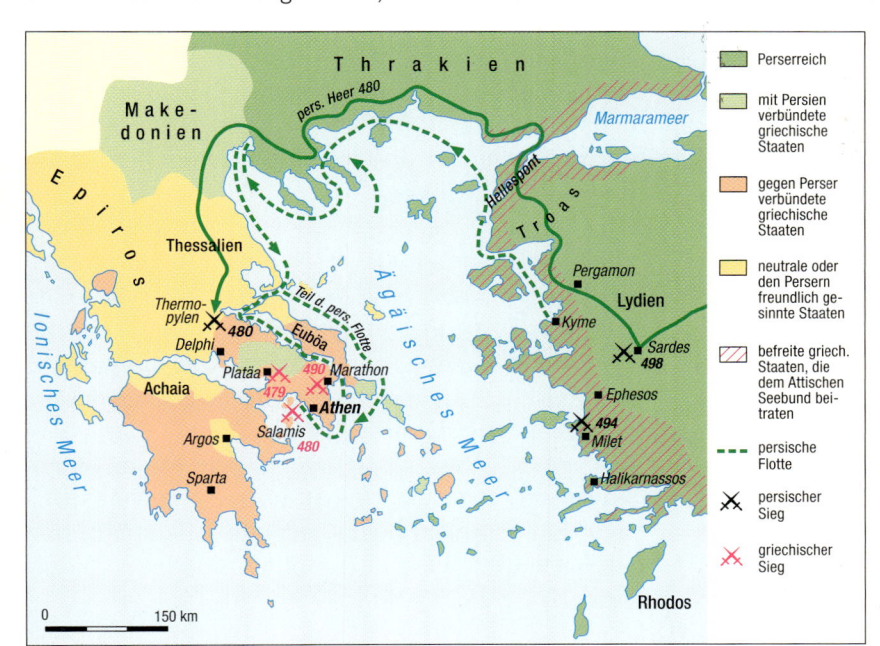

M5 Griechenland während der Perserkriege (500–479 v. Chr.)

1 Stelle anhand von M3–M5 den Verlauf der Perserkriege dar.
2 Warum geht der Grieche Herodot in seiner Darstellung besonders auf die Ziele von Xerxes ein (M3)?
3 Beurteile die Leistung Athens und der übrigen Griechen in den Perserkriegen (M3–M5).
4 Beschreibe das Verhältnis zwischen Athen und Sparta während der Perserkriege und danach (M4).
5 Finde heraus, was der Sieg von Marathon mit dem Marathonlauf zu tun hat.

Demokratie unter Perikles

Krieg, Seebund und Demokratie. Ohne die Perserkriege und den Attischen Seebund wäre die Demokratie in Athen nicht zur Vollendung gekommen. Die Flotte war für Athen nun von überragender Bedeutung. Die Tagelöhner (Theten), die sich keine Rüstung leisten konnten und im Hoplitenheer keine Rolle gespielt hatten, fanden als Ruderer eine kriegswichtige Funktion. Sie waren sich ihrer neuen Rolle bewusst und forderten politische Gleichberechtigung.

Unter dem adeligen Perikles erhielt der attische ▸ Vollbürger (seine Eltern mussten beide Athener sein) viel mehr Rechte zugebilligt. Für diese Herrschaftsform setzte sich der Begriff ▸ „Demokratie" (griech. demos = Volk, kratein = herrschen) durch. 461 v. Chr. verlor der Areopag, das vormalige Machtzentrum, seine Macht; ihm blieben nur wenige religiöse und gerichtliche Aufgaben. 456 v. Chr. stand der dritten Klasse, bald auch den Theten, der Zugang zum Archontenamt offen.

M1 Perikles
(495–429 v. Chr). Der athenische Staatsmann wurde fünfzehnmal hintereinander in das Amt des Strategen (= Heerführer) gewählt, das immer größere Bedeutung bekam. Dieses Staatsamt konnte er seit 443 v. Chr. ausüben und stieg so zur alles überragenden politischen Persönlichkeit in Athen auf.

Wie funktionierte die attische Demokratie? Die Volksversammlung wurde zur wichtigsten politischen Einrichtung. Alle männlichen Vollbürger Athens über 20 Jahre hatten volles Rede-, Antrags- und Stimmrecht. Die Volksversammlung stimmte über neue Gesetze, den Abschluss von Staatsverträgen, über Krieg und Frieden ab, wählte die obersten Beamten und die Strategen. Bis zu 40 Versammlungen fanden im Jahr statt; je nach Wohnort in Attika mussten manche Teilnehmer bis zu 70 km anreisen. So war nicht immer für alle Bürger eine Teilnahme möglich. Daher waren grundlegende Beschlüsse an eine Mindestzahl von 6 000 Stimmen gebunden.

Die Bürger übten auch die Rechtsprechung aus. Dazu wurden aus einer größeren Zahl von über 30 Jahre alten Bewerbern 6 000 Geschworene ausgelost. Sie führten die Prozesse und stimmten über Schuld oder Nichtschuld des Angeklagten ab. Die Größe dieser Gerichte schwankte je nach Schwere des Falles zwischen 200 und 1 500 Geschworenen. Bei der bekannten Prozesswut der Athener dürfte man an jedem Werktag zu Gericht gesessen haben.

M2 Bronzeplättchen für die Geschworenen
Hohl bedeutete „schuldig", massiv „unschuldig". Bei der Abgabe konnte, um geheim abzustimmen, die Mitte des Plättchens zwischen den Fingern verdeckt gehalten werden.

Demokratie braucht Geld. Nicht nur Geschworene, auch Ratsmitglieder und Beamte, die sich um die Tempel oder die verschiedenen Verwaltungsbereiche kümmern mussten, wurden durch Los bestimmt. Es war für jeden Athener eine Selbstverständlichkeit, sich für seine Polis zu engagieren. Die zahlreichen politischen Aufgaben konnten auch kleine Handwerker, Bauern und Tagelöhner übernehmen, denn Perikles ließ ihren Verdienstausfall durch Tagegelder ausgleichen, die aus der Staatskasse gezahlt wurden.

Die Andersartigkeit der antiken Demokratie. Aus unserer Sicht war die attische Demokratie keine Volksherrschaft im modernen Sinn. Nur ein relativ kleiner Bevölkerungsanteil durfte wählen. Andererseits bedeutet diese Herrschaftsform dennoch einen deutlichen Fortschritt im Vergleich zu vorhergehenden Herrschaften (z. B. Monarchie). In Athen konnte jeder Vollbürger unmittelbar mitreden und entscheiden. Dies geschieht heute meist über Volksvertreter, die von der Bevölkerung in Wahlen dazu berufen werden.

M3 Bevölkerung der Polis Athen (Stadt Athen mit Halbinsel Attika) um 480 v. Chr.

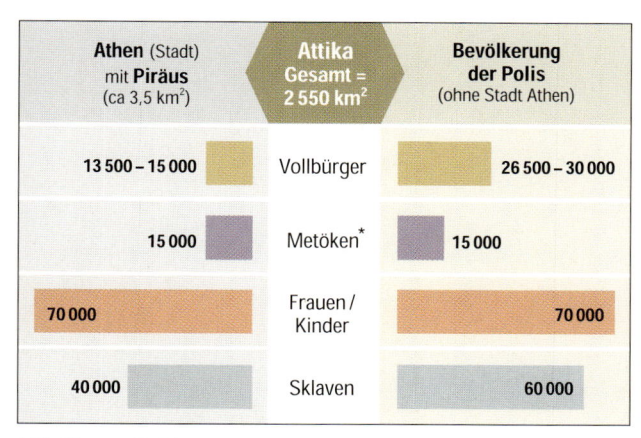

Athen (Stadt) mit Piräus (ca 3,5 km²)	Attika Gesamt = 2 550 km²	Bevölkerung der Polis (ohne Stadt Athen)
13 500 – 15 000	Vollbürger	26 500 – 30 000
15 000	Metöken*	15 000
70 000	Frauen / Kinder	70 000
40 000	Sklaven	60 000

*Metöken s. S. 96

M4 Demokratie in Athen – was ist das?

Thukydides (455–399 v. Chr.) gibt eine Rede Perikles' wieder:

Wir leben in einer Staatsform, die die Einrichtungen anderer nicht nachahmt; eher sind wir für andere ein Vorbild. Mit Namen heißt unsere Staatsform Demokratie, weil sie sich nicht auf eine Minderheit, sondern auf die Mehrheit im Volk stützt.
5 Es genießen alle vor den Gesetzen gleiches Recht. Allein die persönliche Tüchtigkeit verleiht im öffentlichen Leben einen Vorzug. Ein freier Geist herrscht in unserem Staatsleben. Jedermann hat freien Zutritt zu unserer Stadt. Wir führen ein Leben ohne Zwang. Reichtum ist bei uns zum Gebrauch in der
10 rechten Weise, aber nicht zum Prahlen da. Armut einzugestehen bringt keine Schande, wohl aber, nicht tätig aus ihr fortzustreben. In der Hand derselben Männer ruht die Sorge für die privaten wie die öffentlichen Angelegenheiten. Bei uns gilt einer, der dem politischen Leben ganz fern steht, nicht als
15 ungeschäftig oder faul, sondern als unnütz. Unser Volk hat in den Fragen der Staatsführung mindestens ein Urteil, wenn nicht sogar fruchtbare eigene Gedanken. Mit einem Wort sage ich: Unsere Stadt ist die hohe Schule Griechenlands.

Thukydides: Geschichte des Peloponnesischen Krieges 2, 37ff. und 65. Zitiert nach: Wolfgang Schadewaldt: Die Geschichtsschreibung des Thukydides. Ein Versuch, Dublin/Zürich (Weidmann) 1971.

M5 Demokratie oder Alleinherrschaft?

a) Thukydides über Perikles:

(Perikles vermochte) mächtig durch sein Ansehen und seine Einsicht, für Geld völlig und in durchsichtiger Klarheit unzugänglich, die Masse in Freiheit niederzuhalten. Er ließ sich nicht von ihr führen – er vielmehr war der Führer. Denn weil
5 er nicht mit unlauteren Mitteln seine Macht gewonnen hatte, brauchte er nicht der Masse zu Gefallen zu reden, sondern, gestützt auf sein Ansehen, konnte er sogar mit seinen Worten einmal offen ihren Zorn herausfordern. So oft er z. B. empfand, dass sie in unangebrachter Überhebung sich erkühnten,
10 schlug er mit seinen Worten auf sie ein, bis sie Angst bekamen; und wiederum, wenn sie grundlos verzagten, richtete er sie zu neuer Kühnheit auf. So war es, dem Namen nach Volksherrschaft, tatsächlich doch ein Regiment unter der Führung des ersten Mannes.

Zitiert nach: Thukydides: Der große Krieg, übers. und eingel. von Heinrich Weinstock, Stuttgart (Kröner) 1954, S. 49.

b) Perikles ließ großartige Bauten errichten. Der griechische Schriftsteller Plutarch (46–120 n. Chr.) schreibt:

Was aber der Stadt Athen großartigen Schmuck schenkte, was bei den anderen Völkern staunende Bewunderung weckte, das beschimpften unter allen Staatshandlungen des Perikles seine Gegner am lautesten, und darüber schmähten sie in den
5 Volksversammlungen am bissigsten. Da riefen sie: „Das Volk hat seinen guten Namen verloren, da es den Bundesschatz, der allen Griechen gemeinsam gehört, aus Delos zu sich nach Athen geholt hat (454 v. Chr.) ... Nun glaubt Griechenland, den ärgsten Schimpf zu erleiden und mit offenbarer Tyrannei
10 behandelt zu werden, da es sehen muss, wie wir mit den Beiträgen, die es nur gezwungen für den Krieg gegen die Perser aufgebracht hat, unsere Stadt vergolden, die sich mit prächtigen Steinen, Bildern und Tempeln behängt wie ein eitles Weib."

Plutarch: Perikles 12. Zitiert nach: Plutarch, hrsg. und übertr. von Walter Wuhrmann, Stuttgart (Reclam) 1981 © Artemis, Zürich.

1 Berechne mithilfe von M3 die Gesamtzahlen für die Bevölkerungsgruppen der Polis. Was lässt sich über die Bevölkerungsdichte aussagen? Wie hoch war der Anteil der Einwohner Attikas, die in der Politik mitbestimmen durften?

2 Lies die Quellentexte M4 und M5. Welche unterschiedliche Beurteilung erfährt Perikles? Notiere die guten und schlechten Aussagen über Perikles in einer Tabelle. Wie beurteilst du die Taten dieses Politikers?

Athen: Reichtum und Größe

M1 Die Akropolis von Athen (Rekonstruktionszeichnung)
① Propyläen (Eingangshallen)
② Standbild der Göttin Athene
③ Erechteion (Tempel eines griechischen Helden)
④ Parthenon
⑤ Tempelchen der Siegesgöttin Nike

Athen stellt seine Macht dar. Mithilfe der Gelder aus dem Attischen Seebund sowie seiner Einnahmen aus Wirtschaft und Handel kam es in Athen im Bereich Kunst, Architektur (S. 98f.) und Theater (S. 102f.) zu einer einzigartigen kulturellen Entwicklung. Um die Mitte des 5. Jh. v. Chr. galt Athen als größte, reichste und schönste Stadt Griechenlands. Unvergängliche Kunstwerke wurden geschaffen. Die eindrucksvollen Tempel der Akropolis, Tempelberg und religiöses Zentrum Athens, sah der Besucher schon von weitem. Nach den Zerstörungen durch die Perserkriege ließ Perikles die Stadt wieder aufbauen. Viele Menschen erhielten dadurch Arbeit bzw. verdienten an den Bauaufträgen: Kupferschmiede, Zimmerleute, Steinmetze, Bildhauer, Bearbeiter von Gold und Elfenbein, Maler und Bildschnitzer sowie Schiffsoffiziere, Matrosen, Fuhrleute, Wagen- und Straßenbauer.

Wirtschaft und Handel. In der Polis Athen lebte der Großteil der Bevölkerung als einfache Bauern. Der Ertrag der Böden war gering, Getreide musste importiert werden. Nur Großgrundbesitzer konnten ihre Produkte wie Wein und Oliven exportieren. Am Pentelikon gewann man hochwertigen Marmor, im Süden Attikas wurde von tausenden von Sklaven Silber abgebaut (Lauriongebirge), viele Rohstoffe mussten eingeführt werden. Große Handwerksbetriebe konzentrierten sich in Athen. So galten u. a. Tonwaren als besonders Gewinn bringende Exportprodukte. Drehpunkt für die Fischerei und den Seehandel, vor allem für die Einfuhr von Getreide, war der Hafen Piräus, der nur einige Kilometer von Athen entfernt lag. Sklaven gehörten zu den wichtigsten „Frachtgütern", die in Piräus ankamen. Der Handel brachte der Stadt weitere Einnahmen. Für alle ein- und ausgeführten Waren musste ein Zoll von zwei Prozent des Warenwertes entrichtet werden. Die vielen Arbeitsplätze, Steuergelder, Hafengebühren und Zölle füllten die Staatskassen und vermehrten zugleich den Reichtum der athenischen Bürger.

Metöken. Die Vollbürger der Polis waren nur ein Teil der Bevölkerung Athens, denn die Wirtschaftszentren Athen und Piräus zogen zahlreiche Fremde an. Blieben sie auf Dauer und waren persönlich frei, wurden sie ▶ Metöken (= Mitbewohner) genannt. Diese mussten – anders als die Vollbürger – ihrem Einkommen entsprechend Abgaben und Steuern zahlen und hatten keine politischen Rechte. Auch konnten sie sich vor Gericht nur durch einen Bürger Athens vertreten lassen. Kriegsdienst leisteten sie als Ruderer oder im Landheer. Im Gebiet der Polis durften sie weder Häuser noch Grundbesitz kaufen. Deshalb waren sie meist keine Bauern, sondern verdienten als Kleinhändler oder Handwerker ihren Lebensunterhalt und verfügten ähnlich wie viele Bürger Athens über ein durchschnittliches Einkommen. Einige Metöken waren als Kaufleute und Schiffsbesitzer wirtschaftlich sehr erfolgreich.

■ **M2 Die Lage von Piräus und die der Stadt Athen**

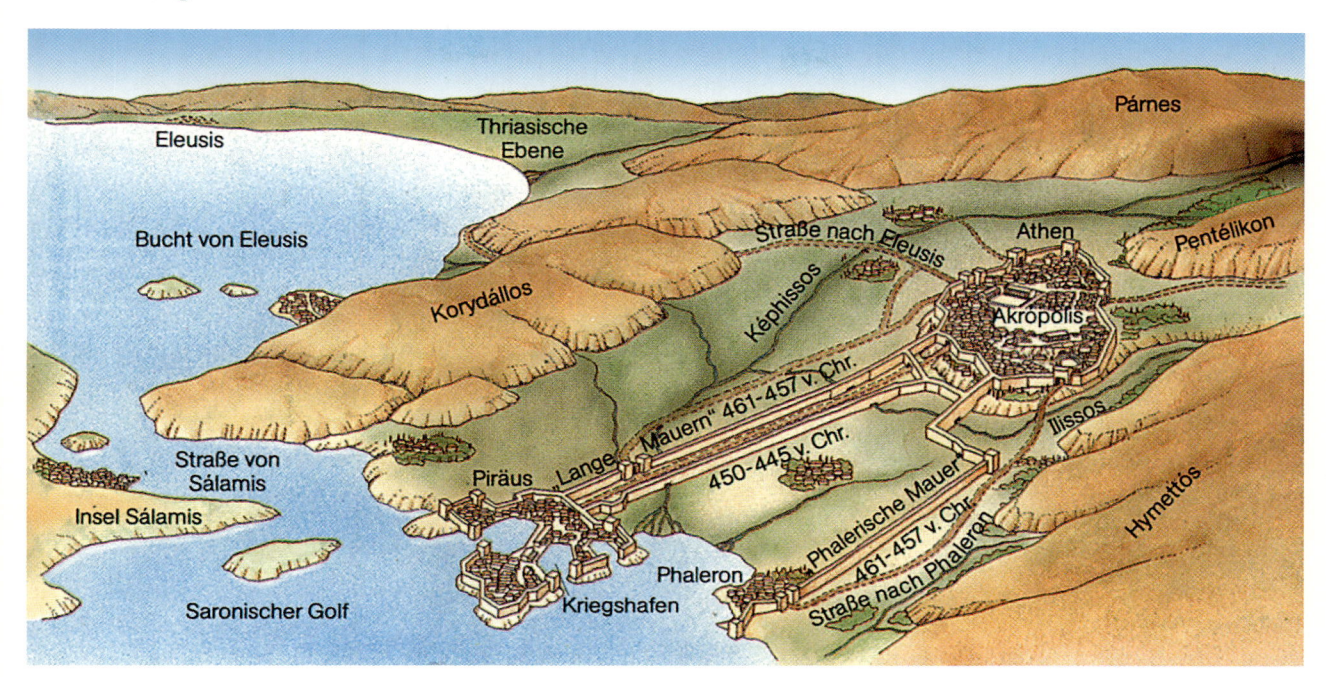

Piräus, der Hafen von Athen, galt als die Lebensader der Stadt. Daher wurde er nach den Perserkriegen in die Stadtbefestigungen miteinbezogen. Die Mauer war 13 km lang, 5 m stark und schloss alle Hafenbuchten ein. Die Stadt Piräus hatte einen schachbrettartigen Aufriss mit Reihenhäusern; sie wurde zum Vorbild für viele andere Hafenstädte.

■ **M3 Beispiele für Löhne und Preise**

Bergwerksarbeiter am Tag	1 Drachme
Sklave im Bergwerk	3 Obole (2 davon für Unterhalt, 1 für den Besitzer)
Besuch der Volksversammlung	1 Drachme
Richtertätigkeit	3 Obole
Fischgericht	1 Obolos
Kinderspielzeug	3 Obole
Schuhe	8 Drachmen
Bau des Parthenon	3 Millionen Drachmen

Zum Vergleich: Ein Handwerkerlohn betrug im Durchschnitt 15 Drachmen pro Monat. 1 Drachme = 6 Obole.

M4 Handwerker – ein erstrebenswerter Beruf?
Der Schriftsteller Xenophon (ca. 430–354 v. Chr.) lässt einen Griechen die Stellung der Handwerker innerhalb der attischen Gesellschaft beschreiben:
Denn die so genannten handwerklichen Beschäftigungen sind verschrien und werden aus Staatsinteresse mit Recht verachtet. Sie schwächen nämlich den Körper des Arbeiters, da sie ihn zu einer sitzenden Lebensweise und zum Stuben-
5 hocken zwingen oder sogar dazu, den Tag am Feuer zuzubringen. Wenn aber der Körper verweichlicht wird, leidet auch die Seele. Auch halten diese so genannten spießbürgerlichen Beschäftigungen am meisten davon ab, sich um die Freunde und den Staat zu kümmern. Daher sind solche Leute unge-
10 eignet für den Verkehr mit Freunden und die Verteidigung des Vaterlandes. Deshalb ist es in einigen Städten, am meisten aber in denen, die den Krieg lieben, keinem Bürger erlaubt, sich einer handwerklichen Beschäftigung zu widmen.
Zitiert nach: Xenophon: Die sokratischen Schriften, übertr. und hrsg. von Ernst Bux, Stuttgart (Kröner) 1956.

1 Lies in einem Lexikon über die Gebäude auf der Akropolis nach. Im Internet findest du dazu ebenfalls viele Informationen. Siehe auch Seite 99. Berichte darüber kurz vor der Klasse.

2 Beschreibe die Lage von Piräus (M2). Nimm dazu auch einen Erdkundeatlas zu Hilfe. Welche wichtigen Aufgaben erfüllte Piräus?

3 Die Handwerker waren für Athen sehr wichtig und dennoch genossen sie kein großes Ansehen. Erläutere dies anhand von M3 und M4. Wie siehst du das aus heutiger Sicht?

Reichtum – nur durch Sklaven?

Sklaven – keine Menschen. Die Sklaverei war im Altertum im ganzen Mittelmeerraum verbreitet. Eine bedeutende Rolle spielte sie auch in Griechenland. Im 5. Jh. v. Chr. war in der Polis Athen etwa jeder dritte Bewohner ein Sklave. Ein Sklave galt als Sache, hatte also keine persönlichen Rechte, und konnte wie ein Gegenstand verkauft, verschenkt, vererbt, vermietet und verpfändet werden.

Wie wurde man Sklave? Schon in den Sagen Homers ist die Sklaverei das Schicksal, das allen Kriegsgefangenen drohte, sofern man ihnen das Leben ließ. Es kam auch vor, dass ein Sklave von seinen Familienangehörigen freigekauft wurde. Auch bei Städten, die in die Hand der Feinde fielen, konnten die gesamten Einwohner als Sklaven fortgeführt werden. 413 v. Chr. z. B. gerieten einige Tausend freier Athener in syrakusanische Gefangenschaft (s. S. 104f.). Sie arbeiteten dort bis zu ihrem Tod in den Steinbrüchen. Eine weitere große Gefahr, Sklave zu werden, drohte durch Seeräuber. Sie verkauften ihre Gefangenen entweder auf Sklavenmärkten im gesamten Mittelmeergebiet oder warteten auf Lösegeldzahlungen der Angehörigen. Auch Armut konnte zur Sklaverei führen. Wer seine Schulden nicht bezahlte, wurde in die Sklaverei verkauft, der Erlös fiel dem Schuldner zu. Ein Familienvater hatte sogar das Recht, seine Kinder zu verkaufen. Und wer als mittelloser Tagelöhner Hunger leiden musste, konnte sich selbst an einen Herrn verkaufen, der für seinen Unterhalt sorgen würde. Kinder von Sklaven waren natürlich auch Sklaven. So wurde Sklaven oft erlaubt, eine Familie zu gründen, um neue Sklaven zu erhalten.

Sklaven in Sparta: Die Heloten. In einer kriegerischen Auseinandersetzung von über 20 Jahren gelang es den Spartanern, ihren Machtbereich um die Polis Sparta nach Süden auszuweiten und ganz Messenien unter ihre Herrschaft zu bringen (s. S. 80ff.). Das Schicksal der Unterlegenen war hart. Sie verloren ihr Land und ihre Freiheit und wurden versklavt. Im Gegensatz zu Sklaven in anderen griechischen Poleis unterschieden sich die Heloten, wie sie die Spartaner nannten, dadurch, dass sie dem Staat gehörten. Sie lebten in eigenen Familien zusammen und bearbeiteten für die ihnen zugeteilten spartanischen Herren das Land. Sie hatten aber keinerlei Rechte und wurden wie Sachen behandelt. Da sie zudem von ihrer Anzahl her die Spartaner bei weitem übertrafen, war es kein Wunder, dass es immer wieder zu Aufständen kam.

Sklaven in Athen. Auch in Athen waren Sklaven in vielen Lebensbereichen unentbehrlich. Staatssklaven gab es als Ordner bei den Volksversammlungen, als Straßenkehrer, als Polizisten, Gefängniswärter oder als Henker. Im Krieg verwendete man sie als Hilfssoldaten. Vor allem aber brauchte man Sklaven für die südlich von Athen im Laureiongebirge gelegenen Silberbergwerke, wo bis zu 20 000 Arbeitskräfte eingesetzt wurden, die Athens Reichtum sicherten.
Im Gegensatz zu Sparta gab es aber auch sehr viele Haussklaven. Sie waren Privateigentum ihrer Besitzer und gehörten zum Oikos, nahmen an Familienfesten teil und verehrten die Familiengötter. Nicht selten wurden sie nach ihrem Tod auch in der Grabstätte der Familie beigesetzt. Sklavinnen halfen in der Regel als Dienstmädchen der Hausfrau, während Sklaven als Koch, Lehrer, Erzieher oder Heilkundige tätig waren. Die meisten männlichen Sklaven arbeiteten jedoch in der Landwirtschaft oder als billige Arbeitskräfte in den Werkstätten der freien Handwerker.

Die Freilassung. Die Freilassung war für Sklaven die größte Belohnung für lange und treue Dienste. Allerdings galt der ehemalige Sklave dadurch noch lange nicht als vollberechtigter Bürger. Oft waren Freilassungsverträge mit der Pflicht zu fortdauernden Dienstleistungen für seinen früheren Herrn verbunden. In vielen Fällen mussten die Sklaven sich auch selbst frei kaufen und innerhalb einer bestimmten Frist den Freikaufpreis zurückzahlen, sonst drohte erneute Sklaverei. Die Höhe des Preises richtete sich dabei nach ihrem „Gebrauchswert": Je besser ein Sklave ausgebildet war, um so mehr musste er für sich selbst zahlen.

M1 Der griechische Philosoph Aristoteles (384–322 v. Chr.) über die Sklaverei

Manche Lebewesen zeigen gleich bei ihrer Entstehung so große Unterschiede, dass die einen zum Dienen, die anderen zum Herrschen bestimmt erscheinen. Es gibt viele Arten dienender Wesen, z. B. Tiere und Sklaven. Es ist vorteilhafter
5 über einen Menschen zu herrschen als über ein Tier, denn er bringt eine bessere Leistung. Und nur auf die kommt es an! Alle, deren Leistung aus körperlicher Arbeit besteht, sind von Natur aus Sklaven, und für sie ist es besser, in diesem Dienstverhältnis zu leben ...

Es ist klar, dass es von Natur aus freie Bürger und Sklaven gibt und dass das Dienen für die Sklaven notwendig und gerecht ist. Es herrscht der Freie über den Sklaven. Der Sklave besitzt nicht die Gabe, sein Leben selbst zu gestalten.
Aristoteles: Politik, 1254b, übers. und eingel. von Wilhelm Nestle, Stuttgart (Kröner) 1977, S. 290f.

M2 Sklaven in einer Tongrube
(Tontäfelchen, um 600 v. Chr.)

M3 Der griechische Geschichtsschreiber Diodor (um 90–21 v. Chr.) über Bergwerkssklaven

Die Sklaven, die im Bergbau beschäftigt sind, bringen ihren Besitzern unglaubliche Einkünfte; sie selbst aber müssen unterirdisch graben, bei Tage wie bei Nacht, gehen körperlich zugrunde, und viele sterben infolge der übermäßigen An-
5 strengung – denn Erholung oder Pausen in der Arbeit gibt es nicht; Aufseher zwingen sie mit Schlägen, die furchtbaren Leiden zu ertragen, bis sie elend ihr Leben aushauchen; wenige nur, die Körperkraft und seelische Widerstandsfähigkeit genug haben, halten durch – und verlängern damit nur ihre
10 Qual. Denn erstrebenswerter als das Leben wäre für sie der Tod wegen der Größe ihres Elends.
Diodoros 5,36ff. Zitiert nach: Stoa und Stoiker. Die Gründer, eingel. und übertr. von Max Pohlenz, Zürich/Stuttgart (Artemis) 1950.

M4 Ein unbekannter athenischer Autor (430 v. Chr.) über die Sklaven

Bei den Sklaven hingegen und den Schutzbürgern (den ausländischen Metöken) herrscht in Athen größte Zuchtlosigkeit, und man darf dort den Sklaven weder schlagen, noch wird er dir bescheiden ausweichen. Wenn aber einen das wundert,
5 dass sie hier die Sklaven üppig werden lassen, ja dass sie einige sogar auf großem Fuße leben lassen, auch das tun sie (die Athener) mit Absicht. Denn wo es eine Seemacht gibt, ist es notwendig, dass die Sklaven für Geld arbeiten, damit man als Herr von ihrer Tätigkeit wenigstens Abgaben bekommt. So
10 haben wir selbst für die Sklaven freie Meinungsäußerung eingeführt gegenüber den Freien (Athenern).

M5 Ein heutiger Historiker über Preise für Sklaven

Für einen Knaben 70 Drachmen, für einen guten Handwerker 300 Drachmen, für ein schönes Mädchen 300 Drachmen, für einen Bergbaufachmann 6 000 Drachmen.
Vergleich:
5 Ein Handwerker verdiente monatlich 15 Drachmen.
Zitiert nach: Heinz D. Schmid: Fragen an die Geschichte 1, Frankfurt am Main (Hirschgraben)[7] 1981, S. 58.

M6 Ein freier Tagelöhner aus Athen

Wieviel besser ist es doch, einen anständigen Herren zu bekommen, als niedrig und schlecht als Freier zu leben.
Philemon, Fragmente 227k. Vom Verfasser übersetzt.

1 Welche Ansichten vertreten die Autoren von M1 und M4 über die Sklaverei?
2 Berichte unter Einbeziehung des Autorentextes und der Quellen über das unterschiedliche Schicksal der Sklaven.
3 Diskutiert gemeinsam die Behauptung des Atheners in M6. Beziehet dabei auch die unterschiedliche Behandlung und deren Gründe (M4–M5) mit ein.
4 Vergleiche die Lage von Bürgern, Metöken (s. S. 90f.) bzw. Sklaven (persönliche, wirtschaftliche und politische Situation).

Alltag in Athen

Athen – eine Männergesellschaft. Die Vorrechte des Mannes wurden als selbstverständlich von den Göttern gegeben angesehen. Nach Beendigung der Schulzeit fand eine Zeremonie statt, die zur Aufnahme in die Männerwelt führte. Dazu wurde den Heranwachsenden das lange Haar der Kindheit abgeschnitten und einem Gott geopfert. Mit 18 Jahren mussten die jungen Männer den zweijährigen Militärdienst antreten. Während dieser Dienstzeit wurden sie durch ein spezielles Training im Bogenschießen, Speerwerfen und im Kampf in schwerer Rüstung zu Soldaten ausgebildet. Diese jungen Männer sicherten im zweiten Jahr ihres Dienstes die Grenzen Attikas. Nach der Militärzeit war der Athener mit 20 Jahren ein vollberechtigter Bürger der Polis und konnte an den politischen Entscheidungen mitwirken bzw. Ämter übernehmen.

Wohnen und Essen. Der Haushalt eines wohlhabenden Bürgers umfasste neben den Eltern meist nur wenige Kinder, aber auch die Großeltern väterlicherseits und die Diener. Die Privatsphäre des Hauses galt es zu schützen. Das zeigte sich in der Raumanordnung: Frauen und Männer hatten getrennte Räume; die der Frauen lagen meist im ersten Stock. Im Erdgeschoss empfing der Mann seine Besucher. Im Parterre lagen auch die Werkstätten, Schlaf- und Vorratskammern.

■ **M1 Schnitt durch ein attisches Haus** *(gezeichnet nach Ausgrabungen). Auch vornehme Athener Bürger lebten in verhältnismäßig einfachen Häusern.*

Das Familienleben spielte sich vor allem auf dem Hof ab. Hier arbeitete der Mann, hier kochte die Frau auf einem kleinen Tonherd, hier spielten die Kinder. Die Hauptmahlzeit nahm die Familie am Abend zu sich: Brot oder Getreidebrei, Oliven, Obst und Gemüse, manchmal auch Fisch, selten Fleisch. Dazu trank man Wasser oder mit Wasser verdünnten Wein.

Geschäftiges Treiben auf der Agora. Während sich der Großteil der Frauen die meiste Zeit im Haus aufhielt, gingen die vornehmen Athener ihren Tätigkeiten außer Haus nach. Oft traf man sich aber auch auf der ▶ Agora, einem offenen Platz unterhalb der Akropolis. Dort kauften die Männer, begleitet von Sklaven, die Nahrungsmittel für das tägliche Essen ein. Ein dichtes Gedränge herrschte meist um die Mittagszeit vor den Ständen, wo die Händler Gewürze, Obst, Gemüse, Knoblauch, Olivenöl, Wein und vieles andere anboten. Es gab auch kleine Imbissstuben. Darüber hinaus war die Agora eine Art politisches Zentrum. Hier wurden Nachrichten ausgetauscht, Gesetze und Richtersprüche diskutiert; Händler berichteten über ferne Länder. Tagelöhner warteten auf dem Marktplatz auf eine Anstellung, Sklaven konnten gekauft und verkauft werden.

Feste feiern. Schon Homer hatte von festlichen Gastmahlen und großen Tischgemeinschaften des Adels berichtet (s. S. 70f.). Das Festbankett wurde zum Trinkgelage, dem Symposion, bei dem sich meist bis zu zehn Männer der gleichen gesellschaftlichen Stellung begegneten. Man traf sich allabendlich im Andron, dem Männerraum eines Haushalts. Beim Symposion trank man mit Wasser vermischten Wein. Trinklieder wurden gesungen, Tänzerinnen, Gaukler und Akrobaten unterhielten die Zecher. Dennoch stand häufig auch der gedankliche Austausch im Vordergrund. Erzählt wurde von Kriegen und tapferen Taten, die aristokratischen Werte galten auch den Bürgern als Leitbilder. Das Gelage war keine reine Privatveranstaltung, oft demonstrierten die Trinkgefährten ihren Zusammenhalt und ihre Festfreude bei einem öffentlichen Umzug durch die Stadt, indem sie ausgelassen tanzten und laut sangen. Eine weitere Bereicherung des Alltags stellten große Feste, die zu Ehren der Götter veranstaltet wurden, dar. Dabei fanden große Festzüge statt.

M2 Die Agora von Athen (gezeichnet von einem Künstler unserer Tage)

M3 Händler auf dem Markt (Vasenmalerei, um 550 v. Chr.)

M5 Tänzerin vor den Zechern eines Gelages (Vasenmalerei, 4. Jh. v. Chr.)

M4 Beim Fischverkäufer (Vasenmalerei, um 450 v. Chr.)

1 Erstelle eine Reportage. Beschreibe den Alltag auf der Agora. Beziehe dazu M2–M4 und den Autorentext mit ein.
2 Der „Terminkalender" eines attischen Bürgers: Gib einige Stichpunkte für den Ablauf einer Woche an. Lies auch auf S. 88f. nach.
3 Erläutere den Bildinhalt von M5 und schildere die Stimmung. Was bedeutet „Symposion" heute?

95

Frauen und Kinder im antiken Athen

Frauen: angesehen – aber rechtlos. Keine Frau in Athen wurde mehr verehrt als die Schutzgöttin Athene. Für sie baute man den schönsten Tempel auf der Akropolis (s. S. 90), fertigte kostbare Statuen an und feierte alle vier Jahre ein großes Fest. Auch Priesterinnen waren sehr geschätzt. Frauengestalten kamen als Heldinnen in den Theaterstücken des 5. Jh. v. Chr. vor. Angesehen waren die Frauen von attischen Bürgern, die ihrem Mann einen Sohn aus rechtmäßig geschlossener Ehe schenkten. Nur solche Nachkommen erhielten das Bürgerrecht. Frauen in den antiken Bildern wurden immer jung und schön dargestellt.

Doch diese Wertschätzung des weiblichen Idealbildes stand im Gegensatz zur Wirklichkeit: Frauen spielten keine Rolle im öffentlichen Leben. Lebenslang standen sie unter der Vormundschaft ihres Vaters, Ehemanns oder eines anderen männlichen Verwandten. Der Vater bestimmte den Ehemann. Eigener Besitz oder Geschäftstätigkeit wurde nur in begrenztem Rahmen zugelassen.

Die wohlhabenden Athenerinnen blieben die meiste Zeit zu Hause und beaufsichtigten die Sklaven, die den größten Teil der Hausarbeit erledigten. Frauen aus einfachen Familien konnten es sich nicht leisten zu Hause zu bleiben. Sie arbeiteten auf dem Feld oder in der Werkstatt, mussten Wasser aus den öffentlichen Brunnen holen oder Waren auf dem Markt verkaufen.

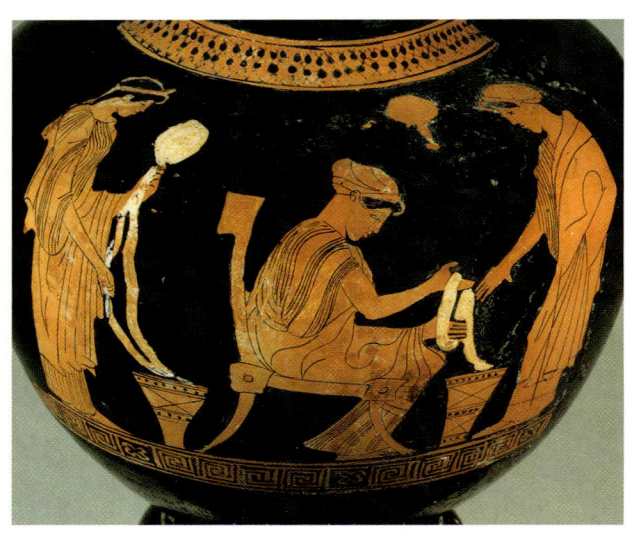

M1 Herrin und Dienerinnen beim Wollewirken *(Vasenmalerei, um 450 v. Chr.)*

Kinder und Jugendliche. Kam ein Kind zur Welt, entschied der Vater über die Aufnahme des Kindes in die Familie. Lehnte es der Vater ab, wurde es ausgesetzt. Vor allem die Geburt eines Sohnes war der Wunsch eines jeden Atheners und wurde besonders gefeiert. Um die Babys und Kleinkinder kümmerten sich in reichen Haushalten Ammen – ansonsten zogen die Mütter ihre Kinder auf.

M2 Tanzunterricht *(Vasenmalerei, um 420 v. Chr.)*

Mit etwa sieben Jahren begann die Ausbildung. Den Mädchen wurden praktische Fertigkeiten vermittelt, wie z. B. Spinnen und Weben oder die Fähigkeit einen Haushalt zu führen. Manche Eltern sorgten auch dafür, dass ihre Töchter schreiben und lesen, tanzen und ein Musikinstrument spielen konnten. Die Mädchen blieben unter der Obhut der Mutter, bis sie heirateten. Die Jungen kamen mit sieben oder acht Jahren unter die Aufsicht eines „paidagogos" (griech. pais, paidos = Knabe; agein = leiten, führen), eines Dieners, meist eines Sklaven, der die Erziehung übernahm. Die Schüler mussten die Erzählungen von Homer und anderen Dichtern auswendig aufsagen können. Mathematische Grundkenntnisse, aber auch Gesang und das Spielen von Instrumenten, z. B. der Flöte und der Lyra, gehörten zum Unterricht.

Der sportlichen Erziehung wurde große Bedeutung zugemessen. Auf die Ausgewogenheit dieser geistigen, musischen und sportlichen Bildung legte man großen Wert. Der Schulbesuch kostete Geld. Die Söhne der reichen Familien genossen danach eine Ausbildung in Philosophie (s. S. 100f.) und Rhetorik, der Kunst des guten und eindrucksvollen Redens. In einer Stadt wie Athen, wo man in der Volksversammlung mitreden konnte und andere überzeugen musste, war dies besonders wichtig.

M3 Die unterschiedliche Rolle der Geschlechter
Xenophon (ca. 430–354 v. Chr.) schreibt:
Da beide Arten von Arbeit nötig sind, die draußen und drinnen, schuf Gott die Natur des Weibes für die Arbeiten im Haus, die des Mannes für die Arbeiten außerhalb des Hauses. Denn der Mann ist mehr dazu geschaffen, Kälte und Wärme,
5 Märsche und Feldzüge zu ertragen. Daher trug der Gott ihm die Arbeiten außerhalb des Hauses auf. Der Körper der Frau ist weniger widerstandsfähig, deshalb ist sie besser für die Arbeiten im Hause geeignet. Da sie aber mehr dazu befähigt ist, die kleinen Kinder aufzuziehen, gaben ihr die Götter die
10 größere Liebe ... Dass die Natur des Weibes furchtsamer ist als die des Mannes, darin sahen die Götter keinen Mangel. Dem Manne aber gaben sie mehr Kühnheit, da es zuweilen nötig sein könnte, sein Hab und Gut gegen zugefügtes Unrecht zu verteidigen. Weil aber beide Teile geben und
15 nehmen müssen, verteilte er Gedächtnis und die Sorge in gleicher Weise. Daher kann man nicht unterscheiden, welches Geschlecht darin den Vorzug verdient, das männliche oder das weibliche.
Xenophon: Oikonomikos 7, 3ff. Zitiert nach: GiQ 1, S. 285.

M5 Griechischer Schulunterricht
(Malerei auf einer Schale, um 480 v. Chr.)

M4 „Moderne" Erziehung?
Der römische Dichter Plautus (um 250 v. Chr.) bearbeitete ein griechisches Theaterstück aus dem 4. Jh. v. Chr.
Darin beklagt sich der Pädagoge Lydus in einem Gespräch:
Aber du, der du einen so liederlichen Sohn in Schutz nimmst, bist du auf die gleiche Art und Weise erzogen worden, als du ein Junge warst? Ich denke, du hattest in den ersten zwanzig Jahren deines Lebens nicht die Freiheit, dich ohne deinen Pä-
5 dagogen auch nur einen Fingerbreit vom Hause zu entfernen. Wenn du nicht schon vor Sonnenaufgang in die Palästra (Ringerschule) kamst, wurdest du bestraft ... Die Jungen übten sich im Laufen, Ringen, Speerwurf, Diskuswerfen, im Faustkampf und im Weitsprung. Dort verbrachten sie ihre Zeit,
10 nicht in dunklen Ecken mit Mädchen und mit Küssen! Wenn du dann vom Sportplatz heimkamst, setztest du dich, ordentlich gegürtet, auf einen Stuhl zum Erzieher. Und machtest du beim Lesen auch nur einen Fehler, wurde dir die Haut so fleckig wie das Kleid der Amme! ... Aber heutzutage, wenn
15 der Pädagoge seinen Zögling nur mit der Hand berührt, dann wirft der Junge einem gleich die Schreibtafel an den Kopf. Geht man dann zum Vater, um sich zu beschweren, spricht dieser zum Sohne: „Du stehst unter meinem Schutz, bis du dich gegen Ungerechtigkeit wehren kannst!" Dann wird der
20 Pädagoge beschimpft: „He, du nichtsnutziger Kerl, dass du mir den Jungen ja nicht deswegen anrührst, weil er sich so helle benommen hat!"
Plautus: Bacchides 3, 405–415. Vom Verfasser übersetzt.

1 Beschreibe die Ausbildung der Mädchen anhand des Textes und M1–M2.
2 Wie begründet Xenophon (M3) die Rollenverteilung zwischen Mann und Frau? „Männer und Frauen sind gleichberechtigt", heißt es im Grundgesetz der Bundesrepublik Deutschland. Schreibe Xenophon eine Antwort aus heutiger Sicht.
3 Auf der Bemalung der Schale (M5) kann man eine Schulszene erkennen. Welcher Unterricht ist dargestellt? Wer sind dabei die erwachsenen Personen? Nimm dazu auch M4 zu Hilfe.
4 Vergleiche den Unterrichtsalltag im antiken Athen mit deinem. Beziehe auch M4 mit ein.
5 Welche Unterschiede im Leben der Frauen und Kinder/Jugendlichen in Athen und Sparta (s. S. 82f.) kennst du? Zähle einige auf.

Kunst und Architektur

Schönheit in Vollendung. Mit der Demokratie begann in Griechenland eine Blütezeit der Kultur. Das 5. und 4. Jh. v. Chr. als die klassische Zeit markiert den Höhepunkt griechischen Kunstschaffens. Bauten von vollendeter Harmonie und wohlgestaltete Skulpturen von zeitloser Schönheit prägen das Bild der griechischen Kunst bis heute. Im antiken Griechenland waren unzählige Kunstwerke in den Tempeln und auf öffentlichen Plätzen zu finden. Die Bildhauer wollten den menschlichen Körper als Idealbild zeigen. In allem Schönen sahen sie etwas Göttliches. Man sollte dem Bildwerk weder Schmerz noch Anstrengung ansehen. Auf Tempelwänden, in öffentlichen und privaten Bauten wurden bunt bemalte Bilder von Göttern angebracht, aber auch historische Ereignisse und Sagen bildhaft nacherzählt. Unzählige tausend Vasen und Schalen berichten uns vom Alltag der Griechen, ihren Festen und den griechischen Sagen.

Insgesamt umfasst die griechische Kunstgeschichte einige Jahrtausende. Ihre Entwicklung lässt sich in einzelne Epochen aufgliedern. Die Vorläufer reichen bis in das 3. Jahrtausend v. Chr. zurück. Aus jener Zeit stammen Marmorfiguren, die man auf den Kykladischen Inseln in der Ägäis gefunden hat. In der Zeit vom 8. bis zum 6. Jh. v. Chr. entwickelte sich – auch unter ägyptischem Einfluss – die Großplastik. Typisch für diese Epoche sind die Darstellungen junger Männer. Als frühe Beispiele der griechischen Kunst nennt man diese Plastiken archaisch (= aus der Frühzeit stammend). Charakteristisch für die Figuren dieser Zeit ist ihr rätselhaftes Lächeln.

M1 Kykladenidol
(um 2100 v. Chr., Marmor, ca. 50 cm)

M2 Kouros
(Statue aus Marmor, Mitte 6. Jh. v. Chr., lebensgroß)

M3 Nachbildung der Athene-Statue, die im Parthenon-Tempel stand
(Höhe des Originals 12 m)

M4 Athen als kultureller Mittelpunkt Griechenlands

Plutarch berichtet über die Bauten des Perikles:

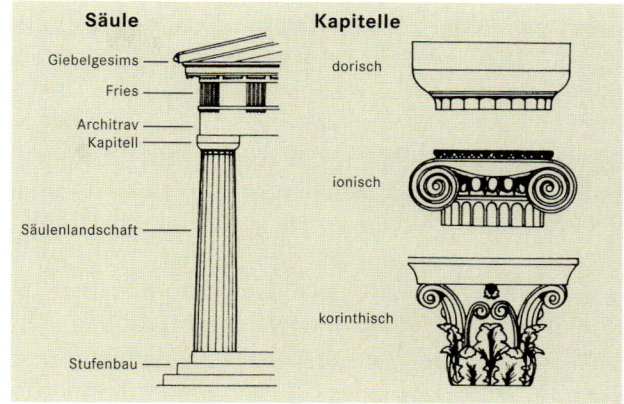

Als so die Bauten emporwuchsen in ihrer stolzen Größe, unnachahmlich in dem Reiz ihrer Formen, als die Handwerker wetteiferten, das Handwerk zur Kunst emporzuheben, da war doch das Wunderbarste die Schnelligkeit. Denn keins dieser Werke, glaubte man, würde je durch die Arbeit vieler Geschlechter nacheinander fertig werden; aber sie alle wurden in der glänzenden Zeit dieser einen Regierung vollendet ... Um so größere Bewunderung verdienen deshalb auch die Bauten des Perikles: in kurzer Zeit geschaffen für ewige Zeit.
Plutarch: Perikles 13.

M5 Ein Kongress in Athen?

Plutarch schreibt über die Einladung zu einem Kongress in Athen, der allerdings nicht stattfand:

Als sich allmählich bei den Spartanern der Neid auf die wachsende Macht der Athener regte, da suchte Perikles das Volk zu noch größerem Stolz und Selbstvertrauen zu erziehen. So veranlasste er einen Volksbeschluss, dass alle Griechen aus allen Teilen Europas und Asiens, große wie kleine Staaten, eingeladen werden sollten, Abgeordnete nach Athen zu einem Kongress zu schicken. Dort wollte man über den Neubau der griechischen Tempel, die von den Persern verbrannt worden waren, beraten, ferner über die Opfer, die man noch von den Perserkriegen her als Gelübde für Griechenland den Göttern schuldete, wie auch über die Sicherheit der Meere und einen dauerhaften Frieden. Zu diesem Zweck entsandte Athen zwanzig Männer, die über fünfzig Jahre alt waren ... Aber es fanden sich keine Abgeordneten der Staaten ein, weil, wie man sagt, die Spartaner im Stillen dagegen arbeiteten und jener Antrag zuerst auf der Peloponnes verworfen wurde ...
Plutarch: Perikles 17. Zitiert nach: Wilhelm Ax: Plutarch. Griechische Heldenleben, Stuttgart (Kröner) ⁶1953.

M6 Griechische Architekturmerkmale

Säule: Giebelgesims, Fries, Architrav, Kapitell, Säulenlandschaft, Stufenbau
Kapitelle: dorisch, ionisch, korinthisch

M7 Parthenontempel auf der Akropolis in Athen

---

1 Vergleiche die drei Figuren (M1–M3). Welche Veränderungen fallen dir auf? Achte besonders auf die Unterschiede in der naturgetreuen Wiedergabe und auf die Andeutung der Körperbewegungen. Welche der drei Figuren kommt dir am modernsten vor?

2 Was ist laut Plutarch (M4) das Besondere an den Bauten des Perikles?

3 Halte im Sinne von Perikles eine Rede an die Bürger, die heftige Kritik an den hohen Kosten für den prächtigen Wiederaufbau der zerstörten Tempel auf der Akropolis üben. Beziehe dazu auch die Seiten 89ff. mit ein.

4 Entwerft mit Hilfe von M5 die Tagesordnung für eine Friedenskonferenz in Athen und spielt den Kongress mit Vertretern aus dem gesamten griechischen Raum nach.

5 Beschreibe in M6 die Unterschiede zwischen den Säulenkapitellen. Welche Bauformen kannst du am Parthenon (M7) erkennen?

Wissenschaftliches Denken entsteht

Philosophie – die Fähigkeit sich zu wundern. Lange wurde die Natur und ihre Veränderungen auf das Handeln der Götter zurückgeführt. Zeus als Blitzeschleuderer war für Gewitter zuständig, Demeter für die Jahreszeiten, Poseidon für Stürme (s. S. 74f.). Aber es gab auch Menschen, die die Natur kritisch beobachteten und in ihr Gesetzmäßigkeiten feststellten. Die „Liebe zur Weisheit" (griech. philos = Freund, griech. sophia = Weisheit) trieb sie an, sie waren Philosophen.

Thales von Milet (625–547 v. Chr.) forschte im Bereich der Mathematik und Himmelskunde. Auf seinen Reisen nach Ägypten lernte er viel von anderen Kulturen kennen. Seiner Meinung nach war Wasser der Urstoff der ganzen Welt. Andere Naturphilosophen nahmen an, dass dieser Urstoff Feuer oder Luft sei. Demokrit (ca. 460–370 v. Chr.) dachte, alles in der Natur bestehe aus kleinen Bausteinen, deren zufällige Verbindung zu den verschiedensten Erscheinungen führe. Er nannte diese kleinsten Bausteine „Atome", d. h. nicht weiter teilbare Körper.

Sokrates (470–399 v. Chr.) dachte weniger über die Zusammensetzung der Natur als über die Frage der richtigen Lebensführung der Menschen nach. Er wollte wissen, was gut, tugendhaft und gerecht leben heißt. Einer seiner bekanntesten Aussprüche soll gewesen sein: „Ich weiß, dass ich nichts weiß." Sokrates wurde in Athen geboren und verbrachte viel Zeit damit, Menschen auf Marktplätzen und Straßen zu befragen und ihnen durch geschicktes Fragen Ansichten über eine moralisch gute Lebensführung zu entlocken. Er glaubte auch, dass jeder Mensch mit der eigenen Vernunft zwischen Recht und Unrecht unterscheiden könne. Im Jahre 399 v. Chr. wurde er u. a. angeklagt, die Götter nicht anzuerkennen, was als ein schweres Verbrechen galt. Er wurde zum Tode durch Gift verurteilt. Von ihm selbst gibt es keine Schriften, aber sein Schüler Platon (427–347 v. Chr.) schrieb seine Gespräche und Gedanken auf. Platon selbst fragte sich vor allem, auf welche Weise die Menschen am besten zusammenleben sollten und was der ideale Staat sei. Seiner Meinung nach sollten Philosophen Könige sein, denn der Staat müsse mit Vernunft geleitet werden.

Auch in der Medizin hält die Wissenschaft Einzug. In früheren Zeiten hatten die Griechen die Götter auch für Krankheiten verantwortlich gemacht. So wurden ansteckende Krankheiten oft als Strafe der Götter angesehen, andererseits glaubte man, die Götter könnten die Menschen heilen, wenn ihnen nur die richtigen Opfer dargebracht werden. Die wissenschaftliche Medizin begründete Hippokrates, der um das Jahr 460 v. Chr. auf der griechischen Insel Kos geboren wurde. Er lehnte Zaubermittel und Gebete zur Heilung ab. Stattdessen verschrieb er seinen Patienten Bäder, Massagen und verordnete eine gesunde Ernährung. Den nach ihm benannten Eid legen noch heute alle Ärzte ab.

M1 Der Heilgott Asklepios behandelt einen Jungen, der eine kranke Schulter hat
(Dankgeschenk, der Schenkende ist auf dem Relief dreimal abgebildet).
Das Heiligtum des Asklepios in Epidauros (Peloponnes) war acht Jahrhunderte lang der meist besuchte Wallfahrts-, Kur- und Festspielort der Antike. Dort gab es neben Hotels, Bädern und Brunnen auch Säle für den Heilschlaf, Sportstätten und ein Theater (s. S. 102/M1). Aus allen Teilen der griechischen Welt kamen Kranke und Erholungssuchende, um hier Genesung zu finden. Dabei war der Glaube an das Erscheinen des Gottes mit der Schlange eine wesentliche Voraussetzung für die Heilung.

M2 Schlaflose Nächte

So oder so ähnlich könnte sich ein Gespräch zwischen Sokrates und Kimon, dem Getreidehändler abgespielt haben.

Sokrates: Guten Tag, Kimon. Wohin gehst du?
Kimon: Zum Tempel, Sokrates, um den Göttern zu opfern.
Sokrates: Du bist ein frommer Mann, Kimon!
Kimon: Die Priester sagen es; denn ich opfere viel.
5 (kurze Pause)
Sokrates: Schläfst du eigentlich gut, Kimon?
Kimon: Bitte?
Sokrates: Schläfst du eigentlich gut?
Kimon: Wie meinst du das, Sokrates?
10 Sokrates: So, wie ich es gesagt habe: Schläfst du gut?
Kimon: Nein, Sokrates. Manchmal kann ich nicht einschlafen.
Sokrates: Warum denn nicht, Kimon?
Kimon: Ich liege im Bett und denke an mein Geschäft, ... an meinen Getreidehandel ...
15 Sokrates: Und daran, wie du dein Getreide am Gewinn bringendsten verkaufen kannst. Ist es nicht so, Kimon?
Kimon: So ist es!
Sokrates: An die hungernden Athener?
Kimon: Ja, Sokrates. Ich bin ja Getreidehändler. Und wenn ich
20 viel verdiene, kann ich auch viel opfern.
Sokrates: Und das gefällt den Priestern. Ist es nicht so, Kimon?
Kimon: So ist es, Sokrates.
Sokrates: Was sagen denn die Priester dazu, dass du nicht
25 einschlafen kannst?
Kimon: Sie meinen, ich leide an Verdauungsstörungen.
Sokrates: Und was meinst du dazu, Kimon?
Kimon: Sokrates, ich will versuchen, das zu erklären: In mir ist da etwas, das spricht zu mir ...
30 Sokrates: Eine Stimme?
Kimon: Ja, ... eine Stimme, Sokrates.
Sokrates: Was sagt sie denn, die Stimme in dir?
Kimon: Es sei nicht recht, dass ich das Getreide immer dann verkaufe, wenn die Athener am meisten Hunger haben und
35 deswegen am meisten zu zahlen bereit sind.
Sokrates: Aber du bist doch ein frommer Mann, Kimon. Auf die Stimme brauchst du doch nicht zu achten!
Kimon: Das geht nicht so einfach, die Stimme geht immer mit, Sokrates.
40 Sokrates: Vielleicht ist das ein Gott in dir, Kimon?
Kimon: In mir ein Gott, Sokrates?
Sokrates: Ja, eine göttliche Stimme, die weiß, was gut und böse ist, die keine Opfer braucht.
Kimon: Meinst du das wirklich, Sokrates?
45 Sokrates: Du musst es prüfen, Kimon. – Und das nächste Mal erzählst du mir, ob du wieder gut schlafen kannst.

Zitiert nach: Curriculum Geschichte, I. Altertum, Schülermaterial 1, Frankfurt (Diesterweg) 1975, S. 75f.

M3 Der Hippokratische Eid

Ärzte in Kleinasien entwickelten im 6. Jh. v. Chr. folgenden Eid, der bis heute noch seine Gültigkeit hat:

Ich schwöre bei Apollon, dem Arzt, und Asklepios ... und allen Göttern und Göttinnen, die ich zu Zeugen anrufe, dass ich diesen Eid und diese Niederschrift nach bestem Wissen und Können erfüllen werde ... Ich werde die Grundsätze der Le-
5 bensweise nach bestem Wissen und Können zum Heil der Kranken anwenden, dagegen nie zu ihrem Verderben und Schaden. Ich werde auch niemandem eine Arznei geben, die den Tod herbeiführt, auch nicht, wenn ich darum gebeten werde, auch nie einen Rat in dieser Richtung erteilen. Ich
10 werde auch keiner Frau ein Mittel zur Vernichtung keimenden Lebens geben ... Was ich in meiner Praxis sehe oder höre ... , darüber werde ich schweigen in der Überzeugung, dass man solche Dinge streng geheim halten muss. Wenn ich nun diesen Eid treu halte und nicht entweihe, dann möge ich von
15 meinem Leben und meiner Kunst Segen haben, bei allen Menschen zu jeder Zeit hoch geachtet; wenn ich ihn aber verletze und eidbrüchig werde, dann möge mich das Gegenteil hiervon treffen.

Zitiert nach: Hippokrates: Fünf auserlesene Schriften, eingel. und neu übertr. von Wilhelm Capelle, Zürich (Artemis) 1955, S. 179.

1 Schreibt über die auf dieser Doppelseite erwähnten Personen einen kleinen Lebenslauf – ähnlich dem der Schriftsteller auf der S. 103. Veranstaltet in der Klasse ein Quiz „Wer bin ich?"

2 Diskutiert, inwieweit der Satz „Ich weiß, dass ich nichts weiß" ein wirklich kluger Satz ist.

3 Arbeite aus dem Gespräch heraus, worauf Sokrates Wert legt und worauf Kimon (M2).

4 Warum ist auf dem Relief dieselbe Person dreimal dargestellt (M1)?

5 Würdest du dich als Kranker lieber einem Asklepios-Heiligtum anvertrauen oder dem Hippokrates? Begründe deine Meinung.

Theater als Wettstreit

Theater im antiken Athen. Das Bewusstsein zu einer Polis zu gehören, entstand insbesondere durch die Ausübung der gleichen Kulte und in der Politik, wo alle Vollbürger mitentscheiden konnten. Darüber hinaus gab es noch ein weiteres Gemeinschaftserlebnis, die Theateraufführungen.

In Griechenland, genauer in Athen, entstand auch das Theater. Manches erinnerte allerdings eher an einen sportlichen Wettkampf als an Festspiele. Die Aufführungen dauerten insgesamt fünf Tage. Am Ende entschieden zehn Richter, wer Sieger sein sollte, wobei das Publikum durch Beifall oder Äußerungen des Missfallens mitbestimmen konnte. Der Gewinner bekam einen Ehrenkranz aus Efeu und wurde in ganz Griechenland berühmt. Die Vorstellungen fanden im Frühling statt, und zwar während des Festes zu Ehren des Dionysos, des Gottes der Lebensfreude und des Weines. Der Eintritt war frei, denn wohlhabende Athener bezahlten die Schauspieler und Chöre, um Ansehen und Beliebtheit beim Volk zu erlangen. Dies konnte ihnen zum Beispiel bei Wahlen von Nutzen sein. Die Schauspieler waren ausschließlich Männer, die Masken trugen, um ihre Rollen und Gefühle zu verdeutlichen.

Wovon handeln die Theaterstücke? Während des Theaterfests führte man drei Tage Tragödien auf, daran anschließend einen Tag lang Komödien und an einem Tag wurden Gedichte vorgetragen. In den Komödien behandelten die Schriftsteller das Alltagsleben in der Polis teils witzig, teils bissig oder kritisierten und verspotteten bekannte Persönlichkeiten. Dies war ein Zeichen für die demokratische Meinungsfreiheit in Athen und für die Fähigkeit der Bürger und Regierenden, über sich selbst zu lachen. Der Inhalt einer Tragödie war ernst, spielte in der griechischen Sagenwelt und handelte von Menschen, die gegen ihre eigenen oder gegen göttliche Gesetze verstießen. Sie stürzten sich in großes Elend, dem sie nicht mehr entkommen konnten. Bei diesen Stücken sollten die Zuschauer Mitleid oder Furcht empfinden und dadurch belehrt zu guten Menschen erzogen werden.

Noch heute werden einige der antiken Stücke aufgeführt. Sie sind keineswegs veraltet, da in ihnen menschliche Grundprobleme meisterhaft dargestellt werden, die nicht an Bedeutung verloren haben.

M1 Theater von Epidaurus
(Anfang des 4. Jh. v. Chr. gebaut und im 2. Jh. v. Chr. erweitert). 54 Sitzreihen boten 14 000 Zuschauern Platz. Auch heute finden dort Theateraufführungen statt. Im Vordergrund des Bildes sind Überreste des Bühnenhauses zu erkennen. Der Blick des Betrachters galt auch der umliegenden Landschaft, die als Kulisse diente.

M2 Theatermasken aus Ton
Die Maske bestimmt die Figur als weiblich oder männlich und drückt Charaktereigenschaften aus. Diese konnten selbst weit weg sitzende Zuschauer durch den übertriebenen Gesichtsausdruck erkennen. Der geöffnete Mund wirkte als Schalltrichter.

M3 Wer bin ich?

a) Geboren bin ich in Eleusis (bei Athen) als Sohn des Euphorion. Durch göttliche Berufung wurde ich Dichter: Dionysos erschien mir im Traum und sagte, ich solle eine Tragödie für sein Theaterfest in Athen dichten. 25 Jahre alt, nahm ich zum ersten Mal beim Theaterwettkampf teil, konnte diesen aber erst 15 Jahre später gewinnen. Insgesamt habe ich 13mal gesiegt und werde neben Homer als größtes Dichtergenie und Vater der griechischen Tragödie bezeichnet. In meiner Jugend spielte ich selbst in meinen Stücken mit.

b) Geboren wurde ich in Athen. Meine Freunde sagen, ich sei humorvoll und eine angenehme Persönlichkeit. Als Tragödiendichter habe ich weit über 100 Bühnenwerke geschrieben und dafür großen Beifall bekommen. Vor meiner Zeit wurden Tragödien immer als Trilogie (in drei Teilen) aufgeführt. Dies gefiel mir nicht so gut. Meine Stücke sind in sich abgeschlossen. Durch meinen Freund Perikles bin ich in hohen politischen Ämtern tätig gewesen, zum Beispiel 443 v. Chr. als Stratege und 441 v. Chr. als Schatzmeister des Attischen Seebundes.

c) Auch ich bin in Athen geboren und Schriftsteller. Doch im Gegensatz zu diesen Langweilern, die Tragödien verfassen, schreibe ich Komödien. Meine Zuschauer weinen nicht aus Angst und Trauer, sondern vor Lachen. In meinen Werken berichte ich mit viel Witz über die Politik, über das Leben und die Sitten in Athen.

1 Wer sind die hier vorgestellten griechischen Schriftsteller (Aischylos, Aristophanes, Euripides, Sophokles)? Lies in einem Lexikon nach und ordne zu. Von einem Dichter fehlt eine Biographie. Verfasse eine passende Beschreibung dieses Autors.

2 Antike griechische Theater waren nicht nur größer als unsere heutigen, sondern sie erfüllten auch eine andere Funktion. Sprich darüber.

3 Könntest du dir solche Theateraufführungen auch in Sparta vorstellen? Begründe.

4 Zeichne das abgebildete Theater M1 in dein Heft und beschrifte die wesentlichen Bestandteile. Man unterscheidet den Zuschauerraum, die kreisförmige Orchestra, in der der Chor auftrat, sang und tanzte, sowie Proskenion und Skene (Bühne bzw. Bühnengebäude).

5 Wählt Figuren der griechischen Götter- und Sagenwelt aus – z.B. die schöne Aphrodite, den wütenden Poseidon, den mutigen Herakles, den von harter Arbeit erschöpften Sisyphos oder Medusa mit ihrem Schlangenhaar – und skizziert dazu Masken, die ein Schauspieler im antiken Theater tragen könnte.

GESCHICHTE AKTIV/KREATIV
Projektidee: Ein antikes Theaterstück spielen

Auf der Doppelseite über die Götterwelt (s. S. 74f.) wird vom Streit zwischen Athene und Poseidon erzählt. Es geht darum, wer die Herrschaft über Athen bekommen soll. Lest euch diese Geschichte noch einmal durch und überlegt in Gruppen, wie man sie in ein antikes griechisches Theaterstück umwandeln könnte. Schreibt dazu zwei oder drei Szenen im Deutschunterricht. Beachtet, welchen Stil ihr benutzen wollt: Ihr könnt einen Chor vortragen lassen, dazu einen einzigen Schauspieler erzählen oder mehrere Schauspieler die Handlung spielen lassen. Entwerft entsprechende Masken in Zusammenarbeit in eurem Kunstunterricht. Wenn eure Stücke für eine Aufführung bereit sind, ist der Tag der Dionysos-Festspiele gekommen. Spielt euer Stück in der Klasse vor und stimmt am Ende ab, wer von euch in diesem Jahr den Efeukranz gewonnen hat.

Athens Niedergang im Bruderkrieg gegen Sparta

Das Ende. April 404 v. Chr.: Der spartanische Feldherr Lysander fährt mit einer Flotte in den athenischen Hafen Piräus ein. Die Athener müssen alle ihre Schiffe bis auf zwölf herausgeben; die „Langen Mauern" zwischen Stadt und Hafen (s. S. 91) werden unter der Begleitmusik von Flötenspielerinnen eingerissen. Athen liegt am Boden: Viele Bürger sind gefallen, Alte, Frauen und Kinder dem Hungertod nahe, die Felder der Bauern verwüstet. Zusätzlich verlangen Thebaner und Korinther, die Stadt, die so viel Unheil über Griechenland gebracht habe, müsse ausgetilgt werden. Doch die Spartaner behalten auch im Siegesrausch einen kühlen Kopf und erinnern daran, dass die Athener Griechenland einst vor den Persern gerettet haben. So bleibt die Polis bestehen – aber geschwächt, gedemütigt, unter der Kontrolle Spartas. Der Sturz des einst so stolzen Athen war das Ergebnis einer 27-jährigen Auseinandersetzung mit Sparta, des Peloponnesischen Krieges (431–404 v. Chr.). Welche Ursachen hatten zu ihm geführt, welche besonderen Ereignisse kennzeichnen ihn, warum wurde so lange und mit so verheerenden Folgen gekämpft?

Ursachen und Verlauf. Die Wurzeln des Peloponnesischen Kriegs reichten weit zurück: Nach den Perserkriegen zog sich Sparta auf die Peloponnes zurück, Athen hingegen gründete den Seebund (s. S. 86f.). Seitdem bestand eine Konkurrenz zwischen den beiden Großmächten, die sich immer wieder in kürzeren Kriegen gegeneinander oder gegen die Verbündeten der einen oder anderen Seite entlud. Schließlich eröffnete Sparta 431 v. Chr. den Entscheidungskampf, den die Athener provoziert und auf den sie sich längst vorbereitet hatten.

Der Krieg wurde von beiden Seiten mit großer Härte geführt. Schon vor seinem Ausbruch hatte sich die gesamte Bevölkerung Attikas hinter die „Langen Mauern" zwischen Athen und dem Hafen Piräus zurückgezogen. Während die Spartaner ungehindert Dörfer und Felder verbrannten und Ölbäume umhackten, führte die athenische Flotte Gegenschläge gegen Küstenorte auf der Peloponnes. Im zweiten Kriegsjahr brach unter den zusammengepferchten Menschen hinter den „Langen Mauern" die Pest aus und forderte tausende von Opfern, unter ihnen auch Perikles. Unentschieden wogte in den folgenden Jahren der Krieg hin und her, bis schließlich 421 v. Chr. ein Friedensvertrag zu Stande kam, der jedoch von Anfang an brüchig war.

M 1 Abschied des Kriegers *(Vasenmalerei, 430 v. Chr.)*

Versagt die Demokratie im Krieg? In Athen überredeten immer öfter ruhmsüchtige Politiker, ▶ Demagogen, d. h. Volksverführer, die Volksversammlung zu riskanten und unüberlegten Beschlüssen: 415 v. Chr. zog Alkibiades mit 6000 Hopliten und einer großen Anzahl von Ruderern gegen das mächtige Syrakus auf Sizilien; dieser Feldzug endete mit einer Katastrophe für Athen. 413 v. Chr. gerieten Athen und Sparta wieder direkt aneinander. Beide Seiten verloren mehrfach ihre Flotten und bauten neue. Nach einem großen Seesieg der Athener über die Flotte Spartas 406 bei den Arginuseninseln (an der Westküste der heutigen Türkei) kam ein Sturm auf, sodass ihre Strategen die Schiffbrüchigen nicht mehr retten konnten. Dafür verurteilte die Volksversammlung sie allesamt zum Tode – was sie danach bitter bereute. Zweimal machte Sparta Friedensangebote; die Volksversammlung jedoch schlug sie aus – die Massen in Athen wollten den Sieg.

Auf die Dauer hatten die Spartaner den längeren Atem, weil sie sich von der Persern mit Hilfsgeldern unterstützen ließen. 405 v. Chr. gelang es ihnen, die athenischen Schiffe noch am Strand zu zerstören. Die Bundesgenossen Athens gingen zu Sparta über. Auch jetzt noch gab es Demagogen, die vor der Volksversammlung das große Wort schwangen. Als aber die Spartaner mit ihren Schiffen den Nachschub abschnitten, musste Athen aufgeben. Nicht nur der Peloponnesische Krieg, sondern eine große Epoche athenischer und griechischer Geschichte war zu Ende.

M2 Ursachen und Charakter des Peloponnesischen Krieges

Thukydides (ca. 455–369 v. Chr.) schrieb eine Geschichte des Peleponnesischen Krieges. Seine kritische Art der Darstellung ließ ihn zum Begründer der wissenschaftlichen Geschichtsschreibung werden.

Nach gemeinsamer Abwehr der (Perser) schieden sich die Hellenen und unterstellten sich teils Athen, teils Sparta. Denn diese beiden Städte hoben sich ab als die mächtigsten; es herrschte die eine zu Lande, die andere mit ihren Schiffen.
5 Eine kurze Weile dauerte die Waffenbrüderschaft noch, aber dann entzweiten sich Sparta und Athen. So, dass sie die ganze Zeit von den Perserkriegen bis zu diesem jetzigen, im Wechsel von Waffenstillstand und Krieg, sei's gegeneinander, sei's gegen ihre abgefallenen Verbündeten, ihr Kriegswesen
10 wohl ausbildeten und umso erfahrener wurden, als sie ihre Übungen unter Gefahren abhielten …
Von allen früheren Taten war die bedeutendste der Perserkrieg, und doch kam dieser in zwei Seeschlachten und zweien zu Lande rasch zur Entscheidung. Dieser Krieg aber dehnte
15 sich schon der Dauer nach lang aus und brachte so vielerlei Leiden damals über Hellas herein wie sonst nie in gleicher Zeit. Nie wurden so viele Städte erobert und entvölkert, manche bekamen sogar nach der Einnahme eine ganz neue Bevölkerung. Nie gab es so viele Flüchtlinge, so viele Tote, durch
20 den Krieg selber und in Parteikämpfen. Zugleich suchten Erdbeben die weiteste Länderstrecken mit ungewohnter Wucht heim, Sonnenfinsternisse trafen dichter ein, als je aus früherer Zeit überliefert, dazu gab es mancherorts unerhörte Hitze und darauf folgend Hungersnot, und schließlich, nicht die ge-
25 ringste Plage, ja zum Teil Vernichterin, die Pest: All dies fiel zugleich mit diesem Krieg über die Hellenen her.

Thukydides: Geschichte des Peloponnesischen Krieges 1, 18, 23. Zitiert nach: Thukydides, hrsg. und übersetzt von Georg Peter Landmann, Bd 1, München (dtv) 1973, S. 36 (vereinfacht) © Artemis, Zürich.

M3 Der sizilische Feldzug und das Volk von Athen

Am eifrigsten betrieb Alkibiades den Feldzug. Er wollte unbedingt der Anführer werden und hoffte, er werde in dieser Stellung Sizilien und Karthago nehmen und, wenn es gut gehe, seine persönliche Lage mit Geld und Ruhm verbessern. Die
5 Athener waren unter dem Eindruck des Gehörten für den Zug nach Sizilien begeistert. Die Älteren hofften, es würde eine solche Kriegsmacht unter keinen Umständen scheitern; die streitbare Jugend verlangte die Fremde zu schauen und zu erleben und war guter Hoffnung, heil davonzukommen; der ge-
10 meine Mann aber erwartete, als Soldat zunächst einmal Geld zu verdienen, dann aber auch der Stadt neue Macht zu gewinnen, woraus sich ständiger Anlass zu Söldnerdiensten ergeben würde. Diese hemmungslose Begeisterung der Mehrheit schüchterte manchen ein, der nicht einverstanden war:
15 dass er ja nur nicht als schlechter Patriot (= Vaterlandsfreund) gälte, wenn er die Hand dagegen höbe. So hielt er den Mund. Die Athener beschlossen nun, den Feldherrn unbeschränkte Vollmachten zu geben.

Der Feldzug nach Sizilien überspannte die Kräfte der Athener und endete 413 in einer vernichtenden Niederlage.
Als die Nachricht nach Athen kam, wollten sie auch die besten Soldaten, die davongekommen waren, lange nicht glauben. Da sie es aber schließlich einsehen mussten, richtete sich ihre Wut gegen die Redner, die für die Fahrt Stimmung
5 gemacht hatten, gerade so, als ob sie nicht selbst abgestimmt hätten. Aufgrund dieses Geschehnisses stand Angst und höchste Bestürzung rings um sie herum. Dennoch kamen sie zu dem Beschluss, sie dürften, soweit ihnen noch Mittel zu Gebote standen, nicht nachgeben, sondern müssten eine
10 neue Flotte zusammenstellen, woher sie nur konnten, Holz und Geld zusammenschaffen, sich die Bündner sichern, im Staatshaushalt auf Sparsamkeit Bedacht nehmen. Wie das immer im ersten Schrecken beim Volk zu sein pflegt, waren sie bereit, sich in alles zu fügen.

Thukydides: Der große Krieg, übers. u. eingel. von Heinrich Weinstock, Stuttgart (Kröner) 1954, S. 100ff., 164f.

1 Beschreibe die in M1 abgebildete Szene. Berücksichtige den Entstehungszeitpunkt der Malerei.
2 Erläutere die Ursachen des Peloponnesischen Krieges (M2). Beziehe auch M4 auf S. 87. mit ein.
3 Erarbeite aus M2, worin Thukydides die Unterschiede zwischen den Perserkriegen und dem Peloponnesischen Krieg sieht.
4 Nenne und beurteile die Argumente des Thukydides, der Peloponnesische Krieg sei ein außergewöhnlicher Krieg (M2).
5 Der Zug nach Sizilien gilt als Folge einer maßlos gewordenen Demokratie. Erörtere dies am Text M3.

Alexander – der „Große"?

Makedoniens Könige als neue Macht in Griechenland. Auch nach dem Peloponnesischen Krieg blieben die Stadtstaaten Griechenlands untereinander zerstritten. Daher konnte Philipp II. (359–336 v. Chr.), der König von Makedonien im Norden von Griechenland, einen nach dem anderen mit seinem gefürchteten Heer besiegen und in den Hellenischen Bund unter seiner Führung zwingen. Philipp plante einen gemeinsamen Feldzug gegen die Perser. Doch mitten in den Vorbereitungen wurde er ermordet.

Sein Sohn Alexander trat 336 v. Chr. mit gerade einmal 20 Jahren die Nachfolge an. Der Philosoph Aristoteles war sein Lehrer gewesen. Alexander kannte die Sagen Homers und wollte es den Helden Achill und Herakles gleichtun. Die Machtpolitik seines Vaters setzte er konsequent fort. Rivalen und persönliche Feinde ließ er bedenkenlos umbringen; den Bund mit den griechischen Stadtstaaten erneuerte er. Theben widersetzte sich und wurde zur Strafe zerstört, die Bevölkerung versklavt; nur die Tempel blieben verschont. Das einst so mächtige Athen konnte sich nur durch rechtzeitige Unterwerfung retten.

Alexander: Pharao und persischer Großkönig. Im Jahre 334 v. Chr. brach Alexander mit einem gewaltigen Heer nach Asien auf. Obgleich die persische Armee weitaus stärker war, wurde sie in zwei großen Schlachten am Fluss Granikos und bei Issos 333 v. Chr. vernichtend geschlagen; der Großkönig Dareios III. entkam nur mit knapper Not. In diesen Kämpfen riskierte Alexander oft sein Leben und begeisterte so seine Soldaten, die ihm bedingungslos folgten. Durch die unzähligen Siege galt er vielen als göttlich. Nach der Eroberung Ägyptens feierte ihn die Bevölkerung wie einen Pharao. Als er in der Oase Siwa das Heiligtum des Zeus-Amun besuchte, begrüßten ihn die Priester als Sohn des obersten Gottes (s. S. 52f.) Nach Alexanders Sieg bei Gaugamela 331 v. Chr. konnte Dareios wieder entkommen; kurz darauf wurde er jedoch ermordet. Alexander ließ seinen Gegner ehrenvoll bestatten, dessen Mörder aber hinrichten. Die Königsstädte Babylon, Susa und Persepolis standen Alexander nun offen. In Persepolis ließ er den Königspalast als Rache für die Zerstörung der griechischen Heiligtümer durch die Perser im Jahre 480 niederbrennen. Damit war das Ziel des Krieges erreicht. Alexander herrschte nun über ein riesiges

M1 Alexanderschlacht
(um 70 v. Chr., 1831 in Pompeji gefundenes Fußbodenmosaik; 313 x 582 cm)
Bei diesem (teilweise beschädigten) Mosaik handelt es sich um eine römische Kopie des verlorenen griechischen Originals. Es zeigt den entscheidenden Augenblick der Schlacht: Alexander trifft auf Dareios.

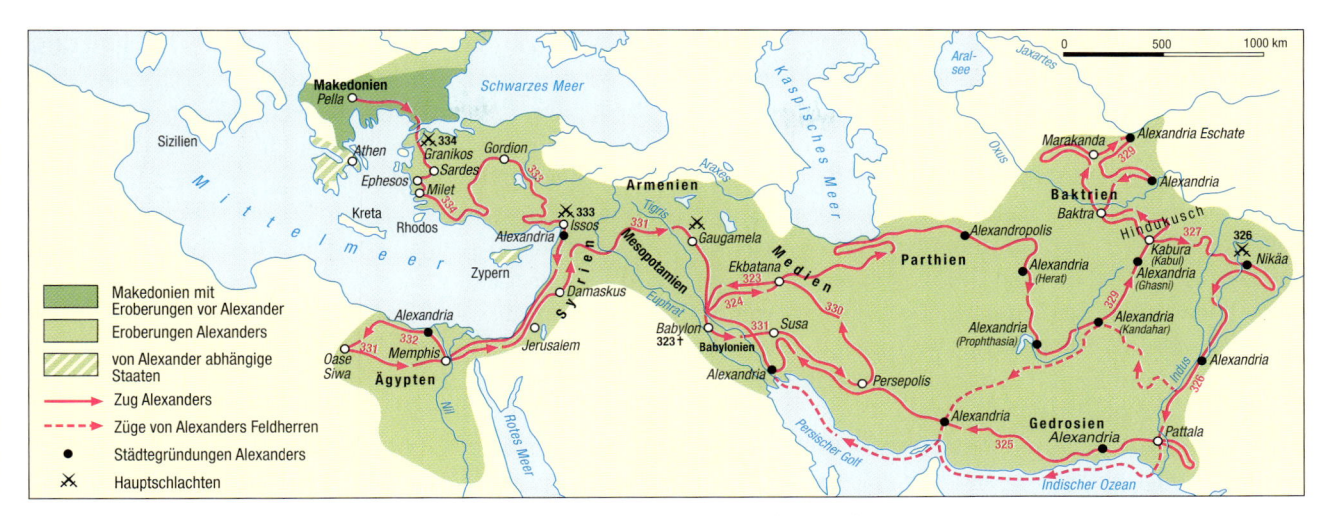

M2 Die Feldzüge Alexanders des Großen und die Ausdehnung seines Reichs

Gebiet und fühlte sich als Erbe der persischen Großkönige. Er trug persische Kleidung. Seine Untergebenen mussten sich vor ihm zu Boden werfen – die persische Art der Verbeugung vor dem Herrscher. Dies missfiel sowohl seinen griechischen als auch makedonischen Soldaten.

Bis ans Ende der Welt? Alexander begnügte sich nicht mit der Herrschaft über das Perserreich. Er dachte an ein Weltreich, wie es aufgrund damaliger Kenntnis von der Gestalt und Größe der Erde möglich schien. Deshalb richtete er seinen Blick auf Indien, ans Ende der damals bekannten Welt. Sein Zug dorthin war Militäraktion und Forschungsreise zugleich. Unter unvorstellbaren Strapazen kämpften sich seine Soldaten durch Salz- und Sandwüsten, durch Steppen und Gebirge, überwanden reißende Ströme und die schneebedeckten Pässe des afghanischen Hochlandes, litten unter extremer Hitze und Kälte, Hunger und Durst. Aber das Vorbild Alexanders riss die Soldaten immer wieder mit. Er teilte alle Entbehrungen mit ihnen und beflügelte sie zu kaum vorstellbaren Leistungen. In Indien geriet das Heer 326 n. Chr. in den alles aufweichenden Monsunregen. Als noch immer kein Ende der Strapazen in Sicht war, weigerte sich das Heer weiterzumarschieren und verlangte den Rückzug. Enttäuscht musste Alexander umkehren. Mit dem Großteil des Heeres fuhr er auf neu gebauten Schiffen den Indus hinab zum Indischen Ozean. Während die Flotte in den Persischen Golf verlegt wurde, führte Alexander auf dem Rückweg das Heer zwei Monate durch Wüstengebiet. Nur etwa ein Viertel der Armee kehrte zurück.

Alexanders Ende. 324 v. Chr. wurde in Susa die Heimkehr des Königs gefeiert. Doch schon kurz darauf endete die Weltherrschaft des makedonischen Königs jäh. 323 v. Chr. starb Alexander, erst 32 Jahre alt, an einer schweren fiebrigen Erkrankung. Als es keine Hoffnung mehr gab, verschafften sich seine makedonischen Soldaten Zutritt in den Palast. Mann für Mann – so wird berichtet – seien sie an dem Sterbenden vorbeigezogen, um Abschied zu nehmen.

1 Beschreibe möglichst genau das Geschehen auf dem Schlachtfeld (M1). Was drücken die Gesichter von Dareios (Bildmitte) und Alexander (links) aus?
2 Lege eine Übersicht über den Alexanderzug in Tabellenform an. Trage Jahreszahlen, bedeutende Schlachtorte und eroberte Gebiete ein. Berechne die Gesamtstrecke der Feldzüge seines Heeres (M2).
3 Verfolge den Feldzug auf einer Karte im Erdkundeatlas. Benenne die Staaten, die heute auf Alexanders Herrschaftsgebiet liegen, sowie den südlichsten, westlichsten und östlichsten Punkt seines Reiches.
4 Warum ließ Alexander so viele Städte mit seinem Namen gründen?
5 Diskutiert darüber, ob Alexander den Beinamen „der Große" zurecht erhalten hat. Erarbeitet, was für und was gegen diesen Namen spricht.

107

Moderne Zeiten im Altertum

Griechisch als Weltsprache und Weltkultur. Nach seiner Rückkehr aus Indien wollte Alexander Makedonen und Perser enger miteinander verschmelzen. In Susa ließ er 10 000 seiner Landsleute Perserinnen heiraten und nahm selbst Roxane, eine Tochter des Dareios, zur zweiten Frau. Immer mehr Perser machte er zu Soldaten, Offizieren und Statthaltern. Er nutzte die von den Großkönigen aufgebaute Verwaltung. Eine einheitliche Währung begünstigte den Handel. Die griechische Sprache diente als Amtssprache und zur Verständigung zwischen den vielen Völkern des riesigen Reichs.

Griechen gaben nun bis in die Zeit von Christi Geburt im Orient und in Ägypten den Ton an. Sie kamen als Soldaten, Händler, Verwaltungsbeamte oder Kolonisten und ließen sich vor allem in den Städten nieder. Dort entwickelten sie sich zu einer Oberschicht, deren Sprache und Lebensart allmählich von den Einheimischen übernommen wurden. Ob Theater, Sport, Literatur, Musik oder auch Kunst – am griechischen Vorbild orientierten sich alle. Deshalb wird diese Zeitspanne auch ▶ Hellenismus genannt.

Alexander hinterließ keinen Erben. So kam es nach seinem Tod zu einem Kampf um die Vorherrschaft, der einige Jahrzehnte dauerte. Schließlich konnten sich drei griechische Gefolgsleute durchsetzen, die Herrschergeschlechter bildeten: Antigonos in Makedonien, Seleukos im ehemaligen Perserreich und die Ptolemäus in Ägypten. Diese Königsgeschlechter nannte man die „Nachfolger" (griech. Diadochen). Wie schon Alexander wurden sie wie Gottkönige verehrt.

M 1
Ptolemaios VII.
(um 145 v. Chr.)

Alexandria – eine moderne Weltstadt. Im Zeitalter des Hellenismus (ca. Mitte 4. Jh.–1. Jh. v. Chr.) wurden in den Diadochenstaaten viele neue Städte gegründet. Sie waren im Gegensatz zu den verwinkelten alten griechischen Städten großzügig und zweckmäßig geplant mit breiten Straßen in geometrischer Ordnung. Das eindrucksvollste Beispiel einer hellenistischen Stadt war Alexandria im Mündungsgebiet des Nils in Ägypten, die Hauptstadt des Ptolemäerreiches. Um 100 v. Chr. sollen dort an die 100 000 Ägypter, Griechen und Juden gelebt haben. Wahrzeichen der Stadt war der Leuchtturm von Pharos mit einer Höhe von etwa 120 Metern, eines der sieben Weltwunder. Er wurde 280 v. Chr. erbaut und erfüllte 1 000 Jahre lang seine Aufgabe, bis er nach einem Erdbeben einstürzte. In der Stadtmitte befanden sich die Verwaltungsgebäude, die Warenspeicher und andere öffentliche Bauten. Es gab auch schon mehrstöckige Miethäuser. Die großartigste Straße Alexandrias war 30 Meter breit. Ein Kanal versorgte die Stadt mit Nilwasser, das über Rohrleitungen in unterirdische Behälter geleitet wurde. Berühmt war Alexandria für sein Museion. Der Name leitet sich ab von den Schutzgöttinnen der Kunst und Wissenschaft, den Musen. Wissenschaftler, Philosophen und Künstler konnten dort ungestört arbeiten. Für ihren Lebensunterhalt sorgte der jeweilige Herrscher. Die Wissenschaftler kamen dabei zu Ergebnissen, die teilweise bis heute noch ihre Gültigkeit haben. Zum Museion gehörte eine riesige Bibliothek, in der mehrere hunderttausend Schriftrollen aus Papyrus aufbewahrt wurden. Schriften aus allen damals bekannten Ländern und in vielen Sprachen wurden dort gesammelt und untersucht. Die Bibliothek von Alexandria war die größte der Antike.

Wissenschaftler und Erfinder. Zwischen dem 4. und 1. Jh. v. Chr. gab es viele bedeutende Erfindungen, ohne die die moderne Zeit kaum vorstellbar ist. Ein Beispiel dafür sind die Erkenntnisse des Archimedes von Syrakus, der von 282–212 v. Chr. lebte und wesentliche Grundlagen der Mathematik und der Physik entwickelte. Nach seiner Methode führen wir heute noch Flächenberechnungen durch, bestimmen z. B. den Umfang und die Fläche des Kreises. Er entdeckte u. a. den Schwerpunkt, das Hebelgesetz und die schiefe Ebene.

■ **M2 Stadtplan von Alexandria**
Die Stadt wurde 331 v. Chr. von Alexander dem Großen gegründet.

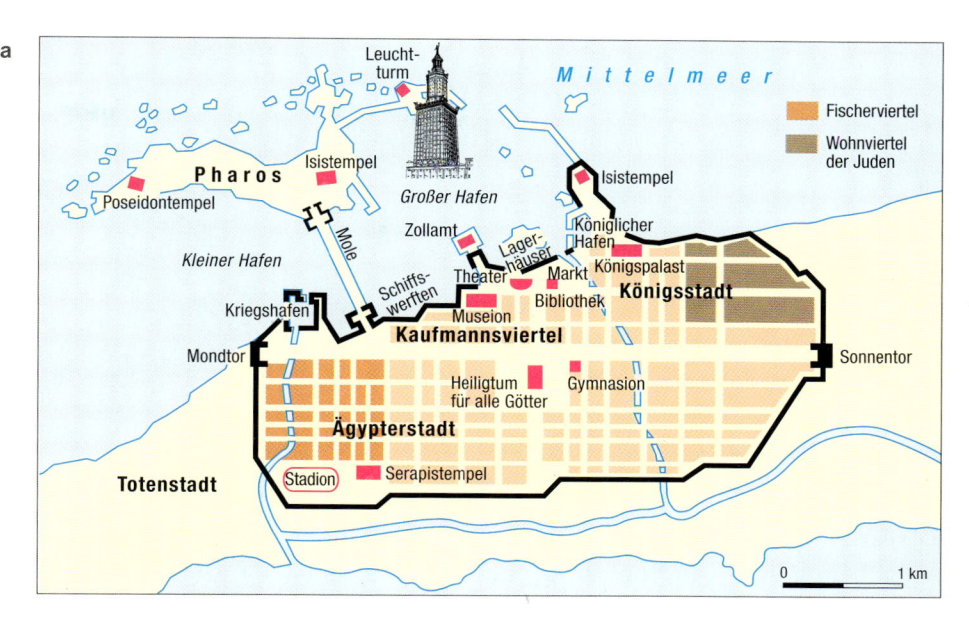

■ **M3 Weltkarte des Eratosthenes aus Kyrene/Libyen** (um 250 v. Chr.)

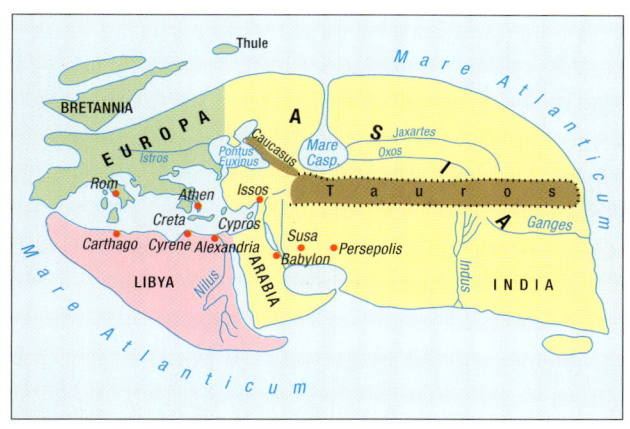

Eratosthenes hat damals bereits den Erdumfang mit 41 800 km berechnet, ging also von der Kugelgestalt der Erde aus.

■ **M4 Archimedische Schraube**

Archimedes konstruierte eine Maschine zum Wasserheben. Mit der archimedischen Schraube konnte Wasser durch Menschenkraft in eine Höhe von 2–4 Metern befördert werden. Auch heute noch werden solche Geräte in verschiedenen Ländern Afrikas, Südamerikas und Asiens verwendet.

1 Der Herrscher Ptolemaios VII. zeigt sich auf M1 von verschiedenen Kulturen beeinflusst. Was ist ägyptisch, was griechisch an diesem Bildnis?
2 Viele Athener schickten im 3. Jh. v. Chr. ihre Söhne zur Ausbildung in die Weltstadt Alexandria. Schreibe aus der Sicht eines dieser Söhne einen Brief an seine Eltern, indem du aufzeigst, was einem Griechen in Alexandria fremd und was ihm bekannt ist.
3 Vergleiche Alexandria mit einer heutigen Großstadt. Was ist gleich, was fehlt, was ist anders (M2)?
4 Im Zeitalter des Hellenismus war Griechisch Weltsprache. Welche Sprachen gelten heute als Weltsprachen?
5 Vergleiche M3 mit einer heutigen Weltkarte. Welche Ähnlichkeiten findest du?
6 Beschreibe die Funktionsweise der Maschine von M4.

Zusammenfassen – Sichern – Vertiefen

Was die Welt den Griechen verdankt

ab ca. 800 v. Chr.	Gründung von griechischen Stadtstaaten (Poleis)
776 v. Chr.	erstmals erhaltene Siegerlisten der Olympischen Spiele
ca. 750–550 v. Chr.	griechische Kolonisation
594 v. Chr.	Reformen des Solon
550 v. Chr.	Sparta wird Militärmacht
545–510 v. Chr.	Tyrannis des Peisistratos und seiner Söhne
ab 508 v. Chr.	Reformen des Kleisthenes
490–479 v. Chr.	Perserkriege
477–431 v. Chr.	Attisch-Delischer Seebund: Vorherrschaft Athens in der Ägäis
Mitte des 5. Jh. v. Chr.	Vollendung der attischen Demokratie; Glanzzeit Athens unter Perikles
431–404 v. Chr.	Peloponnesischer Krieg: Sparta und Athen im Kampf um die Vorherrschaft
356–336 v. Chr.	König Philipp II. von Makedonien unterwirft Griechenland
334–323 v. Chr.	Alexander der Große erobert das Perserreich
4. Jh.–1. Jh. v. Chr.	Zeitalter des Hellenismus

Blick in den Sitzungssaal des Deutschen Bundestages

Eröffnung der Olympischen Spiele in Sydney 2000

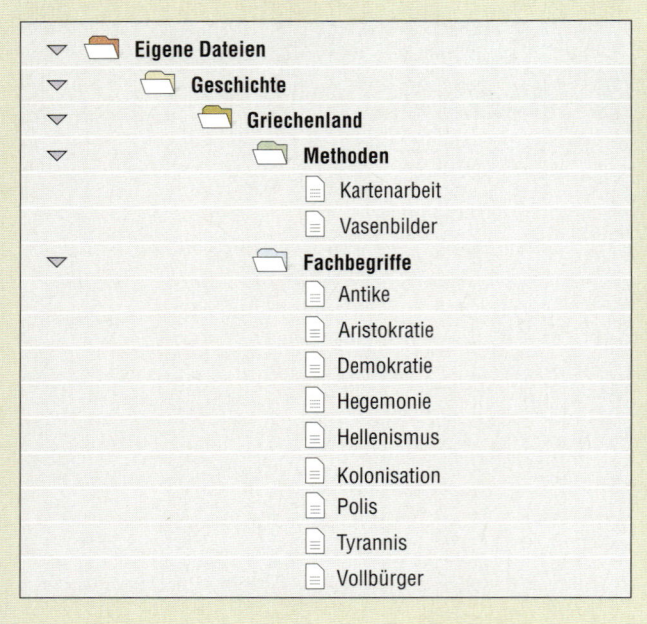

Moderne Theateraufführung einer antiken griechischen Tragödie

Sicherung wichtiger Begriffe

- Eigene Dateien
  - Geschichte
    - Griechenland
      - Methoden
        - Kartenarbeit
        - Vasenbilder
      - Fachbegriffe
        - Antike
        - Aristokratie
        - Demokratie
        - Hegemonie
        - Hellenismus
        - Kolonisation
        - Polis
        - Tyrannis
        - Vollbürger

Zusammenfassen – Sichern – Vertiefen

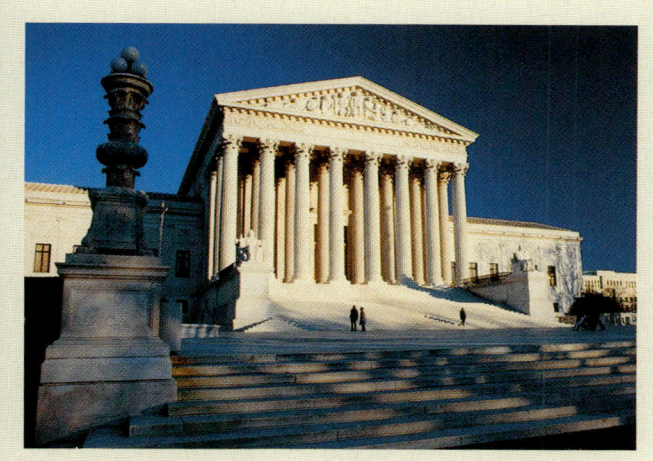

Das Oberste Bundesgericht in Washington, erbaut 1935

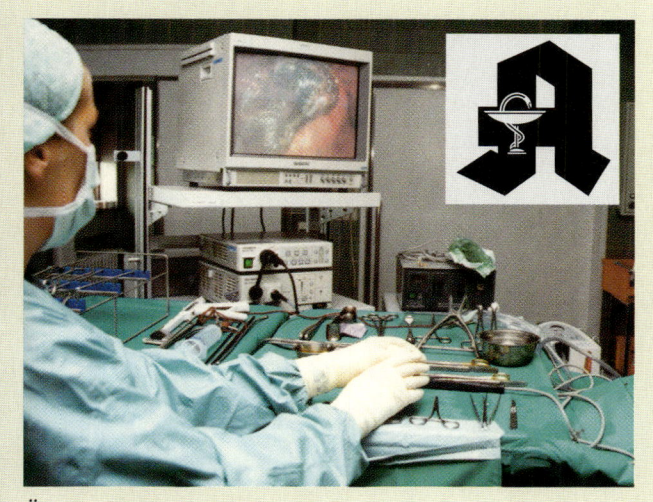

Ärztliche Kunst heute

Zeus raubt Europa (Vasenmalerei, um 550 v. Chr.)

1 Schlage die auf der linken Seite unten genannten wichtigen Begriffe im Buch nach. Wenn du an einem PC arbeiten kannst, gib die Dateien entsprechend dem Muster ein. Alternative ohne PC: Schreibe die Erklärungen auf kleine Karten ab und sortiere diese in einen Karteikasten ein (s. auch S. 36 und 62).
2 Erstelle für die griechische Geschichte vom 8. bis zum 1. Jh. v. Chr. eine Zeitleiste (s. dazu auch S. 14f.). Markiere mit zwei verschiedenen Farben, was für Athen und was für andere griechische Stadtstaaten eine besondere Bedeutung hatte.
3 Auf den Abbildungen siehst du, welche heutigen Entwicklungen und Erfindungen in aller Welt auf griechische Vorbilder zurückgreifen. Suche zu den einzelnen Themen die passenden Textabschnitte und Bilder in diesem Großkapitel heraus. Was war damals, was ist heute daraus geworden?
4 Informiere dich über die Sage, die auf der Vase oben rechts dargestellt ist und erzähle sie vor der Klasse.
5 War Griechenland eher die Wiege der europäischen oder einer weltweiten Kultur? Begründe deine Meinung.

Plakatausstellung im Klassenraum
• Bildet Gruppen und bearbeitet je ein Unterthema (siehe Bilder), indem ihr die griechischen Anfänge und die heutige Entwicklung im Hinblick auf Ähnlichkeit und Unterschiede vergleicht (siehe Aufgabe 3).
• Haltet die Ergebnisse tabellarisch in Stichworten fest. Die Tabellen könnt ihr aufkleben und mit Bildern (z. B. vergrößerte Kopien aus dem Buch) versehen. Dazu braucht ihr Pappe oder Packpapier, Filzstifte, Schere und Klebstoff. Hängt die Plakate im Klassenraum auf, sodass ihr die Ausstellung besichtigen und darüber sprechen könnt.

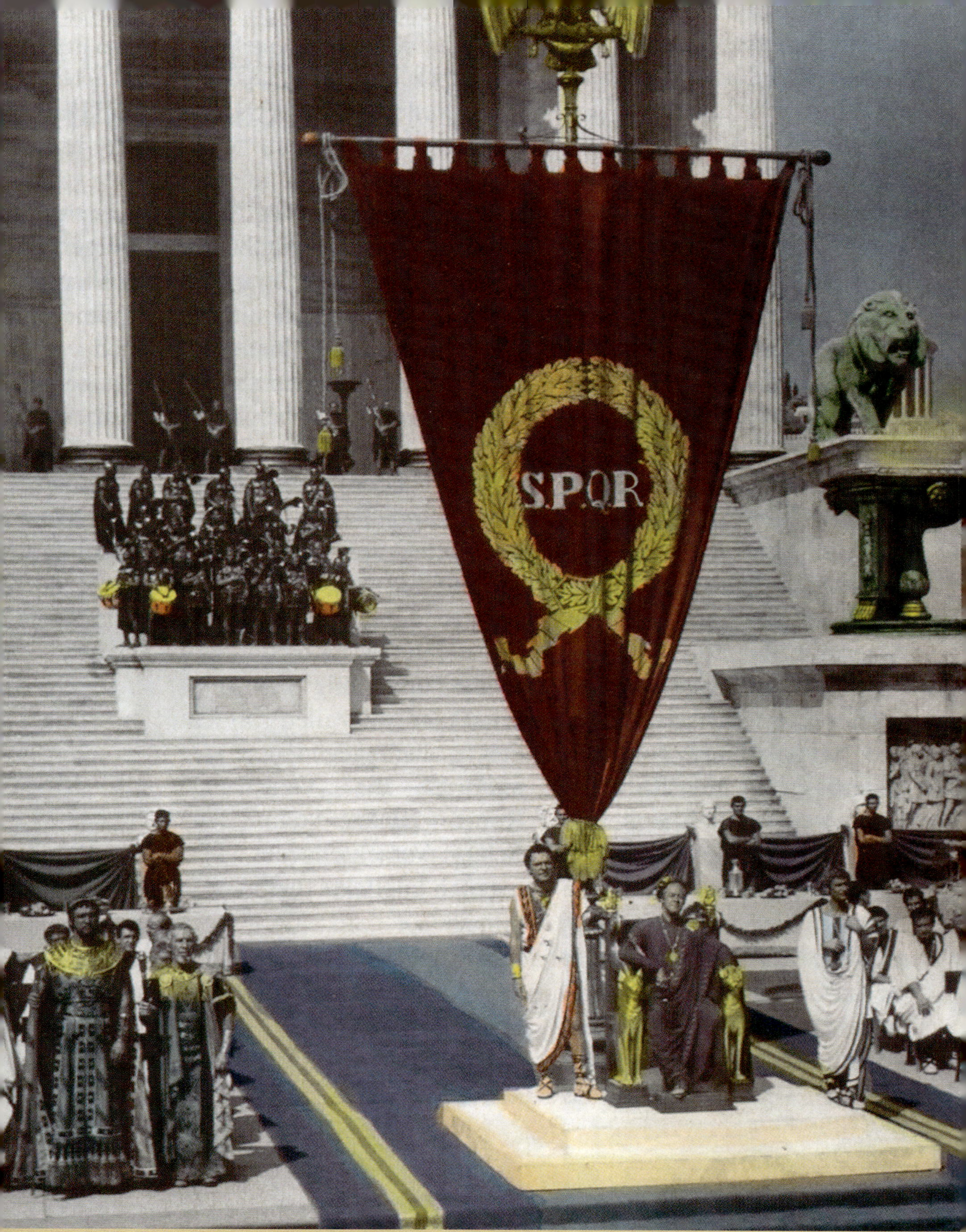
S.P.Q.R

Das Römische Reich

Begegnung mit den Römern

Das Leinwanderlebnis. Woran denken die meisten Menschen, wenn sie das Wort „Römer" hören? An Urlaub in Italien, an Besuche römischer Ausgrabungen und kostbare Museumsschätze? Oder an Soldaten mit harten Gesichtern und glänzenden Waffen, ehrwürdige Männer in wallenden weißen Gewändern oder johlende Massen, die mit dem Daumen über das Leben eines Gladiators entscheiden? Filmlexika bezeichnen Klassiker wie „Ben Hur", „Kleopatra" (s. S. 112f.), „Quo vadis" und „Der Gladiator" als „historische Ausstattungsfilme". Alle diese Filme – mehrfach mit Preisen ausgezeichnet – spielen unverwechselbar im Römischen Reich. Sie orientieren sich an bestimmten historischen Ereignissen und Personen dieser Zeit, verknüpfen diesen Hintergrund aber mit beliebigen Abenteuern.

■ M1 Bei den Asterix-Zeichentrickfilmen kommen die Römer allerdings sehr schlecht weg. Diese Filme sollen aber auch keine Geschichtsfilme sein.

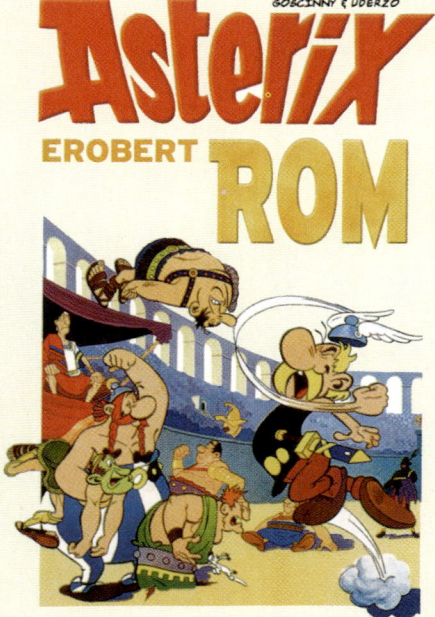

Alle diese Filme bleiben „Spiel"-Filme, die das Publikum ihrer Zeit unterhalten wollen. Ein historisch möglichst exaktes Bild kann man eigentlich nur bei den Dokumentarfilmen erwarten. Deren Regisseure versuchen, aktuelle Forschungsergebnisse in Bilder umzusetzen, um einem möglichst breiten Publikum Wissenswertes über die Vergangenheit zu vermitteln.

Auf leisen Sohlen – die experimentelle Archäologie. 1985 marschierten sieben Männer in Legionärsausrüstung über die Alpen. Das Ziel: Sie wollten testen, ob das Bild, das wir uns vom römischen Soldaten machen, auch wirklich stimmt. Nach Schilderungen antiker römischer Schriftsteller, nach Abbildungen und archäologischen Funden hatte der Militärhistoriker Marcus Junkelmann mit seinem Team die Ausrüstung nachgebildet. Von Reportern begleitet, marschierte die Minilegion ins „alte" Germanien und verhalf so der experimentellen Archäologie zu einem großen Erfolg. Diese Art, durch Experimente historische Vorgänge in heutiger Zeit nachzustellen, erlaubte, genauere Aussagen über das tägliche Leben römischer Soldaten zu machen.

Nach jahrelangen Vorbereitungen folgte 1990/91 ein ähnlich angelegtes Unternehmen zur römischen Reiterei. Die Forscher konnten auf einem Ritt entlang der ehemaligen römischen Grenze hautnah erleben, was es bedeutete, ohne Steigbügel Gefechte zu führen, sich wochenlang um die Versorgung der Pferde und einen einwandfreien Zustand der Ausrüstung zu kümmern. Auch der auf Seite 113 abgebildete Reiter in Paradeuniform gehört zu diesem Unternehmen. Die Forscher haben im Rahmen dieser experimentellen Archäologie viel über das Leben der Römer gelernt – so wie du dich in den nächsten Kapiteln über die Geschichte Roms informieren kannst.

■ M2 Die Gruppe um den Forscher Marcus Junkelmann in originalrekonstruierter Legionärsausrüstung trifft in Augsburg ein *(Mai 1985)*.

M3 Originale?
Die linke Abbildung zeigt einen nach Originalfunden rekonstruierten Römerhelm aus der Gruppe um den Forscher Marcus Junkelmann. Rechts ein Szenenfoto aus „Ben Hur" mit einem jener Helme, wie ihn sich die Filmindustrie in Hollywood vorstellte.

Was erwartet dich in diesem Großkapitel? Neben den Griechen hat kein anderes Volk als das der Römer unser heutiges Leben so nachhaltig geprägt. Aus der tausendjährigen Geschichte des antiken Roms gibt es viel zu berichten:
Du wirst die Bewohner Roms kennen lernen, z. B. ihr Leben in der Familie, ihre Sorgen und Nöte im täglichen Leben. Und natürlich gilt es, die Hauptstadt zu erkunden mit all ihren Schönheiten und Gefahren.
Du wirst erfahren, wie dieses mächtige Römische Reich entstand, das die Gebiete rund ums Mittelmeer bis zur Nordsee in sich aufnahm. Es war eine kleine Stadtrepublik, die sich nach hunderten von Jahren in ein riesiges Kaiserreich verwandelte und die „Herrin der Welt" genannt wurde. In ihm breitete sich das Christentum aus und stieg von einer verfolgten Religion zur alleinigen Staatsreligion auf. Aber auch über seine Teilung in ein West- und ein Oströmisches Reich kannst du nachlesen.
Du wirst die Spuren der Römer verfolgen lernen, denn die römische Kultur wurde, zunächst im „Gepäck" der Legionäre, in den entferntesten Reichsteilen eingeführt. Im Süden und Westen Deutschlands sind noch viele Zeugnisse aus der Römerzeit erhalten geblieben.

1 Sammelt aus einem Filmlexikon oder aus dem Internet Informationen zu den auf Seite 114 genannten Filmen und tragt eure Ergebnisse in der Klasse vor. Wer einen der Filme gesehen hat, kann sicherlich auch über seine Eindrücke berichten.
2 Die Gruppe um den Forscher Junkelmann marschierte vom 30. April bis zum 23. Mai 1985 von Verona über Bozen und Innsbruck nach Augsburg. Suche die Route im Atlas. Welche Schwierigkeiten hatten die Marschierenden zu meistern? Denkt dabei auch an die 1985 existierenden „modernen" Hindernisse.
3 Beschreibe mit deinem Banknachbarn zunächst die beiden Helme und stellt die wichtigsten Unterschiede fest. Überlegt euch dann, warum die Spielfilmindustrie in Hollywood keinen Originalhelm benutzte, sondern selbst einen anfertigen ließ (M3).

Die Gründung Roms

■ **M1 Geschichte erzählt**
Roms göttlicher Ursprung

Über die Gründung ihrer Stadt erzählten die Römer eine Sage, die sie in Jahrhunderten immer mehr ausschmückten. Am Anfang steht der Trojaner Aeneas, Sohn des Anchises, eines Sterblichen, und der Liebesgöttin Venus. Aeneas floh aus
5 dem brennenden Troja und trug dabei seinen alten Vater auf den Schultern. Er gelangte nach Italien und heiratete dort die Tochter eines einheimischen Königs. Ihr Sohn gründete die Stadt Alba Longa, Roms Ursprung.
Hier herrschte dreihundert Jahre später der König Numitor;
10 aber sein jüngerer Bruder entriss ihm die Herrschaft. Numitors Tochter Rhea Silvia, die rechtmäßige Erbin, bat in ihrer Verzweiflung den Kriegsgott Mars um Hilfe. Mars wurde der Vater ihrer Zwillinge Romulus und Remus – jetzt hatte Numitor zwei männliche Erben. Der neue König befahl, die Kinder
15 zu töten, aber seine Knechte hatten Mitleid und setzten sie in einem Korb auf dem Tiber aus. Romulus und Remus überlebten durch ein glückliches Schicksal: In ihrem Körbchen wurden sie an das Flussufer gespült und dort von einer Wölfin wie ihre eigenen Jungen angenommen und gesäugt. Schließlich
20 fand ein Hirte die Zwillinge und brachte sie nach Hause. Als sie zu jungen Männern herangewachsen waren, nahmen sie Rache für ihr erlittenes Schicksal, töteten den König in Alba Longa und übergaben die Herrschaft wieder an ihren Großvater Numitor.
25 Nun gingen Romulus und Remus daran, eine neue Stadt auf dem Palatin zu gründen, dem Hügel, an dessen Fuße sie der Tiber geschwemmt hatte. Aber sie stritten, wer die Stadt regieren sollte. Sie vereinbarten, dass die Vorzeichen entscheiden sollten und deshalb beobachteten sie den Flug der Vögel.
30 Romulus zählte in seinem Abschnitt des Himmels mehr Adler als sein Bruder und beanspruchte daher – der Absprache gemäß – der Herrscher der neuen Stadt zu sein. Mit dem Pflug zog er eine Furche um die Stadt und legte so ihre künftige Mauer fest. Remus war enttäuscht von dem Ergebnis und
35 neidisch auf seinen Bruder. Er sprang über die Furche und verspottete so die Bemühungen des Romulus, die Stadt zu sichern. Romulus packte eine solche Wut, dass er seinen Bruder erschlug. Er war nun alleiniger Herrscher der Stadt; bis heute ist sie nach ihm benannt: „Roma".
Verfassertext

M2 Die Kapitolinische Wölfin
(Bronze-Plastik geschaffen um 500 v. Chr., 75 cm hoch; die Zwillinge wurden im 16. Jh. n. Chr. hinzugefügt)
Die Statue war jahrhundertelang auf dem Kapitol (Tempelberg Roms) aufgestellt und erinnert an die Sage von der Gründung der Stadt Rom. Die Wölfin, das heilige Tier des Kriegsgottes Mars, wurde zum Wahrzeichen der Stadt Rom.

Roms historische Gründung. Historiker und Archäologen haben sich die Frage nach dem Ursprung Roms gestellt. Anders jedoch als die Römer, die ihre sagenhafte Stadtgründung in das Jahr 753 v. Chr. datierten und ihre Zeitrechnung „ab urbe condita" (seit Gründung der Stadt) führten, orientieren sich die Wissenschaftler heute an Funden, die in und um Rom gemacht wurden, um seiner Gründung auf die Spur zu kommen. Bereits um das Jahr 1000 v. Chr. haben sich Menschen im Gebiet des heutigen Rom angesiedelt, da es ihnen günstige Lebensbedingungen bot. Die Bewohner Roms setzten sich schon in dieser frühen Zeit aus vielen Volksstämmen Italiens zusammen, wie verschiedene Ausgrabungen gezeigt haben. Der Name Roms wurde von einem dieser Volksstämme geprägt, den Etruskern, die auch die ersten Könige stellten und die den Römern in den Bereichen Technik, Kunst sowie Religion als Vorbild dienten.

■ **M3 Modell einer frühen Siedlung auf einem der Hügel Roms**

M4 Der römische Geschichtsschreiber Livius über die Gründungssage Roms
Livius (50 v. Chr. – 17 n. Chr.) war Roms bedeutendster Historiker. Er verfasste über 140 Bücher zur römischen Geschichte:
Man billigt der Vorzeit das Recht zu, Menschliches mit Göttlichem zu vereinigen und den Ursprung einer Stadt mit überirdischer Hoheit zu umgeben. Und wenn es einem Volke erlaubt sein muss, seine Anfänge zu weihen, so darf es gewiss
5 Rom. Sein Kriegsruhm ist so überwältigend, dass die Völker der Erde an Mars als seinen Urahn und Vater seines Gründers ebenso gern glauben, wie sie das Reich hinnehmen.
Livius: Ab urbe condita. Zitiert nach: Friedrich Klingner: Römische Geisteswelt, München (Rinn) 1956, S. 432ff.

■ **M5 Geschichte erzählt**
Der Raub der Sabinerinnen
Die Stadt am Tiber wuchs langsam. Es waren am Anfang vor allem Vertriebene, Landflüchtige und Hirten aus der Region, die der neue Herrscher in Rom ansiedelte. Doch es fehlten den Römern die Frauen. Daher luden sie zur Einweihung der
5 Stadt die Sabiner, einen benachbarten Volksstamm, ein und entführten während der Feierlichkeiten alle Frauen im heiratsfähigen Alter. Die Sabiner waren empört und begaben sich auf einen Rachefeldzug, um ihre Frauen zu befreien. Doch die Sabinerinnen, die sich in ihr Schicksal gefügt hatten
10 und in ihrer neuen Heimat glücklich geworden waren, stellten sich mit ihren Kindern auf dem Arm dem Heer ihrer Väter und Brüder entgegen und verhinderten ein grausames Blutvergießen. Statt dessen versöhnten sich die Sabiner mit den Römern, erhielten das römische Bürgerrecht und wurden an der
15 Herrschaft beteiligt.
Verfassertext

1 Zeichne mithilfe von M1 einen auf die Sage bezogenen Stammbaum der Römer.
2 Die Römer erzählten sich, dass sie von Venus und Mars abstammten. Erkundige dich über Eigenschaften und Taten dieser beiden Gottheiten (Lexikon, Sagen des klassischen Altertums, Lateinbuch, Internet etc.).
3 Bis zum Ende ihrer Geschichte nannten sich die Römer Nachkommen des Mars und „Söhne der Wölfin". Was wollten sie damit ausdrücken (M1–M2 und M4)?
4 Vergleiche die Sage mit den Erkenntnissen heutiger Wissenschaftler (Autorentext, M1 und M3). Welche Bereiche der Sage entsprechen der Wirklichkeit?
5 Die Erzählung vom Raub der Sabinerinnen (M5) diente den Römern als Beispiel dafür, wie sie mit Nachbarn und fremden Völkern umgehen sollten. Erläutere das. Du kannst dazu auch die Seiten 144f., 150f. und 154f. in diesem Buch lesen.

Die familia – die Hausgemeinschaft der Römer

Väterliche Gewalt. Die römische Gesellschaft wurde – wie auch die griechische – von Männern bestimmt. Der wichtigste Bereich des Zusammenlebens bei den Römern war die Hausgemeinschaft der Familie. Zu ihr gehörten der Vater (lat. pater) als Familienoberhaupt (pater familias), seine Ehefrau, die Kinder sowie die Sklaven. Wenn die Kinder heirateten, wurden auch ihre Ehepartner und Kinder Mitglieder der familia. Der pater familias war für alle Belange der Familie zuständig. Nichts schränkte seine Gewalt ein. Widerstand zu leisten gegen seine Entscheidungen war nicht möglich, denn damit verstieß man gegen die Sitten der Vorväter, die es stets zu achten und einzuhalten galt (s. S. 124f.). Nach dem Tod des Vaters wurde der älteste Sohn seinerseits zum Familienoberhaupt.

Kam ein Kind zur Welt, legte die Hebamme den Säugling zunächst einmal auf den Boden. Anschließend konnte der Vater das Neugeborene aufheben und in den Arm nehmen, um damit zu zeigen, dass er es anerkannte. Er konnte sein Kind auch aussetzen, weil es krank oder missgebildet war oder weil die Familie das Kind nicht ernähren konnte.

Wenn aber – und das war der Normalfall – ein Vater sein Kind in die Familie aufgenommen hatte, unterstand es seiner unumschränkten Verfügungsgewalt. Er bestimmte den Beruf und wählte den Ehepartner aus. Der Sohn durfte ohne dessen Zustimmung auch nicht über sein eigenes Vermögen bestimmen. Der Vater konnte in einem Hausgerichtsverfahren sogar seinen Sohn zum Tode verurteilen. Das geschah freilich selten und wurde auch von vielen Römern als unmenschlich angesehen.

Patron und Klienten. Über die Familie hinaus hatte ein vornehmer pater familias noch eine weitere Funktion: Er war Schutzherr (lat. patronus) einer Gruppe von freien Bürgern vorwiegend aus der Unterschicht. Diese hatten sich seinem Gefolge (lat. clientela) angeschlossen und waren damit seine Schutzbefohlenen (▶ Klienten, von lat. cliens). Er hatte ihre Lebensgrundlage finanziell zu sichern, z. B. lieh ihnen in Notlagen Geld oder Lebensmittel, schützte sie vor ungerechter Behandlung und verteidigte sie als Anwalt vor Gericht. Die Klienten erhofften sich außerdem durch ihn Unterstützung für ihren beruflichen Aufstieg oder bei ihren Geschäften. Als Gegenleistung stimmten sie bei Gesetzesbeschlüssen oder Beamtenwahlen in der Volksversammlung so ab, wie er das von ihnen wünschte. Daher war ein Patron umso angesehener und einflussreicher, je mehr Klienten er um sich hatte. Die politische Macht der vornehmen Römer beruhte auf der Verbindung zwischen Patron und Klienten. Dieser Treuebund setzte sich auch in den nachfolgenden Generationen fort. Das entsprach der Vorstellung von den Sitten der Vorväter, einstmals geschworene Treue bis über den Tod hinaus beizubehalten.

Kaum Rechte für Frauen. Die römischen Frauen, ganz gleich welcher sozialen Schicht sie angehörten, waren grundsätzlich von politischen Rechten ausgeschlossen. Sie mussten sich von ihren Männern vertreten lassen, wenn sie Geschäfte tätigen oder Verträge abschließen wollten. Doch konnten sie sich grundsätzlich freier bewegen als die meisten Frauen in Griechenland mit Ausnahme von Sparta (s. S. 82 und 96). So durften sie z. B. die Thermen (Bäder) oder das Theater besuchen. Die meiste Zeit verbrachten die Frauen aus höheren Schichten aber im Haus. Unter anderem beaufsichtigten sie das Personal, das bei den reichen Römern aus Dutzenden von Hausklaven bestand. Auch kümmerten sie sich um die Ausbildung der Töchter. Es gab aber auch typische Frauenberufe wie Näherinnen, Friseusen oder Hebammen.

M1 Familienszene auf einem Sarkophag (Steinsarg) *(Mitte des 2. Jh. v. Chr.)*

M2 Eine römische familia stellt sich vor

Diese Teilansicht eines Sarkophags zeigt eine typische Szene im Leben vornehmer Römer: das Mahl.

M3 Die Rechtsstellung der Frau im alten Rom

Eheschließung
Die Ehe ist die Verbindung eines Mannes und einer Frau und eine Vereinigung für das ganze Leben, eine Gemeinschaft göttlichen und menschlichen Rechts. Eine Eheschließung kann nicht stattfinden, wenn nicht alle einwilligen, d. h. die, welche sich vereinigen, und die, in deren Gewalt sie sich befinden. Eine Frau, die jünger als zwölf Jahre und verheiratet ist, wird dann zur rechtmäßigen Ehefrau, wenn sie bei dem Mann das zwölfte Lebensjahr vollendet hat.

Ehebruch
Dem Vater wird das Recht erteilt, den Ehebrecher mit der Tochter zu töten, wenn er Letztere in seiner Gewalt hat. Der Richter muss in seiner Untersuchung wegen Ehebruchs sein Augenmerk darauf richten, ob der Ehemann selbst sittsam lebte und seiner Frau in der Moral mit gutem Vorbild vorangegangen ist. Es scheint nämlich sehr unbillig zu sein, dass der Mann von seiner Frau Züchtigkeit verlangt, er selbst sie aber nicht wahrt.

Scheidung und Verstoßung
Die Ehe wird getrennt durch Scheidung, Tod, Gefangenschaft, oder wenn eine Sklaverei einen der beiden Ehegatten betrifft ... Bei Verstoßungen, d. h. bei der Aufkündigung der Ehe, sind diese Worte gebräuchlich geworden: „Du magst deine Sachen für dich behalten" oder „Du magst deine Sachen mit dir nehmen."

Digesten 23, 2; 48, 5. Zitiert nach: Rolf Rilinger: Lust an der Geschichte. Leben im alten Rom, München (Piper) 1990, S. 172ff.

1 In der Familienszene (M1) betrachtet der Vater nachdenklich sein neugeborenes Kind. Schreibe seine Überlegungen auf.

2 Ordne die auf dem Sarkophag (M2) mit Ziffern versehenen Personengruppen und Einzelpersonen den Angehörigen der römischen familia zu. Wodurch kommt die Rangordnung innerhalb der familia zum Ausdruck?

3 Liste die Pflichten von Patron und Klienten auf. Überlege, ob das Verhältnis gerecht war oder ob einer mehr vom anderen hatte.

4 Gib stichpunktartig die Stellung der römischen Frau wieder (Autorentext und M3) und vergleiche sie mit heutigen Verhältnissen.

5 Zu der familia gehörten auch die Sklaven. Lies über ihre Stellung auf den Seiten 134f. nach.

Kindheit, Jugend und Ehe

M1 Ausschnitt aus dem Sarkophag eines Kindes *(2. Jh. n. Chr.)*

Kinderspiele

Amme und Pädagoge erziehen das Kind. In vornehmen Familien war es üblich, den Säugling gleich nach der Geburt einer Amme anzuvertrauen, die dann – zusammen mit einem Erzieher (lat. paedagogus) – das Kind erzog: Die „Muskeln des Charakters" eines jungen Römers galt es zu stärken. Er sollte innerlich und äußerlich mutig, unempfindlich und widerstandsfähig werden. Da das Kind lediglich das Abendessen gemeinsam mit seinen Eltern einnahm, wurden Amme und Erzieher seine wichtigsten Bezugspersonen.

Schule. Viele römische Kinder besuchten vom siebten Lebensjahr an eine Schule. Dies waren private Einrichtungen, in welchen den Kindern gegen geringes Entgelt von einem „litterator" (Grundschullehrer) Lesen, Schreiben und Rechnen gelehrt wurden. Im Alter von zwölf Jahren endete für die meisten Jugendlichen der Schulbesuch. Während die Mädchen von ihren Müttern auf ihre Rolle als Hausfrau und Mutter vorbereitet wurden, erhielten die Jungen aus vermögendem Haus in einer Grammatikschule weiteren Unterricht. Bei einem zumeist griechischen Lehrer (lat. grammaticus) erlernten sie die Feinheiten der lateinischen und griechischen Sprache und Literatur. Die Jungen wurden auch in römischer Geschichte unterrichtet, denn gerade aus der ruhmreichen Vergangenheit ihrer Vorväter sollten sie für die Zukunft lernen (s. S. 124f.). Hinzu kamen Sport, Reiten, Schwimmen und Fechten.

Zwischen dem 14. und 18. Lebensjahr legte der Junge seine Kinderkleider ab und durfte nun die Toga tragen, als Zeichen seiner Volljährigkeit und Heiratsfähigkeit. Je höher die Stellung des Vaters in der römischen Gesellschaft war, umso besser musste auch der Sohn auf seine spätere Laufbahn und Verpflichtungen vorbereitet werden. Er sollte genauso tüchtig sein wie seine Vorväter. So besuchten die Söhne angesehener und einflussreicher Römer die Hochschule der Antike, die Rhetorenschulen (Rhetorik = Redekunst). Hier sollten ihnen all jene Kenntnisse vermittelt werden, die für eine staatliche, politische und juristische Laufbahn erforderlich waren.

Die Ehe als Pflicht. Die Mädchen wurden im Alter zwischen 12 und 15 Jahren von ihren Eltern verheiratet. Die Eheschließung war ein rein privater Akt, ein Vorgang wie bei uns die Verlobung. Ausgesprochene Liebesheiraten waren die Ausnahme. Die Eltern achteten bei der Wahl des Ehepartners genau auf gesellschaftliche und materielle Vorteile. Zwischen den Ehegatten wurde meist ein Ehevertrag geschlossen, der die Art und Höhe der Mitgift festlegte. Dieser Vertrag wurde von den anwesenden Zeugen unterschrieben. Die Ehefrau hatte das Recht, über ihr Vermögen durch Testament frei zu verfügen.

M2 Unterschiedliche Erziehungsvorstellungen
Der römische Schriftsteller Seneca (um 4 v. Chr. – 65 n. Chr.) äußert sich über Kindererziehung:
Die Eltern tun dem noch unfesten kindlichen Charakter zu seinem Besten Zwang an; die Säuglinge werden in Windeln gewickelt, so sehr sie auch strampeln und heulen, damit ihr noch unfertiger Leib nicht schief und krumm wird, sondern
5 gerade wächst; später lehrt man die Kinder die artes liberales (die sieben freien Künste: Grammatik, Rhetorik, Dialektik, Arithmetik, Geometrie, Astronomie, Musiktheorie) und gebraucht Zwang, wenn sie sich sträuben …
Seneca. Zitiert nach: Philippe Ariès und Georges Duby (Hrsg.): Geschichte des privaten Lebens, Bd. 1: Vom Römischen Imperium zum Byzantinischen Reich, hrsg. von Paul Veyne, übers. von Holger Fliessbach, Frankfurt a. Main (S. Fischer Verlag) 1989, S. 29.

Dazu die Sichtweise des griechischen Schriftstellers Plutarch (um 46 n. Chr. – um 120 n. Chr.):
Mein Standpunkt ist, dass man Kinder zum Fleiß nur durch Ermahnungen und Vernunftgründe, aber nie durch Schläge oder anderen Schimpf anhalten soll. So etwas schickt sich eher für Sklaven als für Freigeborene. Schmerz und Schimpf
5 lähmen und schrecken von der Arbeit ab … Die Väter müssen sich selbst aller Vergehen enthalten und nur ihre Pflicht tun, damit sie den Kindern ein Muster fürs Leben sein können … Wer ein schlechtes Leben führt, verscherzt sich dadurch das Recht, auch nur die Sklaven zu tadeln, geschweige denn die
10 Söhne.
Plutarch, Über Kindererziehung. Zitiert nach: Rilinger, a. a. O., S. 83ff.

M3 Schulszene *(Relief, 3. Jh. n. Chr.)*

Während des Unterrichts sprach der Lehrer den Schülern etwas vor und diese wiederholten es im Chor.

M4 Hochzeit eines vornehmen Römers
(Ausschnitt aus einem Steinsarkophag, 170 n. Chr.)

In der Mitte steht Concordia, die Göttin der Eintracht, die das Brautpaar durch Handauflegen vereinigt.

1 Betrachte M1 genau. Sind das Spiele, die heute noch in dieser oder ähnlicher Form gespielt werden?
2 Stelle Fächer zusammen, in denen die jungen Römerinnen und Römer unterrichtet wurden. Vergleiche sie mit deinem Stundenplan.
3 Überlege, welchen Zweck die damalige Schulbildung verfolgte.
4 Zeige mithilfe von M2 Gemeinsamkeiten und Unterschiede der Erziehungsvorstellungen damals und heute auf. Vergleiche sie auch mit der Erziehung in Griechenland (s. S. 83f. und 96f.).
5 Woran erkennt man den Lehrer in der Abbildung M3? Was hält der Junge rechts in der Hand? Worüber könnte gesprochen worden sein?
6 Beschreibe die Hochzeitsszene in M4.

Wozu arbeiten?

Was macht ein vornehmer Römer? In der Frühzeit der römischen Geschichte bis etwa ins 3. Jh. v. Chr. waren die Römer freie Bauern. Harte körperliche Arbeit galt als fester Bestandteil des täglichen Lebens. Dies änderte sich mit der Ausdehnung des Römischen Reiches. Der vornehme Römer begann zunehmend alle jene Tätigkeiten zu verachten, die mit körperlicher Anstrengung verbunden waren und sprach von „schmutzigen" Fertigkeiten. Der lateinische Begriff „labor" (= Arbeit, Mühe, Anstrengung) bekam einen negativen Beigeschmack. Für einen Römer der Oberschicht begann der Tag mit Sitzungen z. B. im Senat, mit Gerichtsverhandlungen oder mit Beratungsgesprächen. Ein reicher Römer war mit Leib und Seele Geschäftsmann. Die Ausführung seiner Geschäftsideen überließ er soweit wie möglich seinen Sklaven oder Freigelassenen.

Ausdruck des Reichtums war Grundbesitz, denn das Leben als Gutsherr galt in der Vorstellung der römischen Führungsschicht als besonders erstrebenswert. Auf den sehr großen Gütern (Latifundien) außerhalb der Städte wurden Weizen, Oliven und Wein angepflanzt, sowie Rinder, Schafe und Schweine gezüchtet.

Arbeiten für den Lebensunterhalt. Die römische Mittelschicht lebte von den Einkünften aus dem Handel und Handwerk. Hier gab es große Einkommensunterschiede: Vermögende Römer hatten ihren eigenen Laden in der Stadt. Der Bäcker, der zugleich Müller war, besaß mehrere Getreidemühlen, die von Sklaven oder von Tieren angetrieben wurden. Der reiche Metzger konnte es sich leisten, ein ganzes Schwein auf einmal zu kaufen. Solch vermögende Handwerker hoben sich von der Masse der kleinen Töpfer, Bäcker, Krämer, Schuster und Schankwirte ab, die jeden Morgen mit dem wenigen Geld, das sie besaßen, Waren besorgten, damit sie diese tagsüber verkaufen konnten. Dann gab es noch die Tagelöhner, die überhaupt nichts besaßen und ihr Brot täglich verdienen mussten.

Auch Frauen arbeiteten auf Märkten oder als Händlerinnen von Woll- und Seidenstoffen. Typische Frauenberufe waren darüber hinaus die Tätigkeiten als Amme, Hebamme, Schneiderin und Friseuse. Diese Arbeiten führten in den Häusern der Reichen Sklavinnen und Freigelassene aus.

M1 Antike Getreidemühlen und ▨ Rekonstruktion

▨ **M2 Geschichte erzählt**
Die Gedanken des Römers Marcus Fluvius morgens beim Aufstehen

Heute früh bin ich schon wieder von dem Ohren betäubenden Lärm aufgewacht, den der Weinhändler Lucius Glaukus verursachte, als er seine Weinamphoren mit lautem Knall auf den Boden stellte in dem Laden, den ich ihm vermietet habe.
5 Ach, hätte ich das besser nicht getan! Der Bäcker, der den Laden zuerst haben wollte, hätte noch früher angefangen. Nun gut, es ist ja auch schon spät, also aufstehen. Ich kann doch meine Klienten nicht warten lassen, sie brauchen mich. Und ich muss sie dieses Jahr besonders zufrieden stellen, denn
10 nächstes Jahr will ich schließlich bei der Wahl als Quästor (Finanzbeamter) kandidieren. Hoffentlich kommt heute nicht wieder dieser Rufus. Wie ich gehört habe, soll er Fleisch verkaufen, das voller Maden steckt. Dem gebe ich mit Sicherheit nicht die Hand. Die Sitzung der Hausbesitzer unserer Straße,

auf der die Wasserversorgung besprochen werden sollte, fällt Gott sei Dank aus.
Ich muss später noch die neuesten Einnahmen und Ausgaben meiner Latifundien kontrollieren. Das geht schnell. Auf Aristeides, meinen Hausklaven, kann ich mich verlassen. Er bereitet sie ja immer vorbildlich vor, da stimmen dann die Summen. Ja, ja, die Griechen können halt rechnen! Und dann endlich werde ich mich auf meine gemütliche Liege in mein Lesegemach zurückziehen können und ein bisschen in den neuen Schriftrollen der griechischen Philosophen lesen. So teuer, wie die waren, müssen sie etwas hoch Geheimnisvolles enthalten ...
Verfassertext

M3 „Schmutzige Fertigkeiten"
In der an seinen Sohn Marcus gerichteten Pflichtenlehre „De officiis" formuliert Marcus Tullius Cicero (106–43 v. Chr.) den Standpunkt der römischen Führungsschicht hinsichtlich beruflicher Tätigkeiten:
Erstens werden alle diejenigen Gewerbe als verpönt angesehen, die, wie das der Zöllner und Wucherer, nur darauf hinauslaufen, sich bei den Mitmenschen verhasst zu machen. Als unedel und unsauber gilt ferner der Erwerb aller ungelernten Tagelöhner, bei denen die Dienstleistungen, nicht die Fertigkeiten bezahlt werden. Was sie als Lohn bekommen, ist ein Handgeld für ihren Knechtsdienst. Zu den schmutzigen Gewerben rechnet man auch die Zwischenhändler, die, was sie vom Großhändler kaufen, sofort wieder verkaufen. Sie würden gar nichts verdienen, wenn sie sich nicht ganz auf Lügnerei verlegten ... alle Handwerker fallen auch unter diese unsaubere Zunft, was kann schon eine Werkstatt Edles an sich haben? Am allerwenigsten kann man sich einverstanden erklären mit Berufen, die nur sinnlichen Genüssen dienen: „Fischhändler, Fleischer, Köche, Hühnermäster, Fischer", wie Terenz (römischer Dichter) sagt. Meinetwegen nehme man noch dazu die Quacksalber, Tänzer und das ganz leicht geschürzte Schauspiel.
Diejenigen Berufszweige aber, die eine tiefere Vorbildung verlangen und höheren Nutzen anstreben, wie die Heilkunde, die Baukunst, der Unterricht in den edlen Wissenschaften, sind anständig für jeden, dessen Stand sie zukommen. Der Kleinhandel aber ist zu den unsauberen Geschäften zu rechnen, während der kapitalkräftige Großhandel, der die Verbrauchsgüter aus aller Welt heranschafft und sie den Massen zugute kommen lässt, nicht ganz zu tadeln ist ... Von allen Erwerbsarten ist die Landwirtschaft die beste, die ergiebigste und angenehmste, die des freien Mannes würdigste.
Cicero, De officiis. Zitiert nach: Karl Christ: Die Römer, München (Beck) ³1994, S. 103.

1 Vergleiche Abbildung der Überreste und Rekonstruktion in M1.
2 Welche Einstellung gegenüber „Arbeit" wird bei Marcus Fluvius deutlich (M2)? Gibt es heute vergleichbare Tätigkeiten bzw. Berufe?
3 Liste alle jene Berufe auf, die Cicero (M3) als „schmutzig" bezeichnet. Welche Gründe für eine solche Einschätzung werden genannt?
4 Erarbeite aus M2 und M3 Kennzeichen für „anständige" Berufe.
5 M4 zeigt links einen Sklaven, der einen Blasebalg bedient. Welchen Beruf übte der in der Bildmitte dargestellte Verstorbene aus? Benenne einige Werkzeuge.

M4 In einer Werkstatt *(Ausschnitt aus einem Sarkophag, ca. 2. Jh. v. Chr.)*

Das Vorbild der Vorfahren

M1 Aeneas trägt seinen Vater Anchises
(Tonfigur aus dem 5. Jh. v. Chr.)

„Mos maiorum". Als Aeneas, der Sage nach der Stammvater der Römer, seine brennende Heimatstadt Troja verließ, trug er seinen alten Vater Anchises auf dem Rücken (s. S. 116). In ihm hatten die Römer ein Urbild vor Augen, wie sie sich gegenüber ihren Vorfahren verhalten sollten. Das Gebot, die Ahnen zu achten und zu ehren, findet man bei vielen Völkern; bei den Römern aber hatte es ein besonderes Gewicht: Es galt nicht nur im privaten Bereich, sondern durchdrang die gesamte Lebensweise und sogar die Politik. Viele Persönlichkeiten waren überzeugt, die Tüchtigkeit früherer Generationen habe die Stadt groß gemacht. Wenn sie sich in allem nach den „Sitten der Vorfahren" („mos maiorum") richteten, würden Ansehen und Macht Roms immer weiter zunehmen. Im 3. Jh. v. Chr. hat der Historiker Ennius diese Überzeugung in dem Satz ausgedrückt: „Auf Sitten und Männern von alter Art beruht der römische Staat."

Welches Bild hatten die Römer von ihren Vorfahren und welche Regeln leiteten sie daraus ab?

Das Landleben als Ideal. In der Frühzeit (7. Jh./6. Jh. v. Chr.) waren die meisten Römer Bauern gewesen, auch die Adeligen. Sie mussten hart arbeiten und sparsam wirtschaften; für Luxus und Unterhaltung blieb weder Zeit noch Geld. Daher wurden später das ländliche Leben und bäuerliche Eigenschaften – Einfachheit, Sparsamkeit – zum Ideal. Der vornehme Römer sollte von der Landwirtschaft leben; Handel und Geldgeschäfte galten als weniger ehrenhaft. Reich zu werden war angenehm und bot die Möglichkeit, sich der Politik zu widmen, aber allzu großer Reichtum vertrug sich nicht mit einem bäuerlichen Lebensstil.

Die Ansichten über ein einfaches und hartes Leben bezogen die Römer auch auf den Krieg. Ihre Bauernsoldaten hielten die Strapazen der Märsche, des Lagerbaus und der Kämpfe aus; sie hatten ganz Italien erobert und viele siegreiche Schlachten geschlagen. Daher waren die Römer überzeugt, dass ihre Siege und ihr Aufstieg zur Weltmacht auch auf der Anspruchslosigkeit und Belastbarkeit ihrer Soldaten beruhten.

Widersprüche. Das Ideal eines Lebens nach dem Vorbild der Vorfahren stimmte immer weniger mit der Wirklichkeit überein. In Italien gaben immer mehr Bauern ihre Höfe auf und zogen nach Rom (s. S. 136). So wurde Rom zu einer Millionenstadt, deren Menschenmassen vom Landleben bald keine Vorstellung mehr hatten. Gewissenlose Verwalter pressten die eroberten Gebiete erbarmungslos aus und wurden steinreich; die Reichen lebten in unvorstellbarem Luxus. Ehrgeizige Politiker und Feldherren dachten nur noch an den eigenen Ruhm. Die alten Götter, die stets in allen Dingen um Rat und Hilfe gefragt wurden, sei es, wenn es um Kriege ging oder um Entscheidungen im privaten Bereich, waren nicht mehr so wichtig. Vielmehr zogen neue Götter und Kulte aus dem Osten die Menschen magisch an.

Trotzdem hielten die Römer an der Vorstellung fest, das private und öffentliche Leben müsse dem Vorbild der Ahnen folgen. Sie hörten nicht auf, den Jugendlichen von deren Lebensweise und Taten zu erzählen. So hatte jede Generation, bis zum Ende der Antike, eine Vorstellung davon, wie ein Römer sein solle, und wie jeder dazu beitragen könne, dass der Staat mächtig sei.

M2 Ein Bauer wird Feldherr

Atilius Calatinus gehörte zu den altrömischen Vorbildern. Er bekleidete die höchsten Staatsämter: 258 und 254 v. Chr. war er Konsul, 249 v. Chr. wurde er zum Diktator, d. h. zum alleinigen Befehlshaber, ernannt.

Den Atilius trafen die Boten des Senats, die ihn holen sollten, damit er den Oberbefehl über das römische Volk übernehme, beim Säen an. Von der Bauernarbeit waren seine Hände mit Schwielen bedeckt, aber sie retteten den Staat und vernich-
5 teten ein großes feindliches Heer. Die Hände, die eben erst das Ochsengespann am Pfluge gelenkt hatten, führten bald darauf die Zügel des Triumphwagens. Keine Schande war es für sie, den Feldherrnstab aus Elfenbein wieder niederzulegen und aufs Neue den Pflug zu ergreifen.

Valerius Maximus. Zitiert nach: Hermann Brauer: Roms Aufstieg zur Weltmacht (= Schöninghs geschichtliche Reihe), Paderborn 1971, S. 46f.

M3 Totenehrung beim Adel

Polybios, ein gebildeter Grieche, wurde 167 v. Chr. als Geisel nach Rom gebracht. Hier konnte er die römischen Besonderheiten genau beobachten und schrieb darüber ein Buch. Darin berichtet er, dass die vornehmen Römer von bedeutenden Verstorbenen ihrer Familie Wachsmasken anfertigen und diese in ihren Häusern in hölzernen Schreinen aufstellen.

Diese Schreine öffnen sie bei den großen Festen und schmücken die Bilder, so schön sie können. Und wenn ein angesehenes Glied der Familie stirbt, führen sie sie im Trauerzug mit und setzen sie Personen auf, die an Größe und Gestalt den
5 Verstorbenen möglichst ähnlich sind. Wenn sie zur Rostra (Rednertribüne auf dem Markt) gekommen sind, nehmen alle in einer Reihe auf elfenbeinernen Stühlen Platz. Man kann sich nicht leicht ein großartigeres Schauspiel denken für einen Jüngling, der nach Ruhm verlangt und für alles Große be-
10 geistert ist. Denn die Bilder der wegen ihrer Taten hoch gepriesenen Männer dort alle versammelt zu sehen, als wären sie noch am Leben und beseelt, wem sollte das nicht einen tiefen Eindruck machen? Was könnte es für einen schöneren Anblick geben? Wenn nun der Redner über den, den sie zu
15 Grabe tragen, gesprochen hat, geht er zu den anderen über, die da auf der Rostra versammelt sind, und berichtet von den Erfolgen und Taten eines jeden. Da auf diese Weise die Erinnerung an die Verdienste der hervorragenden Männer immer wieder erneuert wird, ist der Ruhm derer, die etwas Großes
20 vollbracht haben, unsterblich, das ehrende Gedächtnis der Wohltäter des Vaterlandes bleibt im Volke wach und wird weitergegeben an Kinder und Enkel. Vor allem aber wird die Jugend angespornt, für das Vaterland alles zu ertragen, um ebenfalls des Ruhmes, der dem verdienten Manne folgt, teil-
25 haft zu werden.

Polybios VI, 54. Zitiert nach: Rainer Beck (Hrsg.): Streifzüge durch die Jahrhunderte (= Beck'sche Reihe, Nr. 340), München 1987, S. 67.

M4 Vornehmer Römer mit den Büsten seiner Vorfahren *(um Christi Geburt)*

1 Nenne Tätigkeitsbereiche des Atilius. Was war sein „Hauptberuf"? Erkläre, warum Männer wie Atilius in späterer Zeit als Vorbilder galten (M2).
2 Erarbeite aus M3, in welcher Absicht die vornehmen Römer die Taten ihrer Vorfahren vergegenwärtigten.
3 Fasse zusammen, wie der ideale Römer sein soll.

Die Ständekämpfe

M1 Kanaldeckel in Rom heute (S.P.Q.R. = Senatus Populusque Romanus = Senat und Volk von Rom)

Harmonie oder Konflikt? Auf den Kanaldeckeln im heutigen Rom sind die Buchstaben S.P.Q.R. zu lesen. Sie erwecken den Eindruck, dass „Senat und Volk von Rom" immer schon eisern zusammengehalten haben. Etwas ganz anderes aber erzählen uns Geschichten aus der Frühzeit Roms, nämlich dass sich das Volk, die ▸ Plebejer (lat. plebs = Volk), gegen die Herrschaft der ▸ Patrizier (Adeligen) im Senat zusammengetan hat. Wie ging es also zu in der jungen römischen Republik? Herrschte Harmonie zwischen den Mächtigen und dem Volk – oder gab es endlosen Streit um Macht und Einfluss? Die Antwort könnte man so formulieren: Die Römer mussten sich in ihrer Republik erst einmal „zusammenraufen". Dazu brauchten sie mehr als 200 Jahre.

Vorrechte der Patrizier. Die Patrizier, die alteingesessenen vornehmen Männer des Adels, bildeten den ▸ Senat (Rat der Alten) und beherrschten gemeinsam die römische Republik. Wenn Rom gegen benachbarte Völker und ihre Könige kämpfte, und das geschah oft, stellten die Patrizier die Reiterei, die Plebejer kämpften als Schwerbewaffnete oder als leicht bewaffnete Fußsoldaten. Denn unter den Plebejern gab es Leute mit unterschiedlichem Vermögen, reichere oder ärmere Bauern und Handwerker. Wenn nun der Krieg siegreich endete, erhielt Rom neu erobertes Land. Die Senatoren verteilten es unter sich, die Plebejer gingen leer aus. Dazu kam noch, dass sich viele einfache Bauern im Laufe der Zeit bei den Patriziern verschuldeten. Wer seine Schulden nicht bezahlen konnte, musste nach römischem Gewohnheitsrecht damit rechnen, dass sein Gläubiger ihn einkerkern ließ oder ihn als Sklaven verkaufte.

Die Plebejer kämpfen um ihre Rechte. Das einfache Volk forderte mehr Mitsprache und gleiches Recht. Sie wollten bei der Landverteilung berücksichtigt und von der Schuldenlast befreit werden. Natürlich waren die Patrizier mit den Wünschen des Volkes nicht einverstanden. Aber das Volk kämpfte für seine Interessen. Die Plebejer bestimmten auf ihren Versammlungen Volkstribunen, die ihre Sache gegenüber den Patriziern vertreten sollten. Sie waren sakrosankt, d. h. „bei den Göttern unverletzlich und heilig". Das beeindruckte auch die Senatoren. Die schärfste Waffe im Ständekampf zwischen Patriziern und Plebejern war der Streik und die Wehrdienstverweigerung des Volkes gegen die Herren im Senat. Mehrfach war das römische Volk aus der Stadt ausgezogen, um seine Macht zu beweisen. Allerdings hat sich der Senat unter Druck als politisch klug und kompromissbereit erwiesen. Das Volk bekam immer mehr Rechte zugestanden. Und den vornehmen Familien gelang es, die Plebejer davon zu überzeugen, dass Zusammenarbeit mehr Erfolg versprach, als sich zu bekämpfen. So hat sich über Jahrhunderte hinweg eine politische Ordnung in Rom auf der Grundlage des Kompromisses und der Concordia (Eintracht) entwickelt.

M2 Ein Amtsträger hält eine Rede an das Volk (lebensgroße Bronzestatue, ca. 90 v. Chr.).

M3 Erfolge der Plebejer in den Ständekämpfen

Schritte zur Verfassung der römischen Republik:
- Das Amt der Volkstribunen wird eingeführt.
- Volkstribunen können mit ihrem Veto Beschlüsse der Beamten verhindern.
- Zwölftafelgesetz: Auf zwölf Bronzetafeln wird das römische
5 Recht aufgeschrieben und öffentlich aufgestellt.
- Eheverbot zwischen Patriziern und Plebejern wird aufgehoben.
- Auch Plebejer erhalten erobertes Land zugeteilt.
- Plebejer können Konsuln und Senatoren werden.
10 - Schuldknechtschaft wird verboten.
- Die Versammlung der Plebejer kann Gesetze beschließen.

Zusammenstellung des Autors

*Münze mit der Abbildung der Concordia (42 v. Chr.)
Die Beschriftung auf der Rückseite nennt den Namen der Prägestätte.*

M4 Aus dem Zwölftafelgesetz *(um 450 v. Chr.)*
- Wer vor das Gericht gerufen wird, muss hingehen... Wenn er nicht geht, Ausflüchte macht oder fliehen will, soll er festgenommen werden.
- Wenn jemand ein Glied verstümmelt, soll der Täter das glei-
5 che leiden, wenn er sich nicht mit dem Verletzten gütlich einigt.
- Hat jemand nachts einen Diebstahl begangen und hat man den Dieb getötet, so soll er mit Recht erschlagen worden sein.
10 - Ist eine Geldschuld gerichtlich anerkannt worden, ... sollen 30 Tage zur Schuldentilgung zu Recht bestehen ...
- Erfüllt der Schuldner seine Verpflichtung nicht ..., soll ihn der Gläubiger mit sich führen und fesseln entweder mit einem Strick oder mit Fußfesseln im Gewicht von 15 Pfund ...

Vom Verfasser übersetzt

M5 Die Plebejer streiken

Der Sage nach sollen 494 v. Chr. die Plebejer auf einen nahe gelegenen heiligen Berg gezogen sein und gestreikt haben. Darauf beschloss man, den Agrippa Menenius als Sprecher zum Volk zu schicken. Er soll Folgendes gesagt haben, um die Patrizier zu überzeugen:

Einst war im Menschen noch nicht alles so harmonisch wie heute. Jedes Glied hatte seinen eigenen Willen, seine eigene Sprache. Da ärgerten sich die übrigen Glieder, dass sie nur für den Magen sorgten, für ihn arbeiteten und alles heranhol-
5 ten. Der Magen aber liege ruhig in der Mitte und tue nichts anderes, als sich mit den herangebrachten Dingen zu sättigen. Die Glieder beschlossen also: Die Hände sollten keine Nahrung zum Munde führen, der Mund solle das Gebotene nicht nehmen, die Zähne nicht zerkauen. In dieser Zeit, da sie
10 den Magen durch Hunger zwingen wollten, wurden die Glieder selbst und der ganze Körper völlig schwach und elend. Da sahen sie ein, dass auch die Aufgabe des Magens nicht die Faulheit war. Ebenso, wie er ernährt wurde, stärkte er auch wieder. Das durch die Verarbeitung der Nahrung erzeugte
15 Blut, wodurch wir leben und gedeihen, verteilte er in alle Adern bis in alle Glieder des Körpers.

(Durch den Vergleich gelang es Menenius, die Menge umzustimmen.)

Titus Livius, Ab urbe condita libri. Zitiert nach: Römische Frühgeschichte I, übertragen und ausgewählt von Josef Feix (= Goldmann TB, Nr. 675), München 1960, S. 105f.

1 Ordne die Liste aus M3 nach den Oberbegriffen: mehr Schutz – mehr Gleichheit – mehr Einfluss für die Plebejer.

2 Weshalb hat man auf dieser Münze die Göttin Concordia abgebildet? Lies über sie nach.

3 Das Zwölftafelgesetz wurde auf Bronzetafeln öffentlich ausgestellt (M4). Was sollte damit erreicht werden?

4 Menenius könnte so ausgesehen haben, wie die Statue eines Beamten (M2). Gib seine Rede in eigenen Worten wieder (M5), nimm dazu auch die Haltung des Beamten ein (M2). Was sollte durch diese Statue ausgedrückt werden?

5 Erzähle diese Geschichte, z. B. als Streik der Blätter eines Baumes gegen den Stamm.

Die Verfassung der römischen Republik

Wie funktionierte die politische Ordnung? Die Grundlage dafür, wie Rom regiert wurde, wer welche Rechte besaß und Entscheidungen treffen durfte, wurde im Laufe eines langen Prozesses über mehrere Jahrhunderte geschaffen. Alle Bürger sollten an den Entscheidungen des Staates mitwirken, Politik ging jeden an (▸ res publica = öffentliche Sache). Das Recht mitzuwirken, hatten die Plebejer in den Ständekämpfen errungen. Beide Parteien waren sich bei allen Gegensätzen in einer Hauptsache einig: Sie lehnten jede Form von Alleinherrschaft ab. Nur wenn der römische Staat in großer Gefahr war, etwa durch äußere Feinde, konnte ein ▸ Diktator für höchstens sechs Monate bestimmt werden.

Sicherungen gegen Alleinherrschaft. Als Schutz vor Tyrannei hatten die Römer viele Sicherungen in ihre Ordnung eingebaut. Sie hatten die wichtigen Ämter, die Magistrate, mit mindestens zwei Männern besetzt. Wenn ein Amtsträger dem anderen widersprach, dann konnte keiner etwas durchsetzen. Auch durften sie ihr Amt nur jeweils ein Jahr lang ausüben. Männer, die Erfahrung als Magistrate hatten, wurden Mitglieder des Senats. Als Senatoren berieten sie die aktiven Beamten. Ihr Alter und ihr Sachverstand verlieh den Senatoren eine hohe Autorität. Sie versammelten sich zu ihren Sitzungen in der Curia, einem Haus am Rande des Forums. Dort tagten sie bei geöffneten Türen. Jeder konnte ihnen zuhören. Die Beschlüsse des Senats waren keine Gesetze, sondern nur Empfehlungen. Allerdings waren diese Ratschläge von solchem Gewicht, dass es sich ein Beamter kaum erlauben konnte, ihnen nicht zu folgen.

Mitbestimmung der einfachen Bürger. Die Möglichkeiten der römischen Bürger, an politischen Entscheidungen mitzuwirken, lagen vor allem in der ▸ Volksversammlung. Die Plebejer konnten an der Wahl der höchsten Beamten teilnehmen. Die dann gewählten Magistrate gehörten allerdings meist den Patriziern an. Von den Plebejern gewählten ▸ Volkstribunen konnten die Beschlüsse der Beamten mit dem Ruf „Ich verbiete!" (= veto) blockieren. Damit erhielten sie entsprechend großen Einfluss auf die Gesetzgebung, sodass die meisten Gesetze durch die Volkstribunen dem Volk zur Abstimmung vorgelegt wurden (Plebiszit oder Volksabstimmung).

Die römische Republik – ein Staat mit nur wenigen Beamten. Wir müssen uns Rom in der Zeit nach den Ständekämpfen als eine große Stadt von mehreren 100 000 Einwohnern vorstellen. Hier wohnten römische Bürger, freie Nichtrömer verschiedener Völker und Sklaven zusammen (s. S. 152ff.). Verwaltet wurde die Bevölkerung von zwei Konsuln und von 16 Beamten, die für die öffentliche Ordnung, das Gerichtswesen und die Finanzen zuständig waren. Daneben gab es etwa 30 weitere Beamte. Die obersten Beamten erhielten für ihre Arbeit keine Bezahlung. Es galt als Ehre, in ein Amt der Republik gewählt zu werden. Daher konnten nur die Angehörigen des Adels und wenige wohlhabende Plebejer diese ausüben. Trotz vieler heftiger Auseinandersetzungen zwischen Patriziern und Plebejern gab es in der Republik Rom keine Polizeitruppe. Das Militär durfte die Stadt nicht betreten. Auch wenn es zu Unruhen kam, hielten die Römer an dieser geringen Zahl von Ordnungskräften ihres Staates fest. In den Provinzen regierten Statthalter, die ihre Befehle von Rom erhielten.

M1 Liktoren mit fasces
Wenn sich die hohen Beamten der Republik in der Öffentlichkeit zeigten, wurden sie von Liktoren begleitet. Zum Zeichen der Gewalt, die die Magistrate für den Staat ausübten, trugen die Liktoren Rutenbündel, lat. fasces. Ein starker Riemen hielt mehrere Ruten und ein Beil zusammen. Somit waren die ‚fasces' ein Symbol für die Republik.

Methodenseite

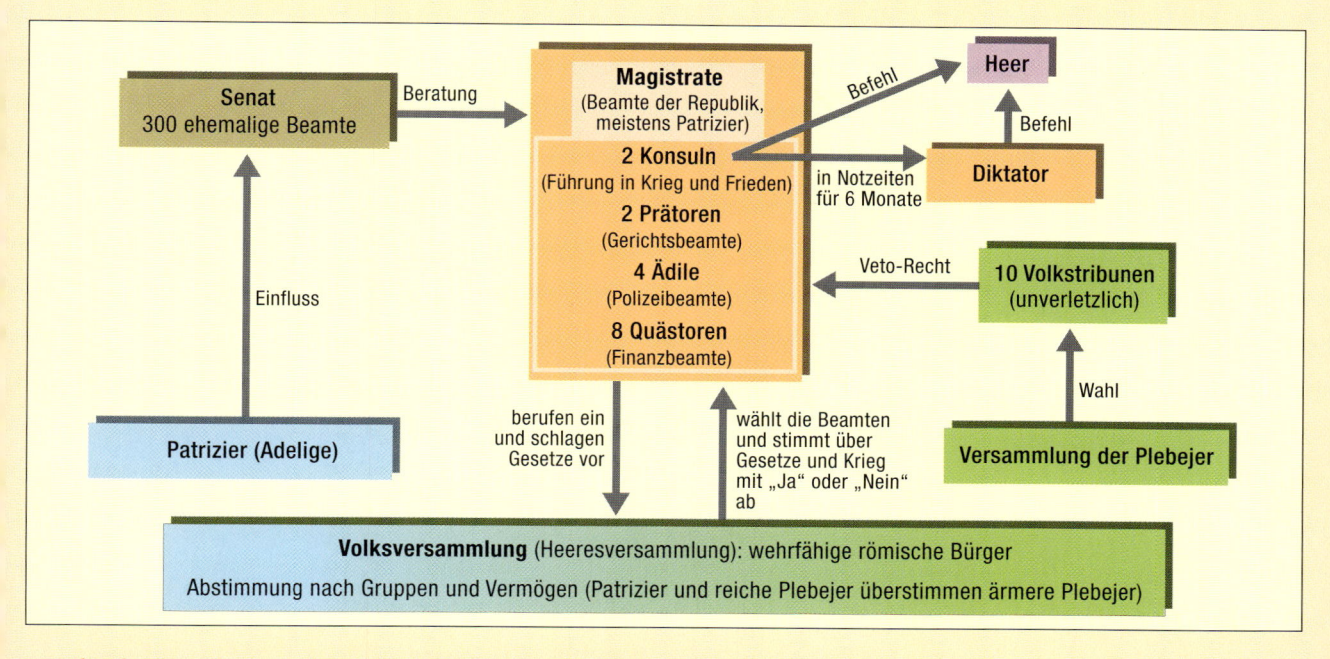

```
┌─────────────────────────────────────────────────────────────────────────────────────┐
│                                    Magistrate                                        │
│   Senat          Beratung       (Beamte der Republik,      Befehl      Heer         │
│   300 ehemalige Beamte   →      meistens Patrizier)        ─────→                   │
│                                    2 Konsuln                          Befehl        │
│                                 (Führung in Krieg und Frieden)          ↓           │
│        ↑                           2 Prätoren       in Notzeiten    Diktator        │
│                                 (Gerichtsbeamte)    für 6 Monate                    │
│     Einfluss                       4 Ädile          ← Veto-Recht    10 Volkstribunen│
│                                 (Polizeibeamte)                     (unverletzlich) │
│                                    8 Quästoren                                      │
│                                 (Finanzbeamte)                         ↑            │
│                                                                      Wahl           │
│   Patrizier (Adelige)                                                               │
│                          berufen ein   wählt die Beamten          Versammlung       │
│                          und schlagen  und stimmt über            der Plebejer      │
│                          Gesetze vor   Gesetze und Krieg                            │
│                              ↓         mit „Ja" oder „Nein"                         │
│                                        ab ↑                                         │
│   Volksversammlung (Heeresversammlung): wehrfähige römische Bürger                  │
│   Abstimmung nach Gruppen und Vermögen (Patrizier und reiche Plebejer überstimmen   │
│   ärmere Plebejer)                                                                  │
└─────────────────────────────────────────────────────────────────────────────────────┘
```

Methode: Wie lerne ich ein Schaubild „zum Sprechen zu bringen"?

Nicht nur in eurem Geschichtsbuch findet ihr immer wieder Schaubilder, sondern auch in Zeitungen oder im Internet. Schaubilder sind ein praktisches Mittel der Verpackung von viel Information. Deshalb muss man lernen, die Informationen aus dieser Verpackung zu entnehmen. Wie gehst du dabei vor?

1. Schritt: Erste Analyse des Schaubildes
Welche Figuren, Farben und Formen werden verwendet? Benenne für dich – oder mit anderen –, was diese Einzelheiten jeweils bedeuten sollen. Wofür stehen die Pfeile? Welche Wörter musst du nachschlagen, weil sie dir unbekannt sind?

2. Schritt: Gib den Inhalt des Schaubildes in eigenen Worten wieder.
Beginne in einer Ecke und umschreibe dann mit deinen Worten die ganze Darstellung. Oder gehe vom Zentrum nach außen.

3. Schritt: Fasse zusammen, wie nach diesem Schema die Macht verteilt ist.
Dabei muss man wieder systematisch vorgehen und fragen: Wer bzw. welche Gruppen können mitbestimmen? In welchen Aufgaben und Rechten besteht diese Mitbestimmung? Wer kann bzw. welche Gruppen können etwas gegen andere unternehmen? Alle Mittel und Schranken der Macht kann man in einer einfachen Tabelle gegenüberstellen (Senat – Magistrate – Patrizier – Plebejer …).

4. Schritt: Was wird im Schaubild nicht erklärt?
Überlege dir Fragen, die das Schaubild nicht erklärt. Suche darauf Antworten auf Seite 134 und 136. Wo könntest du noch nachschauen, wenn du keine Antwort gefunden hast?

5. Schritt: Welche Meinung hast du von dieser Verfassung?
Nachdem du dich so gründlich mit einer staatlichen Ordnung beschäftigt hast, wirst du dir auch darüber eine Meinung gebildet haben. Hilfreich dazu können folgende Fragen sein: Was finde ich an diesem Staat und seiner Machtverteilung gerecht oder ungerecht? Warum möchte ich (möchte ich nicht) in einem solchen Staat leben?

1 Du hast in diesem Buch bereits einige Verfassungen kennen gelernt. Was haben z.B. die beiden Verfassungen vom antiken Athen (S. 85) und Rom gemeinsam? Worin unterscheiden sie sich?

Methodenseite: Geschichtskarten auswerten

Rom – eine Stadt erobert die Welt

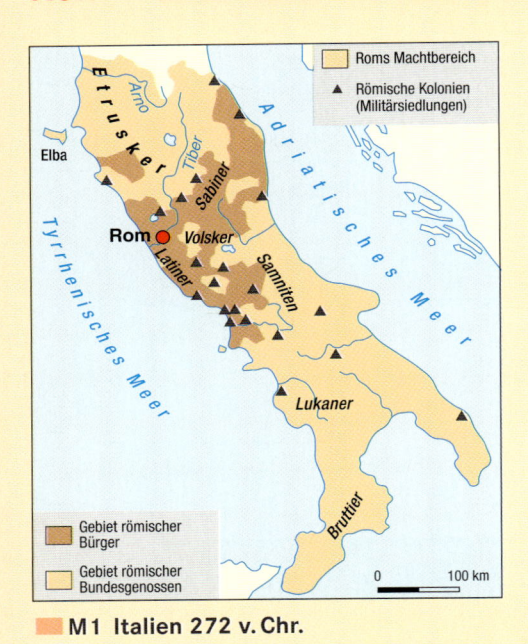

M1 Italien 272 v. Chr.

M2 Das Römische Reich 201 v. Chr.

Verschiedene Kartensorten. Geschichte ereignet sich nicht nur in der Zeit, sondern stets auch an bestimmten Orten und in geographischen Räumen. Daher sind Karten ein wichtiges Hilfsmittel, historische Ereignisse, Zustände und Entwicklungen zu verstehen. Hierbei können verschiedene Kartensorten verwendet werden. Beim Großkapitel „Griechenland" hast du eine geographische Karte mit Küstenlinien, Flusstälern und Gebirgen benutzt. Ihr konntest du auch historische Informationen entnehmen (s. S. 69). Die eigentliche Kartensorte im Fach Geschichte ist natürlich die Geschichtskarte. Sie ist mit farbigen Flächen und Zeichen, Linien und Pfeilen versehen. Du hast bisher schon einige Male mit solchen Karten gearbeitet. Übrigens: Geschichtskarten sind nicht dasselbe wie historische Karten – diese stammen aus anderen Zeiten und haben die Bedeutung von Quellen. Geschichtskarten fangen zu sprechen an, wenn sie in folgenden Schritten ausgewertet werden:

1. Schritt: Thema und Zeitraum ermitteln
Bei einer geographischen Karte käme man in vielen Fällen auch ohne Überschrift weiter: Man sieht eine Landschaft gleichsam aus großer Höhe und kann daraus viele Erkenntnisse ableiten. Bei einer Geschichtskarte dagegen muss man immer ihren Titel kennen. Erst wenn man weiß, ob es um Bevölkerungsbewegungen, Städtegründungen, Kriegszüge oder Reichsbildungen geht, gewinnen die farbigen Flächen und Symbole einen Aussagewert. Ebenso wichtig ist die zeitliche Einordnung – Geschichtskarten beziehen sich, im Gegensatz zu geographischen Karten, immer auf einen Zeitraum in der Vergangenheit.

2. Schritt: Zeichen und Maßstab entschlüsseln
In einer Legende (Zeichenerklärung, Lesehilfe) wird die Bedeutung der farbigen Flächen, Linien, Punkte und unterschiedlichen Schriftarten und Schriftgrößen erklärt. Der Maßstab ist in Form einer Entfernungsleiste mit Kilometerangaben dargestellt und gibt an, welche Ausdehnung die dargestellten Gebiete in Wirklichkeit haben.

3. Schritt: Kartenaussage zusammenfassen
Eine Karte gibt zu dem Thema, das sie darstellt (s. Schritt 1), auf einen Blick eine Fülle von Informationen. Diese müssen geordnet und formuliert werden. Das ist der Kern der Kartenarbeit.

4. Schritt: Zusätzliche Informationen beschaffen
Es bleiben immer Fragen, die eine Geschichtskarte nicht beantwortet. So werden z. B. die Jahreszahlen für die vier Karten nicht näher erklärt. Die Zeitleiste auf S. 164 gibt dir dazu einige Informationen. Du kannst aber auch andere Bücher, Geschichtsatlanten und das Internet heranziehen.

Methodenseite

Die folgenden Aufgaben zeigen dir, wie du die Karten in den beschriebenen vier Schritten bearbeiten kannst:

1 Ergänze den Text: „Die einzelnen Karten auf dieser Doppelseite zeigen … . Nacheinander betrachtet lassen sie Stoßrichtungen der römischen Expansion (Ausdehnung) erkennen und wie lange es dauerte, bis … ."

2 Ermittle die Entfernungen von Rom an die jeweils äußersten Punkte des Reiches sowie die größte Ost-West- und Nord-Süd-Ausdehnung des Reiches.

■ **M3** Das Römische Reich 133 v. Chr.

3 a) Stelle die römische Expansion mithilfe einer Schemazeichnung in vier Stufen dar. Trage unter jeder Stufe die wichtigsten Länder ein, die erobert wurden.
b) Beschreibe anhand dieser Skizze den Prozess der Ausdehnung des Römischen Reiches.

4 a) Vergleiche die römische Expansion mit der Entstehung des Reiches Alexanders des Großen (s. S. 107).
b) Stelle fest, warum die Jahre 201 v. Chr. und 133 v. Chr. wichtige Daten in der Entwicklung des Römischen Reiches sind (s. S. 132f. und S. 164).

■ **M4** Das Römische Reich 117 n. Chr.

Roms schwerster Krieg

Entstehung und Verlauf des Konflikts. Als Rom die Herrschaft über Italien errungen hatte, gab es in unmittelbarer Nachbarschaft nur die einflussreichen Städte auf Sizilien und als weitere Großmacht die Karthager. Aus dem Zusammenschluss phönizischer Städte und Handelsniederlassungen war im Laufe der Zeit eine beachtliche Handels- und Seemacht entstanden, deren Zentrum die Stadt Karthago im heutigen Tunesien bildete.

Feindseligkeiten zwischen Rom und Karthago brachen aus, als die sizilianischen Städte Messina und Syrakus die beiden Großmächte in ihren Krieg hineinzogen. Sowohl die Punier, wie die Karthager von den Römern genannt wurden, als auch Rom sahen ihre Chance, auf Sizilien ihren Einfluss auszubauen. Der Streit mündete in den 1. Punischen Krieg (264–241 v. Chr.) und endete mit dem Aufstieg Roms zur Vormacht im westlichen Mittelmeer. Zu Anfang des Krieges hatten die Römer empfindliche Niederlagen hinzunehmen, weil sie bis zu jenem Zeitpunkt lediglich als Land- und nicht als Seemacht aufgetreten waren. Erst allmählich bauten sie eine schlagkräftige Kriegsflotte auf. Nach 20 Jahren musste sich Karthago schließlich geschlagen geben und auf Sizilien, das wichtigste Getreideanbaugebiet der Antike, verzichten.

M1 Die römischen Kriegsschiffe
Sie glichen äußerlich denen der Griechen und Punier, führten jedoch durch zwei Neuerungen eine völlig neue Kampftechnik ein: Neben dem üblichen Rammsporn besaßen die Schiffe eine drehbare Enterbrücke, die auf das Deck des feindlichen Schiffes fiel. Im Kampf wurden die Soldaten durch Schützen auf einem Turm unterstützt.

Die Insel wurde Roms erste ▸ Provinz. Ein Statthalter sorgte dafür, dass die Steuern eingetrieben wurden, aber auch dass Recht und Ordnung herrschten. Die Bewohner einer Provinz besaßen lange Zeit kein römisches Bürgerrecht.

Mit Elefanten gegen Rom. Als Karthago auf der Suche nach neuen Handelsräumen und Stützpunkten seine Herrschaft über Spanien ausweitete, musste sich Rom aufs Neue herausgefordert fühlen. Doch den 2. Punischen Krieg (218–201 v. Chr.) eröffneten die Karthager, deren Feldherr Hannibal einen tollkühnen Plan durchführte: Mitten im Winter überquerte er mit etwa 50 000 Fußsoldaten, 10 000 Reitern und ca. 60 Kriegselefanten die Alpen. Inmitten steiler, teilweise Schnee bedeckter Berghänge und gähnender Abgründe mussten seine Soldaten die Angriffe wilder Bergstämme abwehren.

Dennoch zog Hannibal nach Italien und blieb drei Jahre lang unbesiegt, ging aber nicht gegen die Stadt Rom vor. Erst 216 v. Chr. kam es zu einer gewaltigen Schlacht bei Cannae, in der das zahlenmäßig überlegene Heer Roms völlig vernichtet wurde: Von 86 000 Römern sollen 50 000 gefallen sein. „Hannibal ante portas" (= Hannibal vor den Toren) war der Schreckensruf auf den Straßen Roms. Doch der Feldherr zögerte. Hannibal hoffte vergebens auf den Abfall der römischen Bundesgenossen. Diese durften sich unter den Römern selbst verwalten, mussten aber auf eine eigene Außenpolitik verzichten. Auch ihr Heer war Rom unterstellt.

In den nachfolgenden Jahren konnten die Römer ihre Kräfte erneuern. Schließlich setzte ein römisches Heer von Sizilien aus nach Afrika über und bedrohte Karthago, was Hannibal zur Rückkehr zwang. Im Jahre 202 v. Chr. stellte er sich bei Zama zur Entscheidungsschlacht, die die Römer gewannen. 201 v. Chr. wurden den Karthagern harte Friedensbedingungen diktiert: Alle Besitzungen außerhalb Afrikas gingen verloren, die Flotte musste bis auf zehn Schiffe ausgeliefert und eine hohe Kriegsentschädigung gezahlt werden. Karthago hörte auf, eine Großmacht zu sein; doch die Angst der Römer vor einem Wiedererstarken des Gegners dauerte fort. 146 v. Chr. ließen sie deshalb aus einem nichtigen Anlass Karthago völlig zerstören. Das Land der Punier wurde zur Provinz Africa.

M2 Das karthagische Seereich und Hannibals Zug über die Alpen

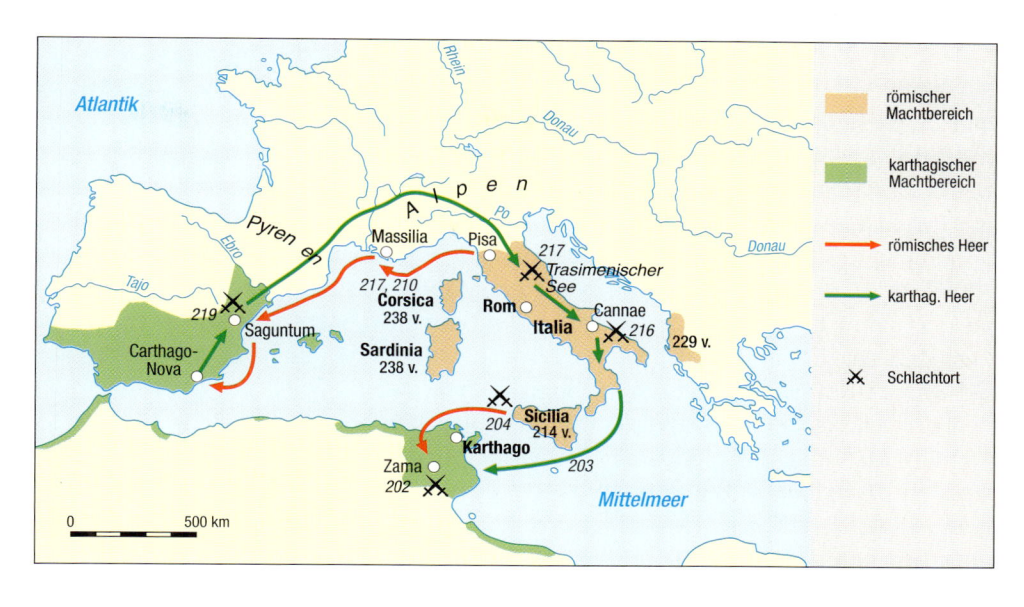

M3 Hannibal über die Römer
Der Historiker Livius lässt Hannibal vor der letzten Schlacht zu den Truppen sprechen:
Dieses grausame und stolze Volk (der Römer) nimmt alles in Besitz und unterwirft alles seiner Entscheidung. Mit wem wir Krieg, mit wem wir Frieden haben dürfen, das anzuordnen steht nach seiner Meinung ihm zu. Es schließt uns ganz eng
5 in Grenzen von Bergen und Flüssen ein, die wir nicht überschreiten sollen, und hält die Grenzen selbst nicht ein ... Es ist nicht genug, dass du (Rom) mir meine alten Provinzen (Korsika, Sizilien, Sardinien) genommen hast? Nimmst du mir auch noch Spanien? Und wenn ich dieses verlasse, wirst du
10 nach Afrika hinübergehen?
Livius, Römische Geschichte 21,44 (bearb. vom Verfasser).

M4 Die Bestimmung des Römers
Der römische Dichter Vergil (70–19 v. Chr.) lässt in einem Gedicht den Göttervater Jupiter sprechen:
Andere mögen Gebilde aus Erz in weicherem Gusse formen, ich glaub's und lebendige Züge dem Marmor verleihen, / besser mit Reden verfechten das Recht und die Bahnen des Himmels zeichnen mit messendem Stab und der Sterne Er-
5 scheinen verkünden: / Du aber, Römer, gedenke mit Macht der Völker zu walten, / dies sei deine Berufung – des Friedens Gesetze zu ordnen. Schon den, der sich gefügt, doch brich den Trotz der Rebellen!
Vergil, Aeneis 6,84ff., unter Verwendung der Übertr. von Ludwig Neuffers, übersetzt von Wilhelm Plankl und Karl Vrestka, Stuttgart (Reclam) 1980, S. 168f.

M5 Warum führen die Römer Krieg?
Der von den Römern bedrohte König Mithridates aus Pontus (Kleinasien) soll geschrieben haben (1. Jh. v. Chr.):
Die Römer haben als einziges und uraltes Motiv dafür, mit allen Nationen und Völkern und Königen Krieg anzufangen: unermessliche Begierde nach Herrschaft und Reichtum ... Die Römer führen ihre Waffen gegen alle Völker, die schärfsten
5 gegen die, deren Niederlage die meiste Waffenbeute einbringt: durch Wagen und Täuschen und dadurch, dass sie Krieg an Krieg reihen, sind sie groß geworden. Und so werden sie alles vernichten oder selbst zugrunde gehen.
Sallust, Historien 4,69. Zitiert nach: GiQ 1, S. 505f.

1 Die Seeschlacht erreicht ihren Höhepunkt. Die Römer entern die Schiffe ihrer Feinde ... Setze die Erzählung fort (M1).
2 Beschreibe mithilfe der Karte M2 den Zug Hannibals nach Italien und berichte auch von den Schwierigkeiten, die das Heer dabei zu meistern hatte. Warum wählte Hannibal diese beschwerliche Route?
3 Welche Gründe werden für die Kriege Roms genannt (M3–M5)?
4 Der römische Schriftsteller und Politiker Cicero hatte im 1. Jh. v. Chr. Folgendes gesagt: „Ein gerechter Krieg kann nur zur Rache oder zum Zurücktreiben der Feinde geführt werden ..." Diskutiert, wie weit diese Aussage mit den Kriegen der Römer zu vereinbaren ist, wie weit sie heute Gültigkeit hat. Stellt Ciceros Ansicht den in M3–M5 genannten Gründen gegenüber.

Die Sklaven der Römer: „Lebendige Werkzeuge" oder Mitmenschen?

Menschen als Ware. Bei ihren Kriegszügen gegen Karthago und im Osten nahmen die Römer Massen von Menschen gefangen: Gegnerische Armeen und die Einwohner ganzer Städte schleppte man auf Sklavenmärkte und bot sie wie Waren zum Kauf an. Auf der Insel Delos, dem größten Sklavenmarkt, wurden an manchen Tagen bis zu 10 000 „Arbeitskräfte" verkauft; viele von ihnen kamen nach Italien. Man hat ausgerechnet, dass von den ca. 7,5 Millionen Einwohnern Italiens im 1. Jh. v. Chr. ungefähr ein Drittel Sklaven waren. Ein Großteil von ihnen musste auf den Feldern, in den Olivenhainen und Weinbergen der Großgrundbesitzer (Latifundien) arbeiten. Sie wurden streng bewacht und verbrachten die Nächte gefesselt in besonderen Sklavenhäusern. Andere wiederum hüteten große Schafherden, mit denen sie durch die Berge zogen. Sie wurden so schlecht versorgt, dass sie sich oft nur durch Straßenraub am Leben erhalten konnten.

M1 Halsband eines Sklaven und seine Besitzermarke

Auf der Marke steht: „Halte mich, damit ich nicht fliehe, und gib mich meinem Herrn zurück."

Sklavenaufstände. Die harte Behandlung so vieler Sklaven musste zu Unruhen führen. Es ist kein Zufall, dass eine lange Serie von Sklavenaufständen unmittelbar nach dem Ende des 2. Punischen Krieges begann: 198 v. Chr. erhoben sich karthagische Kriegsgefangene in Mittelitalien und brachten eine Stadt in ihre Gewalt. 136 brach der sizilianische „Sklavenkrieg" aus, der sich über vier Jahre hinzog. 70 000 Sklaven entliefen ihren Herren und wählten einen der ihren zu ihrem König. Gemeinsam mit freien Armen aus den Städten plünderten und brandschatzten sie die Landhäuser der Reichen und nahmen furchtbare Rache an ihren Peinigern. 73 v. Chr. brachen aus einer Gladiatorenkaserne in Süditalien 70 Gefangene aus. Ihnen schlossen sich rasch zehntausende von Sklaven an; zu ihrem Anführer wählten sie Spartacus. Er zog mit 120 000 Mann durch ganz Italien und verwüstete das Land. In allen diesen Fällen konnten sich die Römer nur mit starken Truppenverbänden und nach schweren Kämpfen durchsetzen. Wenn sie die Aufstände niedergeschlagen hatten, übten sie furchtbare Rache. So starben nach dem Spartacus-Aufstand entlang der Via Appia, der Straße von Rom nach Süditalien, 6 000 Sklaven qualvoll am Kreuz.

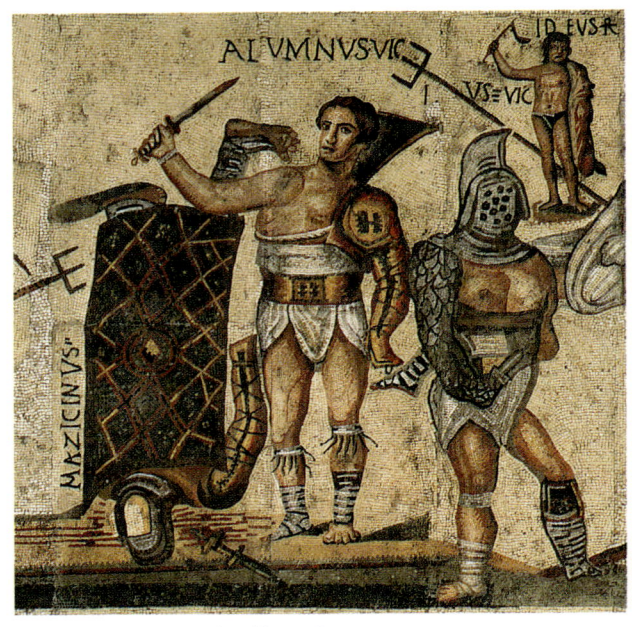

M2 Gladiatoren beim Kampf
Gladiatoren waren eine besondere Gruppe von Sklaven. Sie wurden speziell dafür ausgebildet, in der Zirkusarena vor tausenden von Zuschauern auf Leben und Tod zu kämpfen.

Die Lage der Sklaven bessert sich. Immer mehr Herren begriffen, dass halbwegs zufriedene Sklaven williger arbeiteten. Aber auch grundsätzlich waren immer mehr Römer bereit anzuerkennen, dass auch Sklaven Mitmenschen seien. Da auch sie Nachkommen hatten, besaß mancher vornehme Römer allmählich mehr von ihnen, als benötigt wurden. Da war es für ihn oft vorteilhafter, sie freizulassen und in seine Klientel (s. S. 118) einzugliedern. Die Freigelassenen aus Griechenland oder dem hellenistischen Osten hatten aus ihrer Heimat oft sehr gute Kenntnisse und Fertigkeiten mitgebracht. In Rom und Italien gelang es vielen von ihnen, als Bäcker, Schneider oder Mosaikmacher, als Kaufleute oder Ärzte zu Wohlstand zu kommen; einige wurden sogar Millionäre. Schließlich lagen Handwerk und Handel, aber auch das Gesundheitswesen, Theater und sogar die Staatsverwaltung Roms weitgehend in den Händen von freigelassenen Sklaven.

M3 Zwei Einstellungen zu Sklaven

Ein guter Hausvater, schreibt Cato (234–149 v. Chr.) seinem Sohn – in seinem Buch „Über die Landwirtschaft" – müsse eher aufs Verkaufen als aufs Einkaufen aus sein. Er zählt u. a. auch all die überflüssigen Dinge auf, die der pater familias lieber heute als morgen abstoßen solle: Was an Wein und Getreide übrig ist; alte Rinder, der Muttermilch entwöhnte Kälber und Lämmer; Wolle, Felle; einen alten Wagen, altes Eisengerät; einen alten Sklaven, einen kranken Sklaven, und was sonst noch übrig ist.

Ein ganz anderes Bild vom Verhältnis des Herrn zu seinen Sklaven zeichnet der Brief, in dem der jüngere Plinius (61–113 n. Chr.) seinen Schmerz um den Verlust eines ihm vertraut gewordenen Freigelassenen klagt – sehr wohl im Bewusstsein der Unzeitgemäßheit solcher Trauer um Sklaven:

Tief erschüttert haben mich einige Krankheitsfälle, ja auch Todesfälle der Meinen und noch ganz junger Menschen. In zwei Gedanken finde ich Trost: Das eine ist die Leichtigkeit, mit der ich mich zur Freilassung entschließe; das andere,
5 dass ich den Sklaven schon zugestehe, Testamente zu machen und diese dann gerade so, als wären sie rechtsgültig, vollstrecke. Sie erteilen Aufträge und sprechen Bitten aus, ganz wie es ihr Wunsch ist; ich führe alles aus, als wäre es ein Befehl. Sie verteilen das Ihre, verschenken dieses, hinterlas-
10 sen jenes – natürlich nur innerhalb des Hauses, denn für Sklaven ist die Hausgemeinschaft wie eine Staats- und Bürgergemeinschaft.
Ich weiß sehr wohl, dass andere Herren in solchem Unglück, das die Sklaven betrifft, nichts weiter als eine Vermögens-
15 einbuße sehen und sich ob dieser Unerschütterlichkeit groß und weise dünken. Ob diese Herren groß und weise sind, weiß ich nicht; Menschen jedenfalls sind sie nicht. Denn zum Menschen gehört es, sich vom Schmerz anrühren zu lassen und Trost anzunehmen – nicht, des Trostes gar nicht erst zu be-
20 dürfen.

Zitiert nach: Klaus Bartels: Sokrates im Supermarkt (= insel TB), Frankfurt ³2000.

M4 Grabmal eines Bäckers

Die Inschrift lautet: „Dies ist das Grabmal des Marcus Vergilius Eurysaces, des Bäckers, staatlichen Brotlieferanten und Hilfsbeamten."
Eurysaces war ein griechischer Sklave, der im 1. Jh. v. Chr. lebte. Nach seiner Freilassung stieg er zum führenden Großbäcker Roms auf. An einer wichtigen Straßenkreuzung ließ er sich ein ungewöhnliches Grabmal errichten. Es drückt den ganzen Stolz des Aufsteigers aus. Im unteren Teil erinnert es an Silos zur Aufbewahrung des Getreides, im oberen Teil an Brotbackröhren. Ganz oben wird auf einem Fries (Streifen mit Bildern) sein sparsames Verfahren der Brotherstellung dargestellt. Auch für Eurysaces war es selbstverständlich, in seinen Bäckereien zahlreiche Sklaven arbeiten zu lassen.

1 Erläutere mithilfe der Bilder M 1, 2 und 4 Einsatzbereiche und Zukunftsaussichten der Sklaven in Rom und Italien.
2 Vergleiche die Einstellung Catos und Plinius' zu ihren Sklaven (M3).
3 Entwirf einen Brief des Plinius an Cato.
4 Lies nach, wie der Apostel Paulus im 1. Jh. n. Chr. über die Sklaverei denkt (Kol. 3, 22–4, 1; 1 Tim. 6, 1–2a; Gal. 3, 26–4, 7).

Den Krieg gewonnen – den Frieden verloren: Die Republik in der Krise

Vom Bauern zum Proletarier. Fast alle römischen Legionäre waren Bauern. Sie mussten ihre Kriegsausrüstung selbst anfertigen oder kaufen. Als nun die Eroberungskriege immer länger dauerten und die Römer in immer entferntere Gebiete vordrangen, blieben die Bauern auch immer länger von ihren Heimatorten weg. Die Felder konnten nicht mehr bestellt werden und lagen brach. Reiche Römer kauften die Felder auf und ließen sie von Sklaven bewirtschaften. Viele der landlos gewordenen Bauernfamilien zogen nach Rom, um dort als Gelegenheitsarbeiter ein Auskommen zu finden. Man nannte diese Menschen „Proletarier" (von lat. proles = Nachkommen), weil sie nichts außer einer großen Kinderschar besaßen. Die Brüder Tiberius und Gaius Gracchus strebten als Volkstribunen eine gerechtere Verteilung von erobertem Land an. Die Großgrundbesitzer blockierten jedoch alle Reformen. In sozialen Unruhen fanden die Brüder und tausende von ihren Anhängern den Tod.

M1 Italischer Stier gegen römische Wölfin
(Münze der aufständischen Bundesgenossen, 91 v. Chr.)

Die Bundesgenossen mussten als Verbündete in römischen Diensten kämpfen, ohne angemessenen Anteil an Beute und Macht zu erhalten. Mehrere Aufstände konnten die Römer nur mühsam niederschlagen.

Heeresreform, Parteikämpfe und Unruhen. Eine gefährliche Bedrohung für das Römische Reich stellte der Einfall der germanischen Stämme der Kimbern und Teutonen dar. Es standen nicht genügend Soldaten zur Verteidigung zur Verfügung, da die Kosten für die Ausrüstung die finanziellen Möglichkeiten der meisten Römer überstieg. In dieser Situation führte Konsul Gaius Marius (158–86 v. Chr.) eine umfassende Reform des Heeres durch. Die Legionäre verpflichteten sich zum Dienst für 20 Jahre gegen Zahlung eines festen Soldes. Am Ende der Dienstzeit erhielten sie einen Bauernhof mit Ackerland. Diese Zusage konnte nur der Heerführer erfüllen, dadurch blieben die Soldaten an ihn gebunden (s. S. 142f.). Die Reform entspannte die soziale Lage in Rom, da viele Proletarier nun ihren Unterhalt verdienten.

Bald zeigten sich jedoch negative Begleiterscheinungen der Heeresreform. Da die römischen Behörden die direkte Kontrolle des Heeres in die Hand eines Feldherrn übergeben hatten, wurde auch das Heer zum Spielball der Parteienkämpfe. Dies zeigte sich erstmals, als der Senat den Konsul Sulla (138–78 v. Chr.) zugunsten eines anderen Parteiführers von der Leitung des in Kleinasien kämpfenden Heeres abberief. Statt dem Befehl Folge zu leisten, marschierte Sulla mit seinen Legionen nach Rom und errichtete dort eine Diktatur. Nachdem er die Herrschaft des Senats gesichert hatte, zog sich Sulla 79 v. Chr. aus der Politik zurück. Die alte republikanische Ordnung schien wieder hergestellt. Doch einflussreiche und nach Macht trachtende Persönlichkeiten ließen sich nicht mehr ausschalten.

M2 Sulla als triumphierender Feldherr
(82 v. Chr.)

Über Sulla schwebt die Siegesgöttin. Unten steht L SULLA IM (= Lucius Sulla Imperator)

Kampf der „großen" Männer. Im Jahre 60 v. Chr. wurden der reichste Mann Roms, Marcus Crassus (115–53 v. Chr.), und der erfolgreiche Feldherr Gnaeus Pompeius (106–48 v. Chr.), der die Seeräuber im Mittelmeer besiegt hatte, zu Konsuln gewählt. Sofort hoben sie viele der Bestimmungen Sullas auf und verbündeten sich mit einem weiteren einflussreichen Patrizier: Gaius Julius Caesar (100–44 v. Chr.). In einer persönlichen Absprache schlossen sie sich zur Sicherung ihrer politischen Macht zu einem Triumvirat (Dreimännerbund) zusammen (s. S. 138f.).

M3 Sind Taten oder Worte mehr wert?

Der römische Geschichtsschreiber Sallust überlieferte eine angeblich von Marius gehaltene Rede nach dessen Wahl zum Konsul 107 n. Chr.:

... Ihr habt entschieden, ich solle mit Jugurtha (König von Numidien, Nordafrika) Krieg führen, und darüber hat sich der Adel heftig geärgert ... Vergleicht nun, Bürger, mit diesen eingebildeten Kerlen mich, den Neuling! Was die gewöhnlich nur
5 vom Hören oder Lesen kennen ..., das habe ich im Felde gelernt. Jetzt urteilt, ob Taten oder Worte mehr wert sind! Sie verachten meinen jungen Adel, ich ihr Nichtstun ... Ich kann zu meiner Beglaubigung keine Ahnenbilder, keine Triumphe oder Konsulate meiner Vorfahren aufweisen, wohl aber, falls
10 erforderlich, Speere, ein Fähnchen, Schilde und andere Kriegsauszeichnungen, außerdem Narben auf der Brust. Das sind meine Ahnenbilder, das ist mein Adel, der freilich nicht erblich mir hinterlassen ist, wie jenen der ihre, sondern all das habe ich mir persönlich durch unendliche Mühen und Gefah-
15 ren erworben ... Die Schriften der Griechen habe ich nicht studiert ... Aber in dem, was für den Staat das weitaus Beste ist, darin bin ich unterrichtet: einen Feind niederzuschlagen, Wachdienst zu tun, nichts zu fürchten als einen beschmutzten Ruf ... Mangel und Anstrengung auszuhalten. Nach sol-
20 chen Grundsätzen will ich die Soldaten ermahnen ...

Zitiert nach: Sallust. Das Jahrhundert der Revolution, übers. und eingel. von Heinrich Weinstock, Stuttgart (Kröner) 1955, S. 187ff.

M4 Die Diktatur Sullas

Appian (um 150 n. Chr.) war ein hoher kaiserlicher Beamter in Rom und Alexandria. Er verfasste eine römische Geschichte:

.... Sulla war in Wahrheit König oder Alleinherrscher (tyrannos), nicht durch Wahl, aber aufgrund seiner Macht und Gewalt. Um seiner Stellung den Schein einer Legitimation durch Wahl zu geben ... (gab er) Flaccus in einem Schreiben den
5 Auftrag, beim Volke vorzuschlagen, Sulla halte es unter den augenblicklichen Verhältnissen für den Staat nützlich, das Diktatorenamt einzusetzen ... der gewählte Diktator aber solle nicht für eine begrenzte Zeit die Macht haben, sondern so lange, bis er die Stadt und Italien und das ganze Reich, das
10 von Aufruhr und Krieg erschüttert war, wieder aufgerichtet hätte.

Appian: Bürgerkrieg 1,98ff. Zitiert nach: GiQ 1, S. 492f.

1 Welches Selbstbewusstsein der Bundesgenossen drückt die Abbildung auf der Münze M1 aus? Lege dar, mit welchen Worten vermutlich ein Römer auf diese Abbildung reagiert hat.

2 Nicht der Senat, sondern einzelne Feldherren hatten die Kontrolle über das Heer. Welche Gefahren ergaben sich daraus für die Republik?

3 Vergleiche und stelle einander gegenüber: Worauf war der römische Adel stolz? Worauf Marius (M3)?

4 Wie sah Sulla das Amt eines Diktators, welche Regelungen gab es dafür in der Verfassung (M4 und S. 129)?

5 Wer sind die hier abgebildeten Politiker? Lies im Text auf S. 136 nach. Wie versuchten sie die Krise der Republik zu bewältigen?

Meine Soldaten haben die Kimbern und Teutonen besiegt.

Die Seeräuber im Mittelmeer haben sich vor mir gefürchtet.

Ich konnte aus eigener Tasche ein 100 000 Mann starkes Heer finanzieren.

Ich wollte einen mächtigen Senat.

Von mir werdet ihr auf den folgenden Seiten noch mehr hören.

Cäsar und Augustus – zwei berühmte Männer Roms

Gaius Julius Cäsar (100–44 v. Chr.) – Beginn seiner politischen Laufbahn. Cäsar stammte aus dem vornehmen Geschlecht der Julier. Schon als junger Mann fiel er auf. Er war elegant gekleidet, intelligent und Schwarm vieler Mädchen. Keiner gab so viel Geld aus wie er. Als er 16 Jahre alt war, starb sein Vater. Ein Jahr danach wurde er zum Priester ernannt und heiratete die schöne Cornelia, Tochter des Konsuls Cinna.

Während seiner Ausbildung im Heer zeichnete er sich durch sein mutiges Auftreten aus. Er war Anhänger der Partei des Marius und musste sich deshalb vor Sullas Leuten in Acht nehmen. Einmal entkam er den Soldaten Sullas, indem er sie bestach. Auf seiner Flucht über das Meer wurde er Opfer von Seeräubern und musste freigekauft werden. Nach Sullas Tod kehrte Cäsar nach Rom zurück. Mittlerweile war er zu einem guten Redner ausgebildet worden und beeindruckte viele durch seine öffentlichen Auftritte. Die Essen, die er für seine Freunde gab, waren das Gespräch der Stadt.

Seine politische Laufbahn begann: Er wurde zum Volkstribun, später zum Quästor gewählt. Mit 39 bewarb er sich für das Amt des Pontifex Maximus, das höchste Priesteramt. Er bekam es und wurde damit zum obersten Aufseher über die Tempel Roms und den Götterkult. Als Ädil ließ er viele Bauten errichten, was wiederum seine Beliebtheit erhöhte, da durch diese Bautätigkeit viele Proletarier Arbeit erhielten. Er ließ Gladiatorenspiele und Tierhetzen für das Volk veranstalten und erhöhte damit ebenfalls sein Ansehen. Aber all dies kostete ihm viel Geld und stürzte ihn in große Schulden. Cäsar hatte aber – wie so oft – Glück. Zum einen bezahlte Crassus, der reichste Mann Roms, seine vordringlichsten Schulden. Zum anderen erhielt er die Verwaltung über die reiche Provinz Spanien und beutete diese maßlos aus, um mit den Geldern seinen luxuriösen Lebensstil und seine weitere Politikerlaufbahn zu finanzieren.

Cäsar – Konsul und Statthalter in Gallien. Um seine Stellung unangreifbar zu machen, verbündete sich Cäsar 60 v. Chr. mit Pompeius und Crassus. Nichts sollte getan werden, was den beiden anderen missfiel. Der Gerissenste, der Einflussreichste und der Reichste bestimmten somit die Politik in Rom. Mithilfe von Pompeius und Crassus wurde Cäsar 59 v. Chr. zum Konsul gewählt. Er steigerte erneut seine Beliebtheit, indem er ein Gesetz durchsetzte, das eine Landverteilung an ärmere römische Bürger und neue Siedlungen für verdiente entlassene Soldaten vorsah. Einen entschiedenen Gegner dieses Gesetzes ließ er von bewaffneten Anhängern vom Forum verjagen. Zusätzlich förderte er seinen Aufstieg durch Eheschließungen. So vermählte er sich mit Calpurnia, der Tochter des Piso, der Konsul werden sollte. Seine Tochter Julia gab er dem einflussreichen Pompeius zur Frau. Piso und Pompeius sorgten dafür, dass die Volksversammlung Cäsar die Statthalterschaft in Gallien übertrug. Mit vier Legionen, ca. 24 000 Soldaten, machte sich Cäsar an die Eroberung Galliens (58–51 v. Chr.). Er schuf ein tüchtiges, ihm ergebenes Heer, beschenkte seine Soldaten reich, beeindruckte sie stets aber auch durch sein mutiges Verhalten in den Kämpfen. Ohne Zustimmung des Senats erhöhte er die Zahl seiner Soldaten.

Cäsar als Alleinherrscher. Der Senat fürchtete, Cäsar werde sich zum Alleinherrscher machen. Denn Crassus war zwischenzeitlich im Osten des Reiches im Kampf gefallen. Allerdings gelang es dem Senat jetzt, Pompeius für sich zu gewinnen. Mit dessen Unterstützung forderten die Senatoren Cäsar nun auf, ohne Truppen nach Rom zurückzukehren, um sich wieder zum Konsul wählen zu lassen. Doch Cäsar entließ seine Truppen nicht, sondern überschritt das Flüsschen Rubicon in Richtung Rom. „Alea iacta est", soll er dabei gesagt haben. Damit war „der Würfel gefallen" und Rom wieder im Zustand eines Bürgerkrieges. Cäsars Soldaten besiegten Pompeius' Truppen im Sommer des Jahres 48. Sein Rivale floh nach Ägypten und kam dort zu Tode.

Als er nach Rom zurückkehrte, gab es einen gewaltigen Triumphzug, man überhäufte ihn mit Ehrungen. Unter anderem wurde er zum Diktator auf Lebenszeit gewählt. Er erhielt den Titel „Imperator" und „Vater des Vaterlandes". Im Senat stellte man ihm sogar einen goldenen Sessel bereit; man errichtete Altäre für ihn und benannte den Monat Juli nach ihm. Cäsar wurde in Rom wie ein König behandelt und er benahm sich auch so selbstherrlich. Er hielt sich nicht an die Verfassung, übte auch offen Kritik an ihr und regierte unumschränkt.

Cäsars Ende. Es regte sich bald sehr starker Widerstand, denn einen König bzw. einen Tyrannen wollten die Senatoren nicht haben. Sechzig Männer aus den eigenen Reihen planten einen Anschlag auf Cäsars Leben. An den Iden des März (15. März 44 v. Chr.), als Cäsar in den Senat kam, stürzten sich die Verschwörer auf ihn. Mit unzähligen Messerstichen wurde die Karriere des damals mächtigsten Mannes in Rom gewaltsam beendet. Trotz seiner vielen Erfolge war er als Beherrscher Roms gescheitert. Der Titel „Caesar" (= Kaiser) ging auf seine Nachfolger über.

M1 Marmorbüste Cäsars
Die zu Lebzeiten geschaffene Büste ist die einzige Darstellung, so die Wissenschaftler, die uns seine wirklichen Gesichtszüge überliefert.

M2 Cäsar auf einer römischen Silbermünze
(44 v. Chr.)
Die Umschrift lautet: Caesar Dic(tator) Perpetuo (Diktator auf Lebenszeit). Auf seinem Haupt befindet sich ein goldener Kranz, der Schmuck Jupiters, Auszeichnung für einen siegreichen Feldherrn. Auch etruskische Könige trugen einen solchen Kopfschmuck als Zeichen ihrer Herrschaft. Es war das erste Mal, dass sich ein lebender Politiker auf einer Münze abbilden ließ.

Cäsars Nachfolger: Octavian Augustus (63 v. Chr. – 14 n. Chr.). Auch nach Cäsars Ermordung bekam Rom keinen Frieden. Der Senat konnte seine Macht nicht zurückgewinnen. Zwei Männer wollten Cäsar beerben. Der eine war Marcus Antonius. Er hatte Cäsar schon in Gallien gedient und war unter ihm in Rom Konsul gewesen. Der andere, Octavian, war erst 18 Jahre alt, Adoptivsohn und Erbe des Vermögens Cäsars. Diese beiden Männer zogen gemeinsam gegen Cäsars Mörder, besiegten sie und teilten das Römische Reich in zwei Hälften. Antonius bekam die östliche Hälfte mit Ägypten, Octavian die westliche Hälfte des Reiches. Antonius verliebte sich in die ägyptische Königin Kleopatra, führte sich wie ein orientalischer König auf und schenkte ihr ganze römische Provinzen. Die Empörung darüber in Rom war sehr groß. Dazu kam noch, dass Antonius mit Octavians Schwester verheiratet war und sich nicht mehr um sie kümmerte. Der Senat beschloss den Krieg gegen Antonius und Kleopatra. Anfang September 31 v. Chr. fand die entscheidende Seeschlacht statt. Antonius verlor sie und floh nach Ägypten; der Großteil seiner Soldaten lief zu Octavian über. Antonius verübte in seiner Verzweiflung Selbstmord. Kleopatra, die Octavian gefangen genommen hatte, ließ sich von einer giftigen Schlange beißen. Der Sieger befahl, Antonius und Kleopatra nebeneinander bestatten zu lassen. So geschah es im „sechsten Monat" des Jahres 30 v. Chr., den die Römer seither zu Ehren des Octavian „Augustus" nannten.

Octavian wird Kaiser und begründet das „Goldene Zeitalter" Roms. Octavian war es jetzt, der mit Ehrungen überhäuft wurde. „Imperator" und „Pontifex Maximus" waren einige seiner vielen Beinamen; 27 sollen es insgesamt gewesen sein. Er galt

M3 Münze mit Abbild von Augustus
(27 v. Chr.)

M4 Der Kaiser mit Bürgerkrone
Augustus hatte diese Auszeichnung 27 v. Chr. vom Senat für seine Tapferkeit bekommen. Aus ihr entwickelte sich im Laufe der Zeit die Gestalt der späteren Kronen.

als der „Erhabene" (= Augustus), den man fromm zu verehren hatte.
Octavian Augustus war nun 33 Jahre alt. Augustus ging als Politiker vorsichtig und klug zugleich vor. Wenn er in den Senat ging, trug er einen Panzer unter der Toga. Oft ließ er sich von zehn kräftigen Männern bewachen. Er nahm das Amt des Volkstribunen auf Lebenszeit an, lehnte hingegen eine Diktatur ab. Er übernahm die Zuständigkeit für die Getreideversorgung, wollte jedoch kein Konsul auf Lebenszeit sein. Er bezeichnete sich als den „Ersten des Senats", was auf Lateinisch „Princeps senatus" heißt ▶ Prinzipat. So wollte er vom Volk gesehen werden: als Mann mit großem Ansehen, aber ohne die Macht, die einer durch viele wichtige Ämter hat. Tatsächlich bestand seine Macht weniger in der Amtsgewalt als in seinem gewaltigen Reichtum. Außerdem standen die meisten Legionen unter seinem Kommando.

Augustus ließ Rom zur „Marmorstadt" werden. Das Forum Romanum wurde erweitert, unzählige Tempel, Gebäude und Triumphbögen entstanden auf neu geschaffenen Plätzen, erstmals gab es auch öffentliche Bibliotheken (s. S. 152f.). Große Thermenanlagen wurden errichtet. Dichter wie Ovid und Horaz verherrlichten ihn. Die Soldaten hatte er auf seiner Seite, weil er ihnen Land gab. Er selbst lebte den Römern ein bescheidenes Leben vor und erinnerte seine Mitbürger an die Sitten und an das Vorbild der Ahnen. Seine 44-jährige Regierungszeit galt als eine Zeit des stabilen Friedens im Inneren und großen Wohlstands. Dennoch führte er Kriege in Spanien, am Rhein und an der Donau. Sie dienten der Abrundung und Sicherung der Reichsgrenzen.

M5 Marmorstandbild des Augustus
(ca. 2 m hoch, um 20 v. Chr.)

Der Knabe auf dem Delphin stellt den Gott Eros dar. Er ist ein Kind der Venus. Augustus lässt sich barfuss wie einen Gott darstellen. Das Ablegen der Schuhe ist auch ein Zeichen für Demut.
Auf seinem Brustpanzer ist eine Szene dargestellt, in der ein römischer Feldherr ein von den Feinden erbeutete Truppenzeichen zurückerhält. Darüber sind Himmelsgötter abgebildet. Augustus war stolz darauf, dass er die Übergabe friedlich erreicht hat.

M6 Statue des Augustus
(um 20 v. Chr., ca. 2 m hoch)
Beim Opfer trug der Priester die Toga über dem Kopf; ein Zeichen der Ehrfurcht vor den Göttern.

Einen Sohn hatte Augustus nicht. Er wurde 77 Jahre alt und starb als einsamer Mann. Alle, die er für seine Nachfolge ausgesucht hatte, starben vor ihm. So übernahm sein Adoptivsohn Tiberius sein Amt. Als er in den Armen seiner Frau Livia starb, soll er zuletzt gesagt haben: „Ist die Komödie gut gespielt? Wenn euch das Schauspiel meines Lebens gefallen hat, klatscht Beifall!"
Augustus wurde nach seinem Tod unter die Staatsgötter erhoben und blieb Vorbild für alle künftigen Kaiser.

Methode: Herrscherbilder interpretieren

Wer einen Staat regiert, versucht zu allen Zeiten, sich den Menschen als Herrscher darzustellen. Bei den Ägyptern geschah dies mithilfe von Statuen und Wandgemälden (s. S. 52f.), bei den Römern vor allem durch Statuen und Büsten, insbesondere auch durch Münzen, die im gesamten Römischen Reich zirkulierten. Mit diesen Mitteln konnte sich der Herrscher seinem Volk bekannt machen und es zugleich davon überzeugen, dass er zurecht an der Spitze des Staates steht. Herrscherbilder vermitteln auch Informationen darüber, wie ein Herrscher auf seine Untertanen wirken will und welche Ziele er sich setzt. Sie erfüllen daher eine wichtige Aufgabe und es lohnt, sich näher damit zu beschäftigen. Man kann diese Form von „Werbung" mit der von heutigen Politikern vergleichen.
So könnt ihr vorgehen, wenn ihr Darstellungen von Herrschern, wie z.B. von Cäsar und Augustus, genauer untersuchen wollt:

1. Schritt: Erster Eindruck
Schaut euch die Abbildungen aufmerksam an und notiert euren ersten Eindruck. Auf eurem Notizzettel stehen dann Wörter wie: edel, stark, streng, überlegen …

2. Schritt: Einzelheiten beachten
Versucht euch in einem Gespräch klarzumachen, warum dieser Eindruck bei euch entstanden ist. Dazu müsst ihr Einzelheiten der Darstellung beachten und zur Erklärung heranziehen.
Achtet dabei auf die Haltung der Figur, auf ihren Stand, auf die Gesten der Arme und Hände, auf die Gesichtszüge. Auch die Kleidung, der Kopfschmuck und Dinge, die der Herrscher in der Hand hält, haben eine Bedeutung.

3. Schritt: Ergebnis formulieren
Zum Schluss eurer Untersuchung solltet ihr das Ergebnis formulieren. Die Darstellung drückt folgende Eigenschaften des Herrschers aus …. Damit will der Herrscher folgende Wirkung erzielen …

4. Schritt: Vergleich mit allgemein bekannten Informationen über den Herrscher
Nach der Beschäftigung mit einer Darstellung kann man sich noch fragen: Passt mein Ergebnis zu dem, was ich sonst über diesen Herrscher weiß? Oder widerspricht dieser Tatbestand meinen Kenntnissen?

Tipp: Um den ersten Schritt zu tun, kann man eine Statue oder ein Bild auch nachstellen. Stellt euch genauso hin wie der Abgebildete. Oder lasst euch von eurem Partner so hinstellen oder „hinbiegen". Was fühlt ihr dabei?

1 Zeichne die Karriereleiter Cäsars und Augustus. Füge zu jeder Etappe einige Stichpunkte hinzu.
2 Verfasse eine Todesanzeige zum Mord an Cäsar, aus der deutlich wird, ob du für oder gegen ihn eingestellt bist.
3 Vergleiche den Lebenslauf von Cäsar und Augustus, indem du Unterschiede und Gemeinsamkeiten zusammenstellst.
4 Versuche Gründe dafür zu finden, warum Cäsar ermordet wurde, Augustus hingegen Kaiser werden konnte.
5 Erkläre mithilfe der hier angegebenen Schritte die verschiedenen Abbildungen von Cäsar und Augustus (M2–M6). Nimm den darstellenden Text zu Hilfe.

Legionäre – Soldaten des Kaisers

Ein Leben für die Armee. Warum wählte damals ein junger Mann den Beruf des Legionärs? Gründe dafür gab es viele: Feste Besoldung, gute Aufstiegschancen verbunden mit einem hohen persönlichen Ansehen und am Ende seiner 20-jährigen Berufszeit eine Abfindung entweder in Form von Land oder einer beträchtlichen Summe Geld. Doch kaum die Hälfte der Soldaten erlebte das Ende ihrer Dienstzeit. Wer Legionär werden wollte, durfte nicht verheiratet sein, musste das römische Bürgerrecht besitzen, gesund sein und eine viermonatige, sehr harte Grundausbildung (Schwert- und Speerkampf, Übungsmärsche, Schwimmen und Schanzarbeiten) durchlaufen.

Der Wehrsold wurde in drei Jahresraten ausbezahlt. Der einfache Soldat erhielt 225 Denare, ein Zenturio das Fünffache. Doch zahlte man nie die ganze Summe aus, sondern behielt 140 Denare für Waffen, Kleidung und Verpflegung ein. Weitere 50 Denare wurden dem Legionär als Rücklage gutgeschrieben. Nach Ablauf ihrer Dienstzeit nahmen die meisten Legionäre das ihnen übertragene Land in der Umgebung ihres einstigen Kastells, heirateten und siedelten sich hier mit ihren Familien an. Sie wurden zu wichtigen Kulturträgern, die dazu beitrugen, dass sich die römische Lebensweise im Römischen Reich verbreitete.

M1 Legionär in voller Ausrüstung
Das Marschgepäck wog bis zu 40 kg. An die 30 km mussten die Soldaten pro Tag zurücklegen. Bei ihrer Ankunft konnten sie sich nicht ausruhen, sondern hatten für ihr Zeltlager zu sorgen bzw. Schanzarbeiten durchzuführen, z. B. einen Verteidigungsgraben ausheben.

M2 Römischer Zenturio
Er spielte die wichtigste militärische Rolle als Befehlshaber einer Hundertschaft (Zenturie). Diese erfahrenen Soldaten sorgten für die Disziplin der Soldaten. Zu diesem Zweck trugen sie stets einen Stock zur körperlichen Züchtigung bei sich (Foto 1985).

Das römische Heer zur Zeit Augustus bestand aus ungefähr 30 Legionen mit jeweils bis zu 6 000 Mann. Unterstützt wurden sie durch Hilfstruppen, so genannten Auxilien (lat. auxilium = Hilfe) von 500 oder 1 000 Mann Stärke. Dort dienten freie Provinzbewohner aus allen Teilen des Reiches. Diese Soldaten besaßen meist kein römisches Bürgerrecht, sondern erhielten es erst am Ende der Dienstzeit verliehen.

Dauertraining und Kampfeinsatz. Man darf sich nicht vorstellen, dass die römischen Soldaten ständig Krieg führten. Im Gegenteil, die meisten Dienstjahre verbrachten sie in einem befestigten Lager. Doch der eiserne Drill ließ ihnen wenig Freiräume. Jeden Morgen begann mit einem Appell, dann ging jeder seinen Aufgaben nach. Neben dem ständigen militärischen Training, den Märschen und Wachdiensten mussten sich die Soldaten um die Instandhaltung des Lagers und um ihre Versorgung kümmern. Zusätzlich waren sie im Straßen- und Brückenbau (s. S. 166) eingesetzt.

M3 Legionäre bei der Arbeit
Ausschnitt von der 40 m hohen Trajanssäule in Rom. Auf ihr sind über 150 Einzelszenen mit 2 500 Figuren abgebildet, die vom erfolgreichen Feldzug Kaiser Trajans gegen die Daker, einem Volk an der Donau, künden (um 100 n. Chr.).

M4 Disziplin im Heer
Ein römischer Geschichtsschreiber berichtete:
Wenn ein Legionär bei der Bewachung des Lagers eingeschlafen war oder einen feindlichen Späher übersehen hatte … wurde folgende Strafe vollzogen: Der Offizier nimmt einen Holzstock und berührt den Verurteilten nur leicht. Dann schlagen alle Soldaten im Lager auf ihn ein. Die meisten fanden dabei den Tod.
Wenn einer in einer Schlacht besondere Tapferkeit bewiesen hat, beruft der Feldherr eine Heeresversammlung, stellt ihr die Leute vor und überreicht dann dem Manne, der einen Feind verwundet hat, einen Speer, dem, der einen Feind getötet hat, eine Trinkschale, dem Reiter einen Kopfschmuck für das Pferd. Diese Ehrengeschenke werden nur gegeben, wenn es nicht notwendig gewesen wäre, sich einer persönlichen Gefahr auszusetzen. Wer bei der Einnahme einer Stadt zuerst die Mauer erstiegen hat, erhält einen goldenen Kranz.
Polybios 6, 37ff. Zitiert nach: Hans Drexler: Polybios, Geschichte, Bd. 1, Zürich/Stuttgart (Artemis) 1961.

1 Eine germanische Bauernfamilie lebt in der Nähe des Limes. Ihr 17-jähriger Sohn möchte gern Soldat in der römischen Armee werden. Seine Eltern sind dagegen. Sammelt in Gruppen mögliche Argumente der Eltern bzw. des Sohnes. Verteilt dann die Rollen, überlegt euch einen Dialog und versucht schließlich eurer Klasse die Szene vorzuspielen. Bezieht die Darstellung und die Quellen (M1–M4) in eure Überlegung mit ein.
2 Betrachte das Bild des römischen Zenturio (M2). Worin unterschied er sich vom gemeinen Soldaten (M1)? Warum war das Erreichen dieses Dienstgrades für einen Legionär immer erstrebenswert?
3 Beschreibe die Tätigkeiten der Soldaten auf dem Ausschnitt der Trajanssäule (M3). Der Kommandant überwacht die Arbeiten – woran erkennst du ihn? Was geschieht mit dem Mann im linken Bildausschnitt?

Aus Fremden werden Nachbarn

Wer sind die Germanen? Diese Frage stellten sich auch die Römer zu einer Zeit, als sich ihr Reich bis nach Norden zu den von Germanen besiedelten Gebieten erstreckte. Ein Zeitgenosse schildert die Germanen als große Furcht einflößende Krieger. Und so mögen sie vielleicht auf die meist kleineren, braun gebrannten römischen Soldaten gewirkt haben, die, im Norden stationiert, das Reich gegen Germaneneinfälle verteidigen sollten.
Gegliedert in viele Stämme besiedelten die Germanen ein Gebiet, das von der Donau bis nach Schweden reichte. Sie lebten als Bauern und Krieger in Einzelgehöften, die zu kleinen Dorfgemeinschaften von vier bis fünf Familien zusammengeschlossen waren. Römischen Schilderungen zufolge gliederte sich die Gesellschaft in Adelige, Freie und Unfreie. An ihrem Hof versammelten Adelige junge Männer, die für eine begrenzte Zeit auf ihrem Hof lebten und die Adeligen in Kriegszeiten oder auf Raubzügen unterstützten. Die Unfreien hatten keinerlei Rechte und mussten Adeligen oder freien Bauern mit ihrer Arbeitskraft oder durch Naturalabgaben zu Diensten sein. Aus der Mitte der adeligen Stammesführer, die auch die Volksversammlung (Thing) leiteten, wurden die Könige und Heerführer gewählt. Die Volksversammlung entschied über Krieg und Frieden und sprach in oberster Instanz Recht.

Als Bauern leiden sie Not. Da die Germanen erst ab dem 2. Jh. n. Chr. eine Schrift verwendeten und die mündliche Überlieferung ihrer Lieder und Erzählungen nicht bis heute reicht, können nur Grabungsfunde oder Berichte römischer Schriftsteller Hinweise auf ihre Lebensweise geben. Die Bauern bewirtschafteten Felder, auf denen sie vor allem Gerste und Hülsenfrüchte anbauten. Sie hielten Nutztiere, die auf den brachliegenden Äckern geweidet wurden. Für den Winter legten sie Vorräte an gesalzenem Fleisch und Fisch an. Ihr Hauptnahrungsmittel war ein Getreidebrei, der selten durch Obst und Gemüse ergänzt wurde. Das Leben der Bauern war hart: Ein karger Boden und kühles Klima erlaubten nur geringe Ernteerträge, die Menschen litten oft Hunger.

Als Krieger verbreiten sie Schrecken. Immer wieder kam es zu bewaffneten Überfällen germanischer Kriegergruppen auf angrenzende, römisch besetzte Gebiete. Auch wenn Cäsar Gallien erobert und befriedet, auch wenn Augustus im Innern des Reiches Frieden geschaffen hatte, so geboten die kriegerischen Nachbarn doch Vorsicht. Die Römer sicherten sich in den neu eroberten Gebieten durch einen Grenzwall (▶ Limes) vor den Angriffen der Germanen.

Der Limes – trennend oder verbindend? Der Limes war zwar als Verteidigungsanlage gebaut worden und verfügte mit seinen Wachtürmen über eine wirksame „Alarmanlage", aber er trennte die Menschen nicht nur, sondern verband sie auch. Römer und Germanen beiderseits des Limes begannen bald einen regen Handel. Die Germanen profitierten von den römischen Besatzern, die sie mit neuen Arbeitstechniken, wie z. B. dem Hausbau aus Stein oder dem Weinanbau und den entsprechenden Werkzeugen vertraut machten. Die römischen Soldaten waren auf die Versorgung mit Lebensmitteln durch die einheimische Bevölkerung angewiesen, die sich so einen weiteren Erwerbszweig erschloss. Auch die Römer lernten ihre germanischen Nachbarn schätzen. Nicht selten kam es zu Ehen zwischen Römern und Germaninnen und viele aus dem Dienst entlassene Soldaten entschlossen sich, in der neuen germanischen Heimat zu bleiben. Im Laufe der Zeit kam es so zu einer Kulturmischung, z. B. zur Übernahme römischer Wörter in die germanische Sprache oder der Anbetung sowohl römischer als auch germanischer Götter.

M1 Germanen tauschen am Limes ihre Waren mit Römern.

M2 Wer sind die Germanen und wer regiert sie?

Der römische Geschichtsschreiber Tacitus (um 100 n. Chr) berichtete über sie:

... die äußere Erscheinung ist bei allen dieselbe; trotzig blickende Augen, rötlichblondes Haar und große Körper, die allerdings nur zu einem kurzen Ansturm taugen; in Arbeit und Anstrengungen zeigen sie nicht die gleiche Ausdauer; am wenigsten aber können sie Durst und Hitze ertragen, Kälte und Hunger dagegen auszuhalten sind sie durch Klima und Bodenbeschaffenheit gewöhnt ...

Als Getränk dient ein Saft aus Gerste oder Weizen, der durch Gärung eine gewisse Ähnlichkeit mit Wein erhält; die Anwohner von Rhein und Donau kaufen auch Wein. Die Kost ist einfach: wildes Obst, frisches Wildbret oder geronnene Milch. Ohne feine Zubereitung, ohne Gewürze vertreiben sie den Hunger. Dem Durst gegenüber herrscht nicht dieselbe Mäßigung ...

Könige wählen sie aufgrund ihrer adeligen Abstammung, Heerführer aufgrund ihrer Tapferkeit ... Über weniger wichtige Angelegenheiten entscheiden die Adeligen, über wichtige die Gesamtheit der Freien ... Sie kommen in Waffen und setzen sich, wenn es ihnen passt. Die Priester, die bei dieser Gelegenheit auch Strafgewalt haben, gebieten Ruhe. Dann hören die Versammelten den König oder auch irgendeinen Adeligen an, den Alter, Ruhm und Redegewandtheit berufen erscheinen lassen, das Wort zu ergreifen. Ein gewichtiger Rat gilt bei ihnen mehr als die Befehlsgewalt eines Mächtigen. Missfällt ihnen ein Antrag, weisen sie ihn durch Murren zurück; gefällt er ihnen aber, schlagen sie die Waffen aufeinander. Denn die ehrenvollste Art der Zustimmung ist das Lob der Waffen ...

Cornelius Tacitus, Germania. Zitiert nach: Alfons Städele (Hrsg. und Übers.): Tacitus, Düsseldorf/Zürich (Artemis/Winkler) ²1999, S. 13, 17ff. u. 37.

M3 Verlauf des Limes

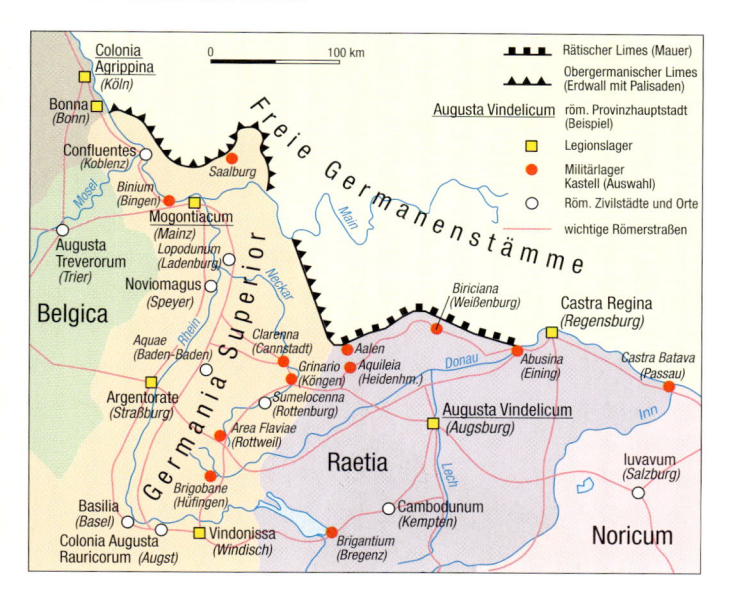

M4 Das Innere eines Limeswachturms

1 Was könnten die Germanen mit den Römern getauscht haben (M1)? Siehe auch M2 auf S. 149.

2 Tacitus schildert das Leben der Germanen. Begründe den Eindruck, den man in Rom von den Germanen bekommen musste (M2). Darf man Tacitus (der selbst nie in Germanien gewesen ist) in allen Bereichen Glauben schenken?

3 Die Volksversammlung der Germanen war das Thing, in Rom gab es den Senat. Benenne Ähnlichkeiten und Unterschiede (M2 und S. 128f.).

4 Wodurch unterschieden sich der Rätische und der Obergermanische Limes (M3)?

5 Zeige mithilfe der Karte M3, wie die Provinzen am Limes organisiert waren.

6 Beschreibe Funktion und Nutzung der Limeswachtürme (M4).

Den Römern auf der Spur in Baden-Württemberg

Geschichte (be)greifen. An vielen Orten in Baden-Württemberg kann man auf den Spuren der Römer wandeln, interessante Ausgrabungen bestaunen und mehr über das Leben am Limes erfahren (s. S. 144f.). Auf der Karte findest du eine Zusammenstellung verschiedener Museen, die ihr z. B. bei der nächsten Klassenfahrt oder einem Ausflug mit der Familie besuchen könnt. Viele Museen bieten auch spezielle Programme für Jugendliche. Ihr könnt dort z. B. ein Mosaik basteln, Brot backen, römische Sandalen nähen, eine römische Hochzeit feiern oder eine römische Toga anziehen und euch so fühlen wie die Römer damals.

■ **M2 Blick ins Limesmuseum von Aalen**

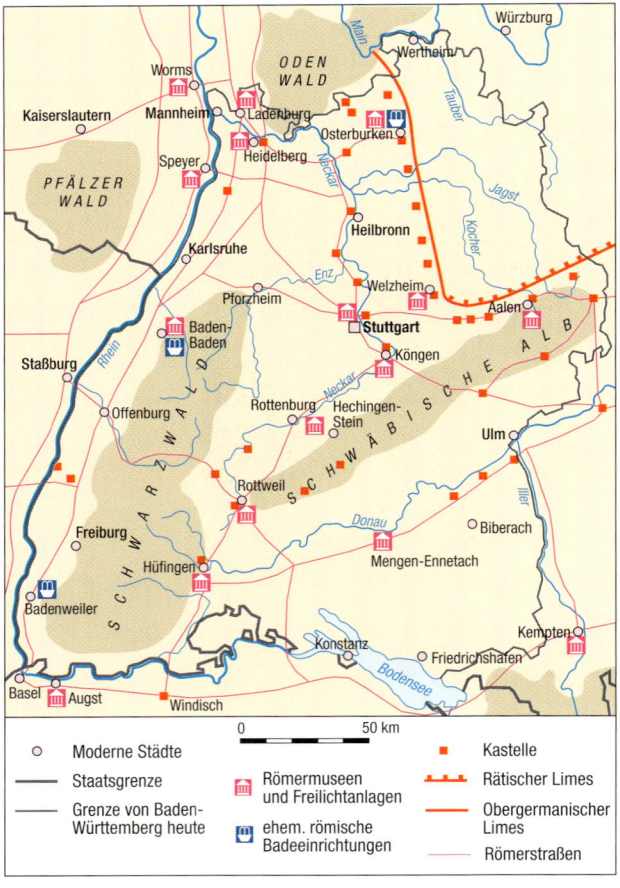

■ **M3 Rekonstruiertes Kastelltor in Welzheim**
In Welzheim wurden verschiedene Römerbauten nachgewiesen. An der Stelle des ehemaligen Römerkastells entstand ein archäologischer Park. Die Funde kann man im Museum von Welzheim bewundern.

■ **M1 Sehenswerte römische Ausgrabungen und Museen in Baden-Württemberg** *(Stand: 2004)*

■ **M4 Steinerner Wachturm bei Grab** *(nördlich von Welzheim)*

M5 Der Sänger und Dichter Orpheus
(Mosaik, 2. Jh. n. Chr., Dominikanermuseum von Rottweil)

M6 Ruinen der Thermen in Badenweiler
Die Badeanlagen gehörten zu den größten nördlich der Alpen.

■ GESCHICHTE AKTIV/KREATIV
Projektidee: „Raus aus der Schule – Geschichte vor Ort"

Warum der ganze Aufwand? Im Unterricht habt ihr viel über die Geschichte der Römer erfahren. Weil diese aber nicht nur im fernen Italien stattfand, sondern sich auch unmittelbar vor unserer Haustür abspielte, habt ihr die Möglichkeit, euer Wissen direkt vor Ort zu überprüfen. Vielleicht entdeckt ihr auch neue Seiten der römischen Geschichte.

Planung
Ebenso wie Forscher und Wissenschaftler, sollt auch ihr vor der Spurensuche eure Unternehmung genau planen. Der folgende Fragenkatalog kann euch dabei helfen.
- Welches Ziel liegt in erreichbarer Nähe?
- Was gibt es dort zu sehen?
- Was wollen und können wir dort machen?
- Warum wollen wir das sehen?
- Wie können wir uns vorbereiten?

Organisation
- Wie kommen wir hin? Wie lang dauert es?
- Was kostet der Ausflug?
- Welcher Termin ist günstig?
- Ist eine Anmeldung nötig?
- Gibt es spezielle Angebote für Schüler?
- Brauchen wir noch eine Begleitperson?

Auswertung
- Wie dokumentieren wir die Erkenntnisse (Ausstellung, Dia-Abend, Artikel für die Schülerzeitung, Gestaltung der Homepage)?
- Gespräch über den Ablauf der Exkursion in der Klasse: Was hat gut funktioniert, was könnte man beim nächsten Mal verbessern?
- Experten geben ihr Wissen weiter. Vielleicht besuchst du das Museum auch mit deiner Familie und führst sie herum.

1 Wählt gemeinsam mögliche Ziele aus und sammelt Informationen dazu. Die Hinweise auf dieser Doppelseite helfen euch bei der Entscheidungsfindung. Diskutiert Vor- und Nachteile der Vorschläge.
2 Bildet Arbeitsgruppen für die inhaltliche und organisatorische Planung. Diese erstellen eine „Checkliste" der Aufgaben und der Fragen, die geklärt werden müssen.
3 Entscheidet euch gemeinsam für eine Art der Dokumentation. Planung und Umsetzung kann die gesamte Klasse oder eine der Arbeitsgruppen übernehmen.

Wirtschaft und Recht – Säulen des Reiches

Pax Romana – der Frieden Roms. Mit der Ausbreitung des Römischen Reiches entstand ein riesiger Wirtschaftsraum. Die von den Soldaten gesicherten Straßen und Seewege ermöglichten einen Handel über tausende von Kilometern hinweg. Eine einheitliche Währung sowie gleiche Maße und Gewichte erleichterten die Abwicklung von Geschäften, ebenso wie die im ganzen Reich gebräuchlichen Sprachen Latein und Griechisch.

Bauern sichern den Frieden. Entscheidend für die innere Ruhe im Reich war die Sicherung der täglichen Nahrung. Den größten Beitrag dazu leistete die örtliche Landwirtschaft, ca. 80 % der Bevölkerung arbeiteten in diesem Bereich. Reiche Familien verfügten über großen Landbesitz, so genannte Latifundien (s. S. 122). Bewirtschaftet wurden diese durch eine Vielzahl von Sklaven unter Aufsicht eines Verwalters. Für Großgrundbesitzer lohnte es sich auch, das Land zur Bewirtschaftung an Kleinbauern zu verpachten. Es gab aber auch noch viele freie Bauern, darunter befanden sich zahlreiche ausgediente Soldaten, die nach Ende ihrer Dienstzeit ein Stück Land erhalten hatten (s. S. 142).

M1 Ein römischer Verkaufsstand
(Relief aus Ostia, Ende des 2. Jh. n. Chr.)

Handwerk und Handel. Ein römischer Handwerksbetrieb war vor allem ein Familienbetrieb. Daneben arbeiteten dort meist noch ein paar Sklaven und Sklavinnen, manchmal gab es auch freie Arbeitsplätze. Am Beispiel der Glasproduktion kann man sehen, wie sich bestimmte Handwerkszweige im Römischen Reich ausbreiteten. Auf dieses Produkt wollten die Soldaten, die nahezu ausschließlich an den Grenzen des Reiches stationiert waren, nicht verzichten. So entstanden auch dort Glasbläserbetriebe. Das in Köln hergestellte Glas galt bald als besonders hochwertig und wurde schließlich sogar in Italien angeboten. Die meisten Handwerkerfamilien in den Provinzen verkauften jedoch ihre Produkte in die nähere Umgebung und bezogen ihre Waren auch von dort. Von besonderer Bedeutung im Römischen Reich war der Seehandel. Denn es war wesentlich billiger ein Handelsschiff zu nutzen, als Waren auf dem Landweg zu transportieren. Massengüter wie Wein und Getreide beförderte man daher auf Schiffen. Die Hauptstadt Rom (s. S. 152f.) wurde über den nahe gelegenen großen Hafen von Ostia versorgt. Abhängig von den Windverhältnissen benötigte ein Segelschiff von dort aus ungefähr eine Woche nach Alexandria in Ägypten. Auf dem Rückweg wurden große Mengen Getreide nach Rom geschafft, um die Versorgung der Massen in der Hauptstadt zu sichern. Es kam zur Gründung vieler Handelsgesellschaften. Archäologen fanden in Ostia allein in der Nähe des Theaters die Überreste von mindestens 70 Büros, deren Namen in Mosaikfußböden verewigt worden waren.

Gleiches Recht für alle? Die Vorstellung der Römer von Recht und Gesetz hat ihre Wirkung bis heute (s. S. 169). Grundsätze wie „Im Zweifelsfall für den Angeklagten" oder „Man muss auch die andere Seite hören!" sind allseits bekannt. Schriftlich fixiert wurden die Gesetze in Rom – als Ergebnis der Ständekämpfe (s. S. 126f.) – bereits um 450 v. Chr. Dass die Rechte der Bürger schon so früh verankert waren, galt als eine der wichtigsten Leistungen der Römer. Die Rechtssicherheit trug mit dazu bei, den Frieden in diesem großen Reich zu festigen. Wer römischer Bürger war, konnte die Gesetze überall im Reich einklagen und sogar bis vor den Kaiser gehen. 212 n. Chr. erhielten alle freien Reichsbewohner das römische Bürgerrecht. Lediglich Sklaven waren davon ausgenommen, sie blieben weiterhin „Sache".
Die immer umfangreicher werdenden Gesetze wurden schließlich unter Kaiser Justinian in Byzanz um 530 n. Chr. im „Corpus Iuris Civilis" (Sammlung bürgerlichen Rechts) festgehalten. Es gilt als Grundlage der gesamten Rechtsprechung Europas. Die Justiz in jedem Rechtsstaat stützt sich darauf.

M2 Wirtschaft und Handel im Römischen Reich

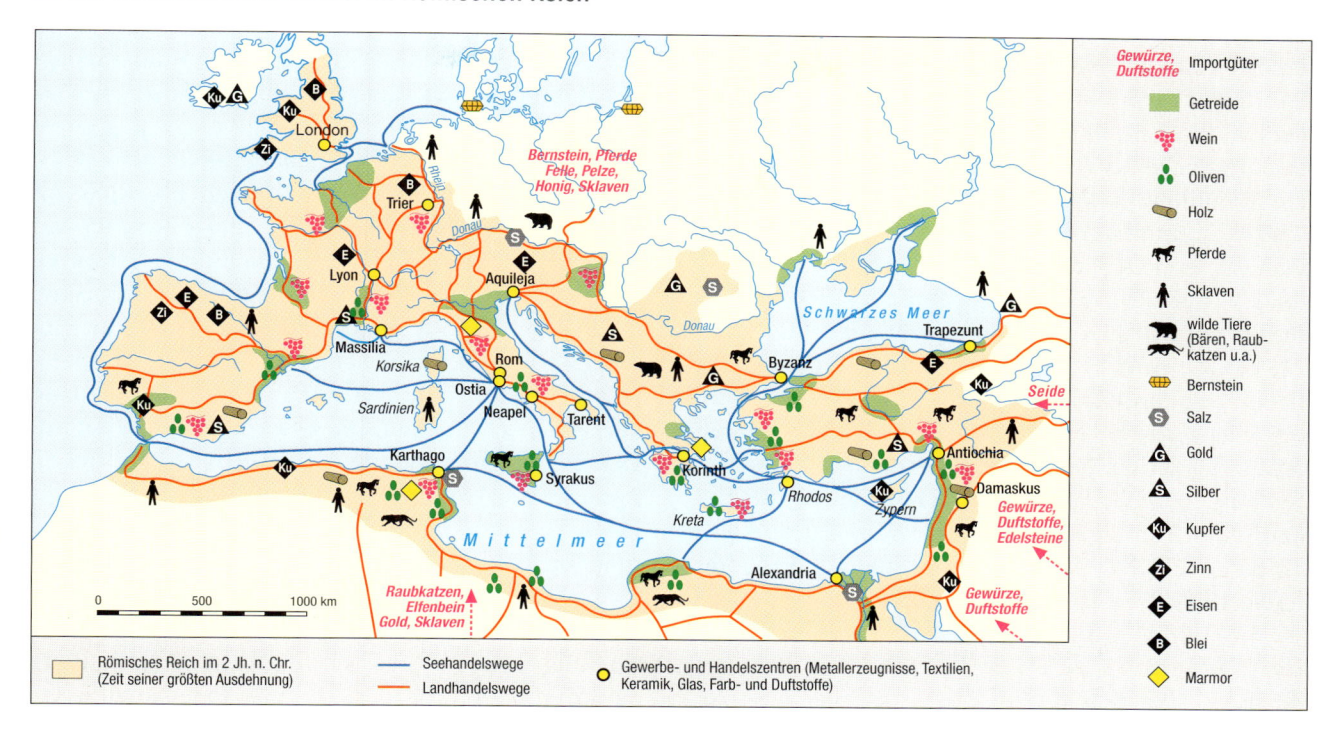

M3 „Ich aber bin als Römer geboren!"

Als der Apostel Paulus um 60 n. Chr. in der Provinz Judäa (heutiges Israel) von römischen Soldaten festgenommen wurde, kam es zu folgendem Gespräch:

Der römische Stadtkommandant befahl, Paulus in die Kaserne zu bringen. Er wollte ihn auspeitschen und befragen lassen, um zu erfahren, warum die Juden so wütend auf ihn waren. Als die Soldaten ihn mit Riemen festbanden, sagte
5 Paulus zu dem dabeistehenden Offizier: „Ist es euch denn überhaupt erlaubt, einen römischen Bürger auszupeitschen, noch dazu ohne ein ordentliches Gerichtsverfahren?"
Der Offizier ging zum Stadtkommandanten, meldete ihm das und sagte: „Was willst du tun? Dieser Mann ist Römer!" Der
10 Stadtkommandant ging selbst zu Paulus und fragte ihn: „Sage mir: Bist du wirklich Römer?" Paulus sagte: „Ja." Der Kommandant sprach: „Ich habe mir das Bürgerrecht für eine hohe Summe erworben." Paulus entgegnete: „Ich aber bin als Römer geboren." Die Männer, die Paulus verhören sollten, lie-
15 ßen sofort von ihm ab. Der Kommandant bekam es mit der Angst zu tun, als er merkte, dass Paulus Römer war und er ihn hatte fesseln lassen.
Apostelgeschichte 22, 24ff. (Einheitsübersetzung)

1 Beschreibe das Relief (M1) und versuche die Produkte, die dort verkauft werden, zu bestimmen. Überlege dir für die dort dargestellten Personen je eine Sprechblase.

2 Du bist ein Händler in Ostia. Für eine reiche Familie aus Rom sollen folgende Produkte besorgt werden: Getreide, Olivenöl, Wein, Honig und Salz für die Küche, feine Trinkgefäße aus Glas, Bernstein und Seide für die Hausherrin und Marmor für Ausbesserungsarbeiten am Haus. Überlege, woher du die Waren am schnellsten bekommen könntest. Fertige eine vierspaltige Tabelle an, in der du die jeweilige Ware, den Herkunftsort und knapp den Transportweg aufführst. Begründe in der letzten Spalte, warum du die Waren jeweils von diesem Ort und über diesen Weg beziehen möchtest (M2).

3 Nenne Gründe dafür, warum sich im Gebiet westlich des Rheins Wirtschaftszentren entwickelten. Bedenke dabei auch, welche Produkte dort hergestellt wurden (M2).

4 Gib die Quelle M3 in eigenen Worten wieder. Vergleiche die rechtliche Stellung des Paulus mit der des Kommandanten. Welche Grundsätze gelten auch heute noch, wenn man einen Beschuldigten verhört?

Die Romanisierung der Provinzen

Götterschatz im Spargelbeet. Am Nachmittag des 19. Oktobers 1979 machte ein Lehrer in der nordbayerischen Stadt Weißenburg eine merkwürdige Entdeckung: Er wollte in seinem Garten ein neues Spargelbeet anlegen, als er auf Metallreste stieß. Experten bestätigten seine Vermutung, dass es sich dabei um einen antiken Fund handelte. Es stellte sich heraus, dass es der umfangreichste Schatz aus römischer Zeit war, der je in Deutschland entdeckt wurde. Die Funde gehörten zur Ausstattung römischer Heiligtümer in der Nähe des Weißenburger Limesabschnitts, die 233 n. Chr. einem Einfall der Germanen zum Opfer fielen. Die kunstvoll ausgeführten Statuen aus Bronze belegen die Verehrung römisch-griechischer Götter an der fernen Nordgrenze des Reichs. Zum Weißenburger Schatz gehören auch Schalen, die der keltischen Pferdegöttin Epona geweiht waren. Roms Toleranz in allen religiösen Fragen ließ Eroberer und örtliche Bevölkerung schnell zueinander finden.

Römische Kultur setzt sich durch – die Romanisierung. Aber nicht nur im religiösen Bereich kam es zur Übernahme römischer Denk- und Lebensweisen, sondern auch in vielen anderen Bereichen. Nach Eroberungskriegen verzichteten die Römer zumeist auf Gewaltanwendung. Die einflussreichen einheimischen Familien wurden an der Herrschaft beteiligt und diese wiederum übernahmen viel Alltägliches von den Römern. In den größeren Siedlungen Galliens, Germaniens, Rätiens und Noricums lebte man wie in einer Stadt in Italien. Dazu kam noch die Verwendung der lateinischen Sprache im Alltag, egal ob ein Handel geschlossen oder ein Gerichtsurteil ausgesprochen wurde.

Funde von Austernschalen und Dattelkernen weisen daraufhin, dass auch in den nördlichen Provinzen römische Esskultur anzutreffen war. Folgenreicher war die Verbreitung des Weins: Erst die Römer vermittelten den Rebbau an Mosel und Rhein. Dieses Beispiel macht deutlich, wie die Provinzen im Laufe der Zeit eine gewisse wirtschaftliche Unabhängigkeit von Italien errangen, ohne auf römische Lebensgenüsse verzichten zu müssen. Die den römischen Villen in Italien nachempfundene ▶ Villa rustica, Landsitz eines örtlichen Grundbesitzers, spielte als Zentrum für neue Anbaumethoden eine wichtige Rolle. Die Römer brachten neben Gerätschaften (z. B. die Weinpresse) sowie neuen Pflanzen (z. B. Gurken, Sellerie, Kirschen, Pfirsiche) auch größere Nutztierrassen in ihre nördlichen Provinzen. In Baden-Württemberg sind weit über 2 000 solcher Gutshöfe bekannt.

Diesen Vorgang der Verbreitung römisch-italischer Zivilisation und der lateinischen Sprache bezeichnet man als ▶ „Romanisierung". Die Lebensverhältnisse innerhalb der einzelnen Teile des Reiches glichen sich auf diese Weise immer mehr an.

M1 Aus dem „Römerschatz" von Weißenburg: Gott Merkur mit seinen typischen Kennzeichen (Flügelhut, Flügelschuhe, Geldbeutel, Schafbock)

M2 Gutshof von Hechingen-Stein

Während die Einheimischen ihre Häuser aus Lehm und Holz bauten, errichteten die Römer Steingebäude. Sie statteten diese im Inneren mit Fußbodenheizungen, mit Fensterscheiben und Mosaiken aus.

■ M3 Rekonstruktion einer typisch römischen Provinzstadt

① Forum
② Tempel
③ Bäder (Thermen)
④ Kasernen
⑤ Theater
⑥ Gaststätten
⑦ Stadion
⑧ Amphitheater
⑨ Friedhof
⑩ Dorf der Einheimischen
⑪ Aquädukt (Wasserleitung)
⑫ Stadttor

■ M4 Lebensweg des Claudius Paternus Clementianus

Claudius entstammte einer begüterten Familie aus der Provinz und war keltischer Abstammung. Verschiedene Inschriften informieren uns über seine Lebensstationen:

ca. 60 n. Chr.	geb. in Epfach (Abodiacum) am Lech, Provinz Raetien
um 100	Offizier in Niedergermanien
um 104–108	Militärdienst in Pannonien (heute Ungarn) und in Dakien (heute Rumänien)
um 111	hoher kaiserlicher Beamter in Judäa (heute Israel)
um 115	Statthalter in Sardinien
um 119	hoher kaiserl. Beamter in Nordafrika
um 125	Statthalter in Noricum
um 130	Lebensabend in oder bei Epfach

1 Der Gutshof Hechingen-Stein beeindruckt durch seine Größe und die vielen Nebengebäude. Im Internet findet ihr ausführliche Informationen darüber. Dort könnt ihr auch einen virtuellen Gang durch die Gebäude machen und so eine Vorstellung von der Innenausstattung der Räume bekommen. Berichtet darüber. Vielleicht macht ihr einen Ausflug dorthin – er wird sich lohnen (s. S. 146f.).
2 Städte mit vergleichbaren Gebäuden wie in M3 befanden sich in allen Teilen des Römischen Reiches. Du bist Stadtplaner mit dem Auftrag eine neue Stadt zu gründen. Was musst du alles berücksichtigen?
3 Verfolge den Lebensweg des Clementianus auf einer Karte. Welchen Beitrag konnte ein Mann wie er zur Romanisierung leisten (M4)?
4 Diskutiert, welche Voraussetzungen gegeben sein mussten, damit eine Romanisierung in den Provinzen stattfinden konnte. Überlegt auch, ob es Parallelen zur Gegenwart gibt – denkt dabei zum Beispiel an die Rolle, die das Englische heute im Vergleich zum Lateinischen früher spielt.

Leben in der Welthauptstadt

Rom zur Kaiserzeit – die größte Metropole des Altertums. Niemand wusste so ganz genau, wie groß und reich Rom wirklich war. Unentwegt flossen die Schätze hierher, ungebrochen war der Strom von Menschen, der sich in die Stadt ergoss. Es sollen eine Million Einwohner gewesen sein, davon ein Drittel Sklaven. Die Menschen kamen aus allen Teilen des Reiches. Hier in Rom standen die höchsten Gebäude, hier fand man die größten Theater, Rennbahnen, Plätze und Thermen. Aber Rom war mehr als eine Großstadt, es war die Hauptstadt und das Zentrum eines Weltreiches. Nach erfolgreichen Kriegen gab es großartige Triumphzüge, die Kaiser überboten sich beim Abhalten von tagelangen Feiern, bei denen die Bevölkerung durch „Brot und Spiele" (panem et circenses) zufrieden gestellt und unterhalten wurde.

Das Forum – Herz der Stadt und des Reiches. Rom hatte – wie alle Großstädte – viele unterschiedliche Stadtviertel. Der Mittelpunkt Roms war das ▶ Forum Romanum. Es war auf dem ebenen Gelände zwischen den Hügeln entstanden, wo sich mehrere Straßen kreuzten. Hier standen einige der wichtigsten Baulichkeiten der Stadt: Der Tempel der Vestalinnen (Priesterinnen), die das heilige Feuer hüteten, die Rostra (Rednertribüne) und die Curia, das Gebäude, in dem die Senatoren tagten. Siegessäulen und Triumphbögen erinnerten an die erfolgreichen Kriege, die römische Feldherren geführt hatten. Gewaltige Tempel, überragt vom Jupitertempel auf dem Kapitol, ließen keine Zweifel an der Göttertreue des Staates. Hier trafen sich Menschen aus aller Herren Länder, um Neuigkeiten zu erfahren bzw. auszutauschen. An das Forum im Südwesten angrenzend standen die gewaltigen Paläste der römischen Kaiser. Augustus hatte auf dem Palatin mit dem Bau eines Palastes begonnen. Die späteren Kaiser erweiterten ihn, so dass er schließlich aus einer riesigen Palastanlage bestand. Als der Platz dafür nicht mehr reichte, wurde der Hügel durch gewaltige Stützmauern künstlich vergrößert. In Kontrast zu diesem Reichtum standen die vielen Wohnviertel mit ihren engen Gassen und den hohen, nicht selten heruntergekommenen und muffigen Mietshäusern (lat. insula).

Rom darf nicht hungern. Eine wichtige Aufgabe für die Kaiser war die ausreichende Versorgung der Bevölkerung. Da aber das Umland dies nicht leisten konnte, mussten auch Waren aus größeren Entfernungen nach Rom transportiert werden. Zwei Tiberhäfen verbanden die Großstadt mit der Hafenstadt Ostia. Hier legten die großen Handelsschiffe an, die aus Sizilien, Nordafrika oder Kleinasien Getreide, Olivenöl und Wein brachten. Auch viele Luxusgüter stammten aus weit entfernten Gebieten (s. S. 148f.).

■ **M1 Panoramablick vom Kapitol nach Südwesten:** *Vorne ist das Forum Romanum zu sehen, hinten rechts der Palatin.*

M2 Das Rom des Augustus

Strabon, ein Geograph aus Kleinasien (ca. 63 v. – 20 n. Chr.), der mehrmals Rom besuchte, berichtete:

Während die Hellenen es bei der Gründung von Städten besonders auf Schönheit, Häfen und fruchtbares Land abgesehen hatten ... achteten die Römer vor allem auf das, worum sich jene wenig kümmerten: Pflasterung der Straßen, Zuführung von Wasser, unterirdische Kanäle, geeignet, den Unrat der Stadt in den Tiber zu spülen ... Die Wassermassen sind so groß, dass ganze Flüsse durch die Stadt und die unterirdischen Kanäle strömten, dass nahezu jedes Haus Wasserbehälter und Wasserleitungen hat und reichlich sprudelnde Brunnen besitzt ... Während die Alten sozusagen auf die Schönheit Roms geringeren Wert legten, da sie es ja mit anderen, größeren und notwendigeren Aufgaben zu tun hatten, standen die späteren, vor allem die heutigen, zu unserer Zeit lebenden Römer auch hierin nicht zurück, sondern sie haben die Stadt mit zahlreichen und herrlichen Weihegeschenken angefüllt. Denn Pompeius, der göttliche Cäsar, Augustus und dessen Söhne haben alle früheren Eifer und Aufwand für Bauwerke übertroffen ... Kommt man auf den alten Markt und sieht, wie sich an diesem Markt um Markt reiht, und sieht die königlichen Basiliken (Gerichtshallen) und Tempel, dazu auch noch das Kapitol mit seinen Bauwerken und die auf dem Palatin ... so könnte man leicht alles, was draußen liegt, vergessen.

Strabon, Geographie V, 3, 8ff. Zitiert nach: GiQ 1, S. 594.

M3 Rom bei Nacht

Der römische Dichter Horaz (65 – 8. v. Chr.) beschrieb in einem seiner Werke das Leben in Rom bei Nacht:

Bei Sonnenuntergang begann der Wagenverkehr, der tagsüber untersagt war. Quietschend und ratternd bewegten sich lange Kolonnen von schweren Lastwagen, mit Salz und Lebensmittel beladen, mit Waren, die Rom in seinen Speichern am Tiber anhäufte, um sie dann auf die nördlichen Provinzen zu verteilen. Die ganze Welt belieferte Rom, und Rom versorgte wiederum Italien.

Auch die Reisewagen, die während der Tagesstunden an den Toren anhalten mussten, durchfuhren in allen Richtungen die Straßen Roms.

Das gewöhnliche Volk nutzte die Dunkelheit aus, um sich des Abfalls zu entledigen. Aus allen Fenstern wurden Scherben, Kehricht und sonstiger Unrat auf die Straßen befördert und wer gerade vorüber schritt, konnte schon von Glück reden, wenn er nur verschmutzt oder mit ein paar Beulen davon kam. Des Nachts war es stockdunkel. Wer nicht Gefahr laufen wollte, sich ein Bein zu brechen oder eine unangenehme Begegnung zu machen, ließ sich von einem Diener mit der Fackel begleiten. Ab und zu vernahm man den festen Schritt der Polizeistreifen, die mit Äxten und Eimern ausgerüstet, die Runde machten, um notfalls einen Brand zu löschen oder irgendwelche verdächtigen Elemente festzunehmen. Öffentliche Beleuchtungen gab es nicht. Für das Licht hatte jeder selbst zu sorgen. Wer keinen Begleiter hatte, der ihm auf dem Weg leuchten konnte, musste sich mit einer bescheidenen Kerze begnügen.

Horaz, Epistel II, 2 (vom Verfasser übersetzt).

1 Du bist ein junger Römer und sollst Besucher durch die Stadt führen. Welche Gebäude findest du in M1 besonders beachtenswert? Sammle zusätzliche Informationen mit Hilfe eines modernen Stadtführers.

2 Unter Cäsar, Augustus und seinen Nachfolgern wurde das Forum Romanum immer wieder erweitert. Welches Ziel verfolgten die Herrscher damit?

3 Zwei junge Römerinnen unterhalten sich über die Vorzüge und Nachteile des Lebens in der Hauptstadt. Sammelt Argumente für ein Streitgespräch. Bezieht M2–M3 mit ein.

Eine Stadt vieler Völker

Versammlungsort der Welt. In der Millionenstadt Rom wohnten Menschen aus allen Teilen des Reiches und den angrenzenden Ländern. In der Kaiserzeit bildeten sie gegenüber den alteingesessenen Römern sogar die Mehrheit. Hier hörte man nicht nur Latein und Griechisch, sondern hunderte von anderen Sprachen. Man sah die fremdartigsten Trachten. Neben den alten Tempeln waren jüdische Synagogen und Heiligtümer der ägyptischen Isis und des syrischen Baal entstanden. Rom war multiethnisch geworden, d. h. eine Vielvölkergesellschaft.

Aufstieg aus der Sklaverei. Manche dieser Zuwanderer hatten von sich aus ihre Heimat verlassen, weil sie hofften, in der Hauptstadt mehr Geld zu verdienen und ein besseres Leben zu führen. Die meisten aber waren gegen ihren Willen als Kriegsgefangene nach Rom verschleppt worden. Hier wurden sie dann auf dem Sklavenmarkt verkauft und mussten für ihre neuen Herren harte Arbeit verrichten. Trotzdem bestand Aussicht auf ein besseres Leben: Jedes Jahr wurden Tausende freigelassen; sie konnten nun selbstständig arbeiten, und mancher, der in seiner Heimat einen gefragten Beruf erlernt hatte, brachte es zu Reichtum. Das galt vor allem für Menschen aus Griechenland und dem hellenistischen Osten; die meisten Handwerker, Händler, Lehrer und Ärzte in Rom stammten aus diesen Ländern (s. S. 134f.).

Fremde werden Mitbürger. Auch im antiken Rom gab es die üblichen Vorurteile gegen Menschen fremder Herkunft. Man sagte: Briten sind unzivilisierte Wilde, Thraker immer betrunken, Syrer lügen. Die Spannungen verschärften sich, wenn unterschiedliche religiöse Auffassungen hinzukamen. Der Kult der Ägypter wurde als fremdartig empfunden. Die Juden glaubten nur an einen Gott, dessen auserwähltes Volk sie seien. Deshalb nahmen sie nicht an religiösen Feiern in der Stadt teil. Der Großteil der Bevölkerung hatte dafür wenig Verständnis (s. S. 158ff.).
Im Alltag jedoch waren solche Spannungen unbedeutend. Die Menschen, wo immer sie herkamen, hatten ganz ähnliche Interessen. Sie waren auf den Kaiser angewiesen, der Getreide an sie verteilen ließ und ihnen in der Zirkusarena Unterhaltung bot. Sie wollten arbeiten, verkaufen und zu Wohlstand kommen. Wer krank war, brauchte einen fähigen Arzt, und da vertrauten die Römer doch lieber Ausländern, vor allem Ägyptern. Insbesondere die Erfolgreichen unter den Zuwanderern bemühten sich, möglichst schnell Latein zu lernen und legten Wert darauf, auf ihren Grabmalen wie „echte" Römer in der Toga abgebildet zu werden. Den Kindern der Freigelassenen stand das volle römische Bürgerrecht zu. Die Integration (d. h. die Eingliederung, das Zusammenwachsen zu einer Gemeinschaft) funktionierte. Die vielen Fremden, die in Rom zusammengeströmt waren, wurden schließlich alle zu Römern.

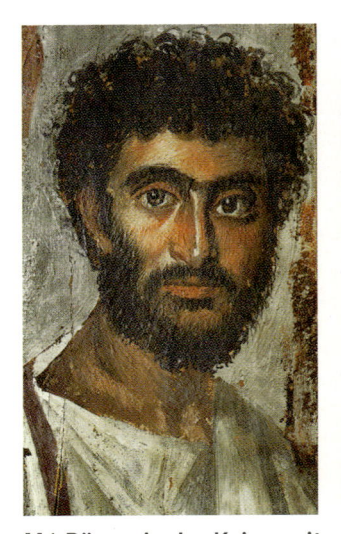

M1 Römer in der Kaiserzeit
Die Mehrzahl der stadtrömischen Bevölkerung glich im Aussehen diesen beiden Menschen aus Ägypten.

M2 Eine römische Grabinschrift

GAIUS JULIUS MYGDONIUS VON ABSTAMMUNG PARTHER FREIGEBOREN IN JUGENDLICHEM ALTER IN GEFANGENSCHAFT GERATEN UND AUF RÖMISCHEN BODEN VERPFLANZT ALS ICH RÖMISCHER BÜRGER GEWORDEN BIN AUFGRUND EINES GÜNSTIGEN SCHICKSALS HABE ICH MIR IM ALTER VON 50 JAHREN EINE URNE BESCHAFFT ICH HABE ES ERREICHT VOM KLEINKIND- BIS ZUM GREISENALTER ZU GELANGEN NUN NIMM MICH AUF O STEIN MIT WOHLGEFALLEN MIT DIR WERDE ICH VON JEDER SORGE BEFREIT SEIN

CIL XI 137. Zitiert nach Leonhard Schumacher (Hrsg.): Römische Inschriften, Stuttgart (Reclam) 1988, S. 271.

M3 Grabmal zweier Freigelassener

Zwei Menschen fremder Herkunft haben sich hier als typische Römer darstellen lassen.

M4 „Zu viele Ausländer in Rom!"

In einer Satire, einem kritisch-übertreibenden Gedicht, aus dem 2. Jh. n. Chr. klagte ein alteingesessener Römer:
Griechen von überall her streben zu uns nach Rom, an die Fleischtöpfe der vornehmen Häuser, und dort sind sie dann bald die Herren. Ein solcher Mensch hat jeden Beruf, den du dir vorstellen kannst, zu uns gebracht: Sprachlehrer, Redner,
5 Feldmesser, Maler, Wahrsager, Seiltänzer, Arzt, Zauberer – ein hungriges Griechlein kann alles. Jetzt tragen sie sogar schon den Purpur der Senatoren. So einer hat bessere Chancen als ich, mit wichtigen Geschäften beauftragt zu werden und auf bequemerem Lager zu ruhen. Kein Römer hat noch
10 irgendetwas zu sagen, wo ein Protegenes, Diphilos oder Hermarchos (typische griechische Namen) den Ton angeben. Allerdings – wie viele von diesem Abschaum sind denn richtige Griechen? Schon längst fließt ja der syrische Orontes in den Tiber und schwemmt syrische Sprache und Sitten,
15 schräge Saitentöne und den Lärm fremdländischer Handpauken an, dazu Mädchen, die gezwungen sind, sich an der Rennbahn feilzubieten.
Juvenal, 3. Satire 60 ff. (übers. und bearb. vom Verfasser).

M5 Eine Ursache der Größe Roms

(Nach ihrer Gründung) wuchs die Stadt ..., wobei man mehr auf Zuwachs ... als für die damalige Menschenzahl baute. Sodann eröffnete Romulus ..., um Massen anzulocken ..., einen Zufluchtsort für Flüchtlinge. Dorthin flüchtete nun alles hau-
5 fenweise ohne Unterschied, ob einer frei war oder Sklave ... und dies ist der ursprüngliche Kern der anhebenden Größe Roms gewesen.
Livius, Ab urbe condita 1, 8, 4-6; bearb. nach der Übers. von Robert Feger, Stuttgart (Reclam) 1981, S. 31.

Sollten die angesehensten Männer Galliens in den Senat aufgenommen und zu den hohen Staatsämtern zugelassen werden? In dieser Streitfrage nahm Kaiser Claudius 48 n. Chr. vor dem Senat mit folgenden Argumenten Stellung:
Meine Vorfahren, deren ältester, Clausus, ein gebürtiger Sabiner, das römische Bürgerrecht erhielt ..., mahnen mich, als Staatsoberhaupt nach gleichen Grundsätzen zu verfahren und alles nach Rom zu verpflanzen, was sich irgendwo her-
5 vorgetan hat ... Was wurde denn den Spartanern und Athenern trotz ihrer kriegerischen Erfolge zum Verhängnis? Nichts anderes, als dass sie die Unterworfenen als fremdstämmig von sich fernhielten. Romulus war dagegen so weise, dass er sehr viele Völkerschaften, die eben noch unsere Feinde wa-
10 ren, am gleichen Tage zu Mitbürgern machte.
Zitiert nach: Tacitus, Annalen 11, 23–24; übers. von Carl Hoffmann, Wiesbaden (Vollmer) 1974, S. 248 f.

1 Lasse einen der beiden Römer (M1) über das Leben in der Hauptstadt berichten.
2 Römische Inschriften sind meist in Großbuchstaben geschrieben, natürlich auf Latein, und enthalten keine Satzzeichen. Die Inschrift M2 ahmt das nach. Schreibe sie ab, füge Kommas und Punkte ein. Beginne jeden Sinnabschnitt mit einer neuen Zeile.
3 Gib zwei Wendepunkte an, die das Leben des Mygdonius verändert haben (M2).
4 Nenne Heimatländer der römischen Neubürger (M2, M4 und Autorentext). Überlege, welche Kenntnisse und Fähigkeiten diese Menschen aus ihrer Heimat mitgebracht haben könnten.
5 Beschreibe und diskutiere die Einstellungen der alteingesessenen Römer zu ihren neuen Mitbürgern (M4–M5). Vergleiche mit der heutigen Einstellung zu Zuwanderern.

Das Römische Reich in der Krise

Neue Gegner, neue Kriege. Um die Mitte des 2. Jh. n. Chr. sagte ein Grieche in einer Lobrede auf Rom: „An Kriege, ja, dass es sie gegeben hat, glaubt man nicht mehr. Und wenn auch einmal Kämpfe an den Grenzen des Reiches stattfinden, dann gehen sie schnell vorüber und mit ihnen das Gerede über sie." Aber schon am Ende des 2. Jh. n. Chr. kehrte der Krieg in die Erfahrung der Römer zurück. Im Vorfeld des Limes und der Donau begannen germanische Stämme sich zu starken Verbänden zusammenzuschließen; die Römer bezeichneten sie später als Franken, Alemannen und Goten. Ihrem Druck waren die römischen Grenzheere nicht mehr gewachsen, den Germanen gelangen tiefe Einbrüche nach Griechenland, Italien und Gallien. Die Römer gaben den Limes auf und zogen sich an den Rhein zurück. Allmählich verfielen die Spuren der römischen Lebensweise – Städte, Bäder, Gutshöfe, Straßen. Im Osten hatte sich auf der Grundlage des alten persischen Reiches eine neue Großmacht herausgebildet. Sie wurde für 400 Jahre ein gleichwertiger Konkurrent der Römer. 260 n. Chr. schlugen die Perser den römischen Kaiser Valerian und führten ihn im Triumph in Gefangenschaft – tiefer konnte das einst so stolze Rom kaum gedemütigt werden.

M1 Felsrelief im heutigen Iran
Dieses Relief stellt dar, wie der römische Kaiser Valerian vor dem persischen König Schapur niederknien muss.

Ein neues Kaisertum. Alle wichtigen Entscheidungen wurden jetzt im Heer getroffen, der Senat hatte kaum noch etwas zu bestimmen. Wurde irgendwo ein Sieg errungen, riefen die Soldaten ihren Feldherrn zum Kaiser aus. Auf diese Weise löste nicht nur ein Soldatenkaiser den anderen ab, sondern es gab meist gleich mehrere, die sich gegenseitig bekämpften (235–284 n. Chr.).

Diesem Chaos bereitete Kaiser Diokletian 285 n. Chr. ein Ende: Er führte die Tetrarchie (Viererherrschaft) ein, d. h. vier rechtmäßige Kaiser sollten gemeinsam herrschen. Sie ließen sich Residenzen näher an der Grenze, in Trier, Mailand, Thessalonike in Griechenland und Nikomedia in Kleinasien errichten. Von hier aus konnten sie die Abwehr wirksamer organisieren. Diokletian verstand sich nicht mehr als „Princeps" wie einst Augustus (s. S. 139ff.), sondern wollte „dominus et deus", „Herr und Gott" sein, dem man sich nur auf den Knien nähern durfte.

Eine neue Hauptstadt. Einer der Tetrarchen, Konstantin, war nicht bereit, das Vierersystem Diokletians anzuerkennen. Er erkämpfte bis 324 n. Chr. die Alleinherrschaft. Nach seinem Sieg ließ er sich 330 n. Chr. an der Stelle der alten Griechenstadt Byzanz am Bosporus eine neue Hauptstadt bauen – Konstantinopel, die „Stadt Konstantins". Von dort aus konnte er die Donau ebenso wie die Grenze gegen die Perser wirksamer überwachen. Die Neugründung an der Nahtstelle zwischen Europa und Asien sollte das „zweite Rom" werden und das alte an Pracht und Bedeutung übertreffen. Deshalb ließ Konstantin hier Tempel und Kirchen, Paläste und Arenen errichten und Statuen aus allen Teilen des Reiches aufstellen. Konstantinopel wurde für mehr als tausend Jahre die glanzvolle Hauptstadt des Römischen, später des Oströmischen oder Byzantinischen Reiches. Ihr heutiger Name ist Istanbul.

Reichsteilung. Nach Konstantins Tod herrschten wieder mehrere Kaiser nebeneinander. 395 n. Chr. teilte Kaiser Theodosius das Reich endgültig auf. So entstanden ein lateinisches Westreich mit der Hauptstadt Rom (später Ravenna) und ein griechisch geprägtes Oströmisches Reich mit der Hauptstadt Konstantinopel.

M2 „Die Welt ist alt geworden"

Um die Mitte des 3. Jh. n. Chr. klagte Bischof Cyprian von Karthago:

Die Welt ... hat nicht mehr ihre einstige Kraft und Stärke. Im Winter reicht des Regens Fülle nicht mehr aus, um die Samen zu ernähren, im Sommer stellt sich nicht mehr die gewohnte Hitze ein. Aus den durchwühlten und erschöpften Bergen
5 werden weniger Marmorplatten gewonnen, aus den ausgebeuteten Bergwerken weniger Silber und Gold. Es gibt nicht genug Bauern auf den Feldern, Seeleute auf den Meeren, Soldaten in den Kasernen. Auf dem Markt denkt jeder nur noch an sich, die Handwerker arbeiten immer nachlässiger.
10 Die ganze Welt ist in Verfall und Untergang begriffen.

Cyprianus, An Demetrianus 3f. (vom Verfasser übersetzt).

M3 Bedrohung und Schwäche des Reiches

Aurelius Victor, kaiserlicher Beamter aus Afrika, beschrieb aus dem Abstand von rund hundert Jahren die Lage des Reiches um das Jahr 260:

Die Goten drangen, ohne Widerstand zu finden, nach Thrakien vor und besetzten Makedonien, Achaia und die benachbarten Gebiete Asiens, die Parther (gemeint sind die Perser) Mesopotamien ... Die Macht der Alemannen besetzte damals
5 in ähnlicher Weise Italien, Frankenstämme plünderten Gallien und setzten sich in Spanien fest, wo sie die Stadt Tarraco (heute Tarragona) verwüsteten und fast völlig ausplünderten; ja, ein Teil von ihnen drang ... bis nach Afrika vor; verloren ging alles, was Traianus jenseits der Donau erobert hatte. So
10 wurde wie von Stürmen, die von allen Seiten wüteten, auf dem ganzen Erdkreise alles ... durcheinander geworfen. Zugleich drang die Pest in Rom ein ...
Von da an festigte sich der Einfluss der Soldaten immer mehr, und die Regierung und das Recht, den Kaiser zu wählen, sind
15 bis heute dem Senate entrissen geblieben ... Die Herrschaft (wird) nach der Entscheidung der einfachen Soldaten irgendeinem, wenn auch würdigem Mann übertragen. Da die Senatoren sich ihrer Ruhe freuen und nur um ihre Reichtümer bangen ... haben sie den Soldaten, d. h. sozusagen den Barbaren,
20 den Weg zur Herrschaft über sich und ihre Nachkommen freigemacht.

Aurelius Victor, Über die Kaiser 33, 3 ff.; 37, 5.
Zitiert nach: GiQ 1, S. 700, 704.

1 Welche Äußerungen Cyprians hältst du für realistisch, welche nicht? Überlege, was er mit seinem Text zum Ausdruck bringen will (M2).

2 Zähle Gefahren für das Römische Reich auf. Unterscheide dabei nach äußeren und inneren Bedrohungen. Zeige die im Text erwähnten Provinzen auf einer Karte (M3).

3 Fertige die Skizze einer sitzenden Statue Kaiser Konstantins an und „verwende" dabei die Bruchstücke. Bestimme die ungefähre Größe der Figur (M4). Zeichne daneben im richtigen Maßstab den „Augustus von Primaporta" (S. 140).

4 Vergleiche mit Hilfe der Anleitung zu „Herrscherbilder interpretieren" (S. 141) die Statuen des Augustus und Konstantins. Überlege, welche Wirkung sie auf einen Betrachter gehabt haben müssen. Erläutere, welche Auffassung von Amt und Macht des Kaisers jeweils zum Ausdruck kommt.

M4 Bruchstücke einer Kolossalstatue Kaiser Konstantins

Entstehung und Ausbreitung des Christentums

Religiöse Vielfalt im Römischen Reich. Bei ihren Eroberungen lernten die Römer auch die Religionen anderer Völker kennen. Viele Gottheiten erhielten in Rom einen eigenen Tempel. Im Pantheon, einem Rundtempel, wurden die unterschiedlichsten Religionen verehrt. Mit der Eroberung Palästinas 63 v. Chr. gerieten die Juden unter römische Oberherrschaft. Die Römer tolerierten auch ihre Religion.

Die Anfänge des ▶ Christentums. Etwa um das Jahr 6 v. Chr., also zur Zeit des Kaisers Augustus wurde in Palästina der Jude Jesus von Nazareth geboren. Über sein historisches Leben wissen wir nur wenig. Mit seinen Jüngern zog Jesus als Prediger durch Galiläa und Judäa. Um 31 n. Chr. erlitt er unter dem römischen Statthalter der Provinz Judäa, Pontius Pilatus, den Kreuzestod, weil er als Aufrührer angesehen wurde. Die Anhänger Jesu glaubten fest an seine Auferstehung und verehrten Jesus nach seinem Tod als den lang erwarteten Heilsbringer, den Messias (griech. „Christos"), weswegen man sie Christen nannte. Die Lehre von der „frohen Botschaft" (griech. Evangelium) verbreitete sich von Palästina ausgehend durch die Missionsreisen der Apostel (= Sendboten) Petrus und Paulus rasch im gesamten Mittelmeerraum.

Eine christliche Gemeinde in Rom. Für die gebildeten Römer war die Verehrung des gekreuzigten Jesus als Heilsbringer völlig unverständlich. Die Kreuzigung galt ihnen als besonders schmähliche Hinrichtungsart für die gemeinen Verbrecher und Sklaven. Auch konnten sie die Unterschiede zwischen Juden und Jesusanhängern nicht erkennen. Das Christentum galt ihnen als jüdische Sekte. Die Zusammenkünfte der Christen zum wöchentlichen Erinnerungsmahl an ihren „Christus" und ihr Fernbleiben von Gladiatorenkämpfen oder römischen Festen machten sie zu Außenseitern. Bei den unteren Schichten, aber auch Händlern und Soldaten, fand die Lehre von der Nächstenliebe, vom ewigen Leben nach dem Tod großen Zulauf. Ob Sklave oder Grundherr, alle waren vor Gott gleich. Im Unterschied zum Judentum war die Zugehörigkeit auch nicht an ein bestimmtes Volk gebunden. Zum Christentum bekehrte Händler, Beamte und Soldaten trugen das christliche Gedankengut in alle Provinzen des Römischen Reiches.

M1 Das geheime Erkennungszeichen der Christen
*Das griechische Wort für Fisch, ICHTHYS, galt als Abkürzung von **I**esus **Ch**ristos **Th**eou **Y**ious **S**oter = Jesus Christus, Gottes Sohn, der Retter.*

Die Christen vor die Löwen! Da es den Christen verboten war, heidnischen Göttern oder Menschen zu opfern, wurden sie bald als Außenseiter und sogar als Staatsfeinde betrachtet. Als unter Kaiser Nero im Jahre 64 n. Chr. große Teile Roms in Flammen aufgingen – heutige Historiker vermuten, dass Nero selbst den Brand legte, um Platz für neue Paläste zu erhalten – schob man die Schuld an dieser Katastrophe den Christen zu. Sie wurden aufgespürt und verhaftet, viele von ihnen qualvoll hingerichtet. Bei dieser ersten Christenverfolgung sollen auch Petrus und Paulus den Tod gefunden haben. Das vermutliche Grab des Petrus, der besondere Verehrung genoss, wurde zum Versammlungsort der Christen. Über ihm errichtete man bald eine Kirche, die im Laufe der Jahrhunderte mehrmals erneuert und noch heute als Petersdom in Rom zum sichtbaren Mittelpunkt der Christenheit geworden ist.

Der Aufbau der Kirche. Die wachsende Anzahl der Christen im Römischen Reich verlangte nach einer Organisation. Als Vorsteher der Gemeinden wählte man die vornehmsten und ältesten Mitglieder (Presbyter). Später übernahmen Bischöfe die Leitung der immer größer werdenden Gemeinden. Die Lehre des Christentums wurde im Laufe der Zeit vereinheitlicht und auf Bischofsversammlungen, so genannten Konzilien, festgeschrieben. Besonderes Ansehen genoss der Bischof von Rom, der als Nachfolger des Apostels Petrus den Ehrennamen „Papa" (Vater, Papst) erhielt.

M2 Das Christentum breitet sich im Römischen Reich aus

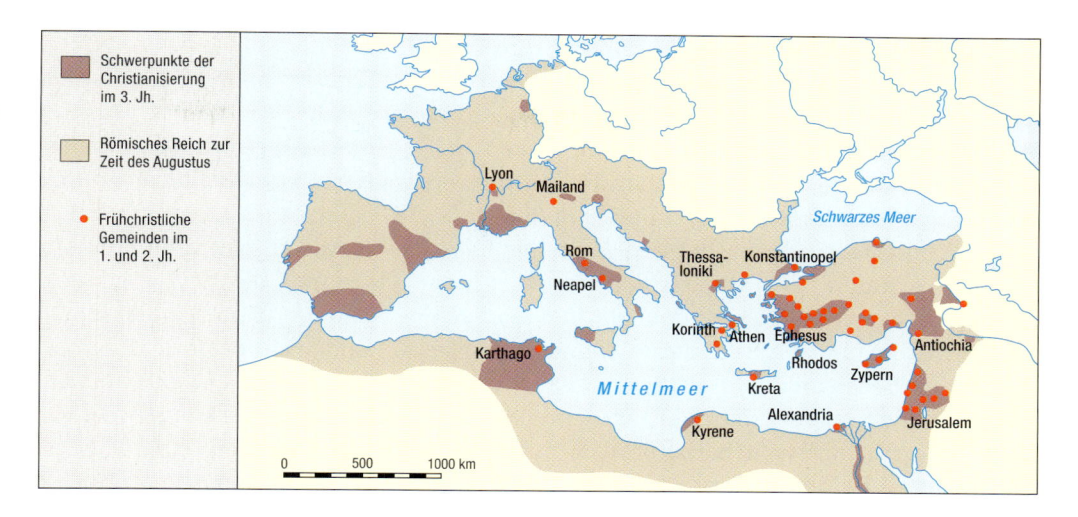

- Schwerpunkte der Christianisierung im 3. Jh.
- Römisches Reich zur Zeit des Augustus
- Frühchristliche Gemeinden im 1. und 2. Jh.

M3 Christus als der gute Hirte

Deckengemälde in einer Grabkammer der Priscilla-Katakombe in Rom, (3. Jh. n. Chr.)

M4 Das Schicksal der Christen unter Kaiser Nero

Der römische Schriftsteller Tacitus berichtet:

Aber nicht durch menschliche Hilfeleistung, nicht durch die Spenden des Kaisers oder die Maßnahmen zur Beschwichtigung der Götter ließ sich das böse Gerücht unterdrücken, man glaubte vielmehr fest daran: befohlen worden sei der
5 Brand. Daher schob Nero, um dem Gerede ein Ende zu machen, andere als Schuldige vor und belegte die mit den ausgesuchten Strafen, die, wegen ihrer Schandtaten verhasst, vom Volk Chrestianer genannt wurden. Der Mann, von dem sich dieser Name herleitet, Christus, war unter der Herrschaft
10 des Tiberius auf Veranlassung des Prokurators (= Statthalter) Pontius Pilatus hingerichtet worden, und für den Augenblick unterdrückt, brach der unheilvolle Aberglaube wieder hervor, nicht nur in Judaea, dem Ursprungsland dieses Übels, sondern auch in Rom, wo aus der ganzen Welt alle Gräuel und Scheuß-
15 lichkeiten zusammenströmen und gefeiert werden. So verhaftete man zunächst diejenigen, die ein Geständnis ablegten, dann wurde auf ihre Anzeige hin eine ungeheure Menge nicht so sehr des Verbrechens der Brandstiftung als einer hasserfüllten Einstellung gegenüber dem Menschenge-
20 schlecht schuldig gesprochen. Und als sie in den Tod gingen, trieb man noch seinen Spott mit ihnen in der Weise, dass sie, in die Felle wilder Tiere gehüllt, von Hunden zerfleischt umkamen oder, ans Kreuz geschlagen und zum Feuertod bestimmt, sobald sich der Tag neigte, als nächtliche Beleuch-
25 tung verbrannt wurden.

Tacitus, Annalen XV/43–44 (vom Verfasser übersetzt).

1 Was weißt du vom Religionsunterricht über die Anfänge des Christentums? Berichte darüber vor der Klasse. Beziehe auch die Karte M2 in dein Referat mit ein.

2 Erkläre, wieso die Christen ein Geheimzeichen brauchten und den Fisch dazu auswählten (M1).

3 Beschreibe die Einstellung des Tacitus zu den Christen, aber auch zu Kaiser Nero (M4).

4 Welche frühchristlichen Märtyrer hast du im Religionsunterricht kennen gelernt? Gib von einem dieser Märtyrer kurz seine Lebensgeschichte wieder.

159

Das Römerreich wird christlich

Das Christentum zwischen Verfolgung und Duldung. Solange sich die Christen ruhig verhielten und ihre Steuern zahlten, förderte der innere Friede im Römischen Reich sowie die grundsätzliche Duldsamkeit des Staates gegenüber fremden Religionen die Ausbreitung des Christentums. Immer wieder gab es aber auch Zeiten, wo die Christen Zielscheibe von Angriffen wurden. Viele fragten sich, was die Christen bei ihren geheimen Zusammenkünften taten (sie trafen sich in unterirdischen Grabkammern), was hinter der Bezeichnung „Schwestern und Brüder" steckte und warum sie mit dem römischen Staat so wenig zu tun haben wollten. Hauptproblem blieb das für alle Bewohner des Reiches selbstverständliche Opfer für den Kaiser und die Götter.

Die christlichen Märtyrer. Im 1. und 2. Jh. n. Chr. finden sich nur einzelne Berichte über Christen, die trotz der Anfeindung und der Verfolgung ihren Glauben offen bekannten und dafür bereit waren, sogar den Tod zu erleiden. Solche „Blutzeugen" bezeichnet man als Märtyrer. Im 3. Jh. änderte sich das Bild. Zum einen waren nicht nur einfache Menschen Christen geworden, sondern auch Angehörige vornehmer Familien. Zum anderen führte man die ständige Bedrohung des Römischen Reiches durch Germanen an seinen Grenzen und die immer häufigeren Niederlagen darauf zurück, dass die Götter den Römern zürnten. Wieder mussten die Christen als „Sündenböcke" herhalten. Unter Kaiser Decius (249–251 n. Chr.) und später Kaiser Diokletian (284–305 n. Chr.) wurden alle, die nicht vorbehaltlos dem Kaiser und den Reichsgöttern opferten, als Staatsfeinde verfolgt und hingerichtet. Einige Christen verleugneten daraufhin ihren Glauben, viele aber hielten daran fest und fanden den Tod. Aber alle Versuche, die Christen einzuschüchtern, schlugen fehl. Im Gegenteil – das Beispiel der Märtyrer, ihr Mut und ihre Standhaftigkeit, spornte viele an, dem Glauben treu zu bleiben. Da die Christen zudem der Überzeugung waren, dass nach dem Tod das ewige himmlische Leben warte, ließen sich nur wenige abschrecken. Kaiser Galerius (305–311 n. Chr.) erkannte die Sinnlosigkeit der staatlichen Christenverfolgung und beendete sie. In einem Edikt (= kaiserlicher Erlass) ordnete er an, dass der christliche Glaube zu dulden sei.

Die konstantinische Wende. Aber erst unter Kaiser Konstantin kam für das Christentum die endgültige Wende. Als Römer glaubte Konstantin fest an die Macht der Götter, die gnädig zu stimmen seien. In der Nacht vor der Entscheidungsschlacht gegen den Gegenkaiser Maxentius – so berichtet eine Legende – wurde er im Traum ermahnt, das Zeichen des Christentums, das Christusmonogramm, auf den Schilden und den Bannern der Soldaten anbringen zu lassen. Und als Konstantin 312 n. Chr. tatsächlich seinen Rivalen besiegt und seine Macht gesichert hatte, zollte er dem Christengott seinen Tribut und erließ ein Edikt, das den Christen wie allen anderen Menschen erlaubte, sich im ganzen Römischen Reich frei zu ihrer Religion zu bekennen und diese auch öffentlich auszuüben. Konstantin, der sich erst auf seinem Sterbebett (337 n. Chr.) taufen ließ, förderte die christliche Religion durch verschiedene Maßnahmen: Er machte den Sonntag zum Ruhetag, förderte den Kirchenbau, gab Christen hohe Posten im Staatsdienst und verbot die Kreuzigung.

M1 Bildnis Kaiser Konstantins

Konstantin ließ sich erstmalig 315 n. Chr. ein Medaillon prägen, das an seinem Helm das Christuszeichen zeigt (griech. Buchstabe Chi/X = Ch, Rho/P = R für die Anfangsbuchstaben von Christus).

Von der verfolgten zur verfolgenden Kirche. Die Nachfolger Konstantins hielten sich an sein Edikt. Und als 391 n. Chr. Kaiser Theodosius sogar verkünden ließ, dass das Christentum als einzige Religion im Römischen Reich gelten solle und alle heidnischen Tempel zu zerstören seien, war das Christentum nicht nur ▶ Staatsreligion geworden, sondern nun selbst in die Rolle der die anderen Religionen Verfolgenden gerückt.

M2 Was tun mit den Christen?

Der römische Schriftsteller Plinius der Jüngere weilte als Beauftragter Kaiser Trajans (98–117 n. Chr.) in der römischen Provinz Bithynien (Kleinasien), als er mit Christen in Berührung kam und bei seinem Kaiser anfragte, wie er mit ihnen verfahren solle:

Vorerst habe ich bei denen, die bei mir als Christen angezeigt wurden, folgendes Verfahren angewandt. Ich habe sie gefragt, ob sie Christen seien. Wer gestand, den habe ich unter Androhung der Todesstrafe ein zweites und drittes Mal gefragt; blieb er dabei, ließ ich ihn abführen. Denn Eigensinn
5 und unbeugsame Halsstarrigkeit glaubte ich auf jeden Fall bestrafen zu müssen ... Als dann im Laufe der Verhandlungen, wie es zu gehen pflegt, die Anschuldigung weitere Kreise zog, ergaben sich verschieden gelagerte Fälle.

10 Mir wurde eine anonyme (= Verfasser unbekannt) Klageschrift mit zahlreichen Namen eingereicht. Diejenigen, die leugneten, Christen zu sein oder gewesen zu sein, glaubte ich freilassen zu müssen, da sie nach einer von mir vorgesprochenen Formel unsere Götter anriefen und vor Deinem Bilde,
15 das ich zu diesem Zweck zusammen mit den Statuen der Götter hatte bringen lassen, mit Weihrauch und Wein opferten, außerdem Christus fluchten, lauter Dinge, zu denen wirkliche Christen sich angeblich nicht zwingen lassen. Andere, die der Denunziant (= Verleumder) genannt hatte, gaben zunächst
20 zu, Christen zu sein, widerriefen es dann aber ... Auch diese alle bezeugten Deinem Bilde und den Götterstatuen ihre Verehrung und fluchten Christus ... Für um so notwendiger hielt ich es, von zwei Mägden, so genannten Diakonissen, unter Folter ein Geständnis der Wahrheit zu erzwingen. Ich fand
25 nichts anderes als einen wüsten, maßlosen Aberglauben.

Aus der Antwort des Kaisers:
Bei der Untersuchung der Fälle derer, die bei Dir als Christen angezeigt worden sind, hast Du den rechten Weg eingeschlagen ... (jedoch dürfen) anonym eingereichte Klageschriften bei keiner Straftat Berücksichtigung finden, denn das wäre
5 ein schlimmes Beispiel und passt nicht in unsere Zeit.
Plinius, Briefe., 10. Buch, ep. 96 und 97. Zitiert nach: Plinius, lat.-dt. hrsg. von Helmut Kasten, Zürich (Artemis) [6]1990, S. 641f. u. 645.

M3 Spottkruzifix

Ein christlicher Soldat wird von seinem heidnischen Mitsoldaten verspottet.
Die Inschrift heißt übersetzt:
„Alexamenos betet seinen Gott an".

M4 Christus als Soldat

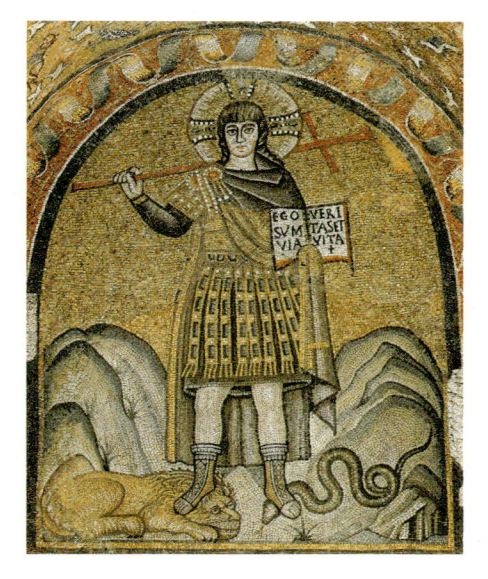

Mosaik in der Kapelle des erzbischöflichen Palastes in Ravenna (um 500 n. Chr.)

1 Zeige die einzelnen Verhaltensweisen des Plinius gegenüber den Christen auf (M2).
2 Stelle dir vor, jeder Vertreter der von Plinius genannten Gruppen will sich verteidigen. Verfasse in „Ich-Form" seine Verteidigungsrede.
3 Welche feste Regel schlägt der Kaiser vor (M2)? Wie begründet er seine Entscheidung?
4 Begründe, inwiefern das Spottkruzifix die Einstellung der meisten Römer gegenüber dem Christentum widerspiegelt (M3).
5 Vergleiche die beiden Christusdarstellungen M4/S. 161 und M3/S. 159. Wie hat sich die Vorstellung von Christus geändert? Welche geschichtlichen Vorgänge haben die Veränderungen verursacht?

Die Völkerwanderung verändert Europa

Germaneneinfälle. Seit dem Ende des 2. Jh. n. Chr. hatte der Druck der Germanen auf die Reichsgrenze am Limes zugenommen. Die Lage an der Nordgrenze war also schon schwierig, als 375 n. Chr. die Hunnen, bewaffnete Reiter aus Zentralasien, bis an die Donau vordrangen. Sie gelten als eine von mehreren Ursachen für den Beginn der so genannten Völkerwanderung, da Teile von germanischen Stämmen wegen der Bedrohung durch die Hunnen ihre Siedlungsgebiete verließen und an vielen Stellen in das Römische Reich eindrangen. Die Römer empfanden ihren Einbruch als Katastrophe und Weltuntergang. Wenn man sich jedoch die Bevölkerungszahlen ansieht (M1), dann fragt man sich, warum so viele Römer so wenige Germanen nicht abwehren konnten. Die Völkerwanderung zeigt daher auch, wie schwach das Römische Reich geworden war. Das Weströmische Reich löste sich im 5. Jh. n. Chr. auf; seit 476 n. Chr. gab es keinen weströmischen Kaiser mehr.

Germanen und Römer. Germanen setzten sich auf römischem Gebiet fest und übernahmen die politische Führung. Das heißt: Die Könige und die Soldaten waren Germanen. Die Römer mussten sich ihnen unterordnen: Die Großgrundbesitzer traten Land an die Germanen ab, viele Römer dienten den neuen Herren als Beamte. Für die meisten Römer änderte sich das Leben kaum – sie wohnten in Städten und auf ihren Bauernhöfen wie bisher und hatten ihr eigenes Recht und ihre eigenen Richter. Römer und Germanen lebten nebeneinander her. Mischehen waren verboten. Besonders trennend war der Unterschied im Glauben: Die Römer waren katholisch, die Germanen gehörten der Glaubensrichtung der Arianer an (für die Jesus Christus nur Mensch, nicht auch Gott war).

Dennoch passten sich die Germanen im ehemaligen Reichsgebiet den Römern im Laufe der Zeit immer mehr an. Sie übernahmen die lateinische Sprache. Nach und nach wandten sie sich auch der katholischen Kirche zu – die Franken in Gallien schon 496 n. Chr., die Westgoten in Spanien 589 n. Chr., die Langobarden in Italien bis 680 n. Chr. Sie verschmolzen mit der romanischen Mehrheit zu neuen Gemeinschaften. Allmählich entstanden aus dieser Verschmelzung neue Sprachen: Französisch, Italienisch, Spanisch. Die Völkerfamilie Europas, wie wir sie heute kennen, begann sich herauszubilden.

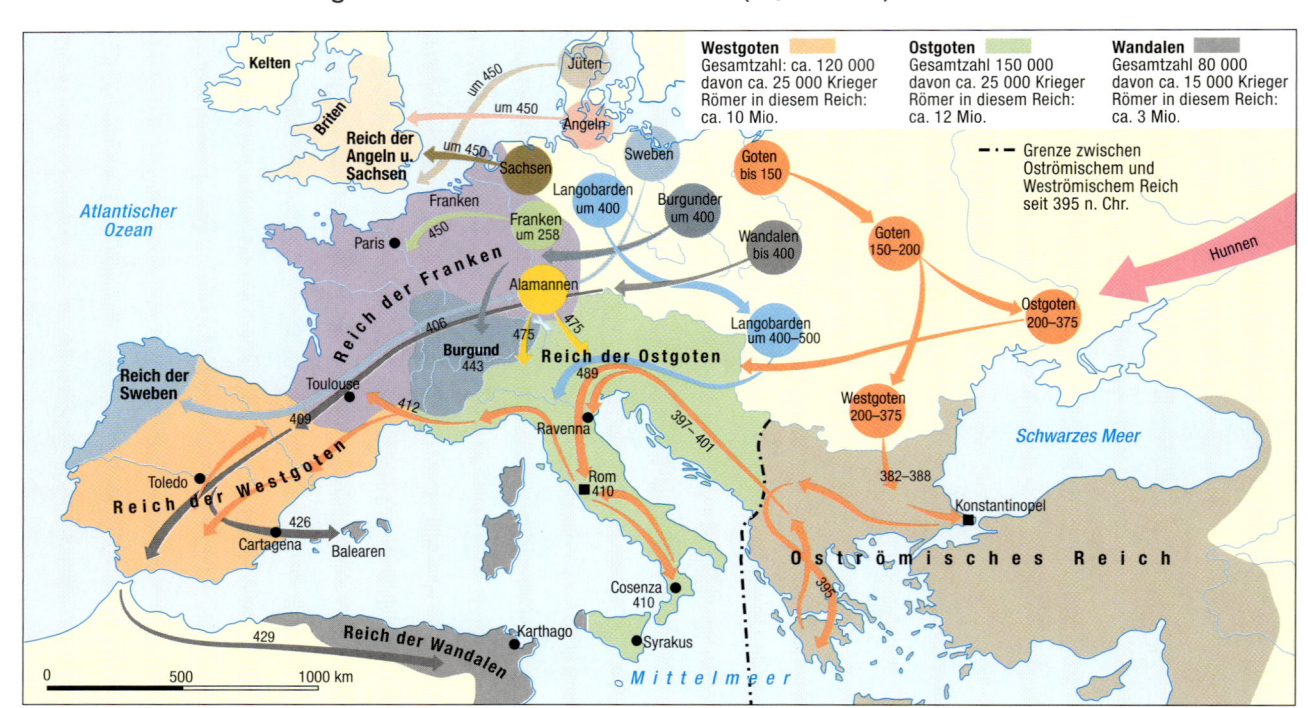

M1 Germanische Heerzüge und Reiche auf römischem Gebiet (5. Jh. n. Chr.)

M2 Die Westgoten in Italien 410 n. Chr.

Auf ihrem Zug nach Rom und Süditalien sollen die Westgoten alles geplündert haben, was ihnen in die Hände fiel. Lediglich die heiligen Orte ließen sie unberührt. Der spanische Schriftsteller Orosios (gest. 419 n. Chr.) berichtete:
Bei jenem Einbruch der Goten in Rom wurde Placidia (Schwester des Kaisers Honorius) von Athaulf gefangen, (später) zur Gattin erwählt und so durch ihre eheliche Verbindung mit dem mächtigen Barbarenkönig für das Reich von großem
5 Nutzen. Er hat dem Kaiser Honorius in Treue als Krieger gedient und zur Verteidigung des römischen Staates die Streitmacht der Goten aufgeboten. (Er wollte) dadurch für sich Ruhm erwerben, dass er mit den Kräften der Goten das römische Wesen wieder völlig herstellte und noch vermehrte.
10 Vor allem unter dem Einfluss seiner Gattin Placidia, einer Frau von scharfem Verstand und einer guten Christin, wurde er zu guten Maßnahmen gelenkt.
Orosius 7, 40, 2; 43, 3 ff. Zitiert nach: Wilhelm Capelle: Die Germanen der Völkerwanderung, Stuttgart (Kröner) 1940, S. 256ff.

Münze mit dem Bildnis
der Kaiserin Galla Placidia

M3 Die Männer im Pelzrock
Der Dichter und Bischof Synesios (um 370 – 414 n. Chr.) warnte vor den Goten:
(Das an Männern so gesegnete Reich) darf die Waffen nicht Fremden geben, die nicht nach seinen Gesetzen geboren und erzogen wurden. Man verdränge sie zuerst von öffentlichen Ämtern und schließe sie aus von den Würden eines Senators.
5 (Es ist eine Schande, dass) der Mann im Pelzrock Leute im römischen Kriegsmantel anführt und einer den Pelz, den er umhatte, auszieht, die Toga anlegt und mit römischen Beamten berät und dabei den ersten Platz behauptet neben dem Konsul selbst. Doch kaum, dass sie aus dem Senate gekommen
10 sind, sind sie schon wieder in ihren Pelzkleidern und spotten dann, wenn sie unter ihren Leuten sind, über die Toga, in der sich das Schwert so schwer ziehen lasse.
Synesios von Kyrene, Über das Königtum 21f. Zitiert nach: GiQ 1, S. 789.

M4 Schnalle aus dem Grab einer Westgotin in Spanien

Wie die Römerinnen trug die Tote kleine, goldene Ohrringe – wie die Spanierinnen eine prächtige Gürtelschnalle. Ihre Tracht schmückte sie mit einer großen Spange aus Silberblech, einem Erbstück uralter gotischer Tradition aus den Donauländern.
Schmuck der Westgoten ist nur bis zum Ende des 6. Jh. in den Gräbern nachzuweisen. Dann übernahmen die Einwanderer Mode und Geschmeide der Einheimischen.

1 Trage Germanenstämme und ihre Siedlungsgebiete im Römischen Reich in eine Tabelle ein. Verdeutliche das Zahlenverhältnis von Westgoten und Römern durch eine Grafik (M1).
2 Beschreibe den Zug der Westgoten von ihren Ursprungsgebieten bis nach Spanien. Nenne dabei herausragende Ereignisse (M1–M2).
3 Charakterisiere die Einstellung der Römer gegenüber den Germanen (M2 und M3).
4 Erläutere Stufen der Eingliederung der Germanen in die römische Lebenswelt (M2–M4).
5 Nimm Stellung zu der Frage, ob die Germanen das (West)römische Reich zerstört haben.
6 Beschafft euch Informationen über die Kaiserin Galla Placidia (M2). Tragt ihre Lebensgeschichte der Klasse vor.

Kennst du dich in der römischen Geschichte aus?

Das Römische Reich

753 v. Chr.	Gründung Roms der Sage nach
um 500 v. Chr.	Rom wird Republik
500–287 v. Chr.	Ständekämpfe zwischen Patriziern und Plebejern
bis 272 v. Chr.	Rom erringt die Vorherrschaft in Italien
264–133 v. Chr.	im Kampf gegen Karthago und durch die Eroberung der hellenistischen Staaten wird Rom zur Weltmacht
44 v. Chr.	Ermordung Cäsars
31 v. Chr.– 14 n. Chr.	Prinzipat des Augustus/Beginn der Kaiserzeit
117 n. Chr.	größte Ausdehnung des Römischen Reiches unter Kaiser Trajan
212 n. Chr.	römisches Bürgerrecht für alle Reichsbewohner
nach 250–303	Christenverfolgungen unter Kaisern Decius und Diokletian
um 375 n. Chr.	Beginn der Völkerwanderung, Hunnen dringen nach Europa vor
391 n. Chr.	Christentum wird Staatsreligion
395 n. Chr.	Teilung des Römischen Reiches in eine Ost- und eine Westhälfte
476 n. Chr.	Ende des Weströmischen Reiches

Immer wieder finden die Archäologen vergrabene Münzschätze aus der Römerzeit. Bei dem hier abgebildeten Fund handelt es sich um Münzen aus verschiedenen Jahrhunderten. Jede von ihnen erzählt mit ihrem Bild eine Geschichte.

Sicherung wichtiger Begriffe

- ▽ 📁 **Eigene Dateien**
  - ▽ 📁 **Geschichte**
    - ▽ 📁 **Römisches Reich**
      - ▽ 📁 **Methoden**
        - 📄 Herrscherbilder
        - 📄 Kartenarbeit
        - 📄 Schaubilder
      - ▽ 📁 **Fachbegriffe**
        - 📄 Christentum
        - 📄 Diktatur
        - 📄 Kaiserzeit
        - 📄 Limes
        - 📄 Prinzipat
        - 📄 Romanisierung
        - 📄 Ständekämpfe
        - 📄 Völkerwanderung

Du hast jetzt viel im Buch über die Römer erfahren. So wird es dir sicherlich nicht schwer fallen, die Münzen in die richtige Reihenfolge und dann „zum Sprechen" zu bringen. Berate dich dabei mit deinem Banknachbarn und sucht gemeinsam nochmals die entsprechenden Seiten im Buch.

Ereignisse der griechisch-hellenistischen Welt

ca. 750–550 v. Chr.	griechische Kolonisation im Mittelmeer
um 500 v. Chr.	Reformen des Kleisthenes in Athen
490–480 v. Chr.	Abwehr des persischen Angriffs auf Griechenland
431–404 v. Chr.	Peloponnesischer Krieg, Niedergang Athens, Makedoniens Machtaufstieg
334–323 v. Chr.	Alexander erobert das Perserreich
4. Jh.–1. Jh. v. Chr.	Diadochenreiche, Zeitalter des Hellenismus

1 Legt einen Zeitstrahl an (800 v. Chr.–500 n. Chr.). Tragt oben wichtige Ereignisse der griechischen, unten solche der römischen Geschichte ein. Formuliert, was ihr seht.

2 Klärt die links angegebenen Begriffe mithilfe des Buches. Führe die Datei, wenn du an einem PC arbeiten kannst, fort und erweitere deinen Karteikasten (s. auch S. 36, S. 62 und S. 110).

3 Holt euch das Römische Reich ins Klassenzimmer. Um sich einen Überblick über bedeutende römische Überreste auf drei Kontinenten zu verschaffen, teilt das einstige Imperium in 3–5 gleiche Teile. Ordnet je einen Teil einer Gruppe in eurer Klasse zu, die dann Bilder aus dem Internet, aus Reiseprospekten oder als Kopien aus Büchern zu besuchenswerten römischen Überresten sammelt. Gestaltet daraus eine große Wandkarte für euer Klassenzimmer, indem ihr zunächst die Umrisse Europas, Nordafrikas und Vorderasiens z. B. auf Tapetenbahnen aufzeichnet (zusammen mit wichtigen Städten und Flüssen zur Orientierung). Dann könnt ihr die gesammelten Bilder darauf anbringen. Erläutert eure Karte vor der Klasse.

Was die Römer schon konnten

Alle Straßen führen nach Rom. Um das immer größer werdende Reich zu verwalten, Nachrichten zu befördern und Truppen rasch in entfernte Gebiete bringen zu können, brauchte Rom ein dichtes Netz von Straßen, die auch bei Regen und im Winter benutzbar waren. Als technische Meisterleistungen gelten insbesondere die Brücken und Straßen, auf denen die Alpen überquert wurden. Noch heute kann man bei uns an manchen Orten Überreste von alten Römerstraßen bewundern.

■ **M1 Bau einer Überlandstraße**
Die wichtigeren Straßen waren sieben Meter breit und bestanden aus mehreren Schichten (Stein, Kies, Sand). Die Straßenoberfläche lag etwas höher als der Erdboden und war gewölbt.

Querschnitt durch eine Straße

■ **M2 Bau des Lagerhaupttors in Regensburg**
Es wurde 179 n. Chr. fertig gestellt.

Wasser aus dem Aquädukt. Die Römer hatten viele wissenschaftliche und technische Kenntnisse von den Griechen übernommen und sie weiter entwickelt. Dies zeigte sich u. a. beim Straßenbau, aber auch bei der Wasserversorgung. Eine größere Stadt mit Wasser zu versorgen war stets eine schwierige Aufgabe. Die Städte hatten einen großen Wasserbedarf. Für das Abwasser gab es gemauerte und gewölbte Kanäle, die unter den Straßen verliefen. Das gebrauchte Wasser von Bädern nutzte man noch für die Spülung der öffentlichen Toiletten. Alle Abwasser wurden in einer gewaltigen Abwasseranlage im Zentrum der Stadt gesammelt, der Cloaca maxima. Die Wasserversorgung und die Abwassersysteme waren technische Meisterleistungen. Diesen Standard erreichten europäische Großstädte erst im 19. Jh.

M3 Die römische Wasserversorgung

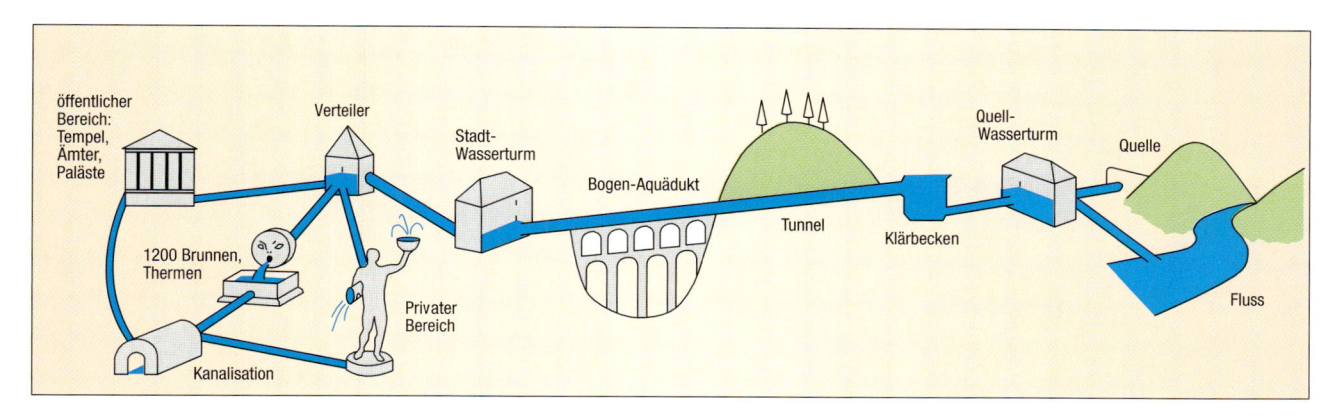

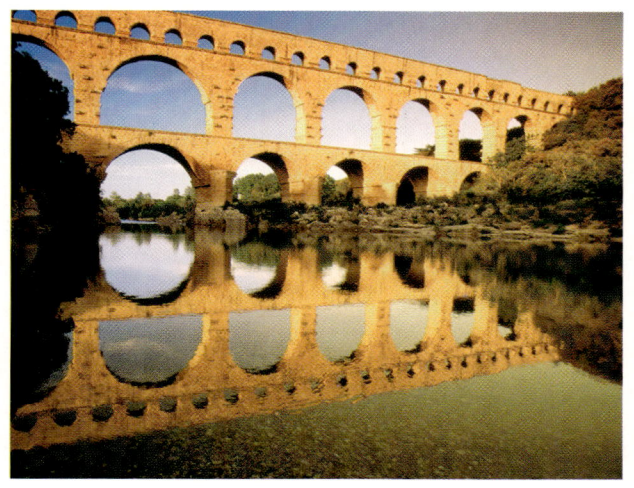

Antiker Wasserverteiler (links), Pont du Gard bei Nimes (rechts). Die Brücke ist 270 m lang und 49 m hoch. Die oberste Bogenreihe war mit Steinplatten abgedeckt. In ihr floss das Wasser. Die Wasserleitung nach Nimes hatte eine Länge von insgesamt 50 km und versorgte 40 000 Menschen (um 20 v. Chr.).

M4 Schutz der Wasserleitungen im Rom

Der Senat hatte 11 v. Chr. Folgendes beschlossen:
(Um) an den Kanälen und Leitungsrinnen, am Wasserlauf und an den Wasserbauwerken Beeinträchtigungen zu vermeiden, soll um die Quellfassungen, Gewölbegänge und Mauern zu beiden Seiten eine 4,44 m breite Schutzzone unbesetzt blei-
5 ben; ferner soll zu beiden Seiten der unterirdischen Kanäle und Leitungsrinnen innerhalb der Stadt sowie bei Bauwerken außerhalb der Stadt eine Schutzzone von 1,48 m Breite frei bleiben ... Falls jemand diesen Bestimmungen zuwiderhandelt, soll er für jedes einzelne Vergehen mit einer Strafe von
10 10 000 Sesterzen büßen ...
Sextus J. Frontinus: Wasser für Rom, übers. und erl. von Manfred Hanzmann, Zürich (Artemis) 1979, S. 64f.

1 Welches Ziel erfüllten die unterschiedlichen Schichten sowie die höhere Straßenoberfläche? Begründe die robuste Bauweise (M1).
2 Auf der Abbildung M2 siehst du eine römische Großbaustelle. Welche technischen Geräte wurden benützt? Wie funktionierten sie?
3 Erläutert anhand des Schaubildes und der Bilder die römische Wasserversorgung.
4 Was mag den Senat bewogen haben, diese Anordnung (M4) zu verfassen?
5 Was die Römer noch alles zu uns gebracht haben, könnt ihr auch auf den Seiten 148–151 nachlesen. Macht ein Plakat oder eine Collage mit Beispielen zum Thema „Das Erbe der Römer". Bezieht dazu auch die nachfolgende Doppelseite mit ein.

Was wir den Römern verdanken

Was haben die Römer mit unserem Alltag zu tun?
Wer als Junge einen Vornamen mit der Endsilbe „-us" (z. B. Marcus) oder als Mädchen mit „-a" (Claudia) hat, führt einen Namen römischen Ursprungs. So sind die Planeten nach römischen Göttern benannt (z. B. Pluto, Saturn, Venus) wie auch die Monatsnamen bereits in römischer Zeit existierten. Ebenso war es ein Römer, nämlich Julius Cäsar, der vor über 2000 Jahren festlegte, dass ein Jahr 365 Tage umfasst und es alle vier Jahre ein Schaltjahr gibt. Auf Cäsar geht auch der Herrschertitel „Kaiser" zurück". Das mittelalterliche Deutsche Reich sah sich als Nachfolger des römischen ▶ Imperiums.

Aber Rom verdanken wir letztlich noch mehr: Das Christentum wurde im Römischen Reich begründet; die großen Feste Weihnachten, Ostern und Pfingsten sind römisches Erbe. In der Grundschule hast du das ABC beigebracht bekommen und damit die lateinische Schrift. Wer von euch Latein als Schulfach hat, erlernt gerade die Sprache der einstigen „Herrin der Welt". Französisch, Italienisch, Spanisch, Portugiesisch und Rumänisch sind die wichtigsten „romanischen" Sprachen, die sich aus dem Lateinischen entwickelten. Ebenso finden wir in unserer eigenen Sprache Lehnwörter, z. B. Palast von lat. palacium, Fremdwörter oder Fachbegriffe, z. B. in den Naturwissenschaften oder im Bereich der Medizin. Das Lateinische war die Sprache der Gelehrten. Sie bildete auch die Grundlage für die Vermittlung des Wissens der Antike. Im Mittelalter sorgte die Kirche für die weite Verbreitung des Lateinischen.

Wer von der Polizei festgenommen wird, weil er sich verdächtig gemacht hat, muss immer zu den Vorwürfen angehört werden. Zudem muss vorher in Gesetzen verankert sein, was verboten ist. Das sind Teile von alten römischen Rechtsgrundsätzen. Sie sind heute noch Vorbild des modernen Rechtsstaates.

Römisches Erbe auch in Deutschland. Nicht wenige Orte in unserer Heimat verdanken ihre Existenz den Römern (s. S. 144ff.). Viele Straßen im Westen und Süden Deutschlands verlaufen auf alten Römerstraßen. Manche Siedlungen bestanden bereits, als die Römer kamen (z. B. das heutige Ladenburg), andere wurden erst von Legionären gegründet, wie z. B. Köngen (Grinario). In vielen dieser Städte findet man heute noch Überreste römischer Bauwerke.

M1 Römischer Meilenstein im Archäologischen Park in Köngen, auf dem Gelände des ehemaligen Römerkastells aufgestellt.

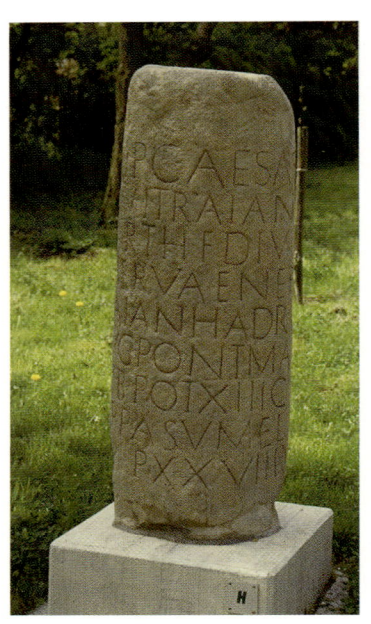

Er wurde im Jahre 1900 gefunden und gibt als Entfernung zwischen Rottenburg und Köngen 29 römische Meilen (= ca. 42 km) an.

M2 Römisches Erbe – nicht nur in Deutschland: Die Volksvertretung der USA auf dem Kapitolshügel in Washington.

M3 Monatsnamen

Zum besseren Verständnis muss man wissen, dass das römische Kalenderjahr am 1. März begann:

1. zu Ehren des Gottes Mars
2. von lat. aperio (öffnen)
3. zu Ehren des Gottes Maius
4. zu Ehren der Göttin Iuno
5. nach Julius Caesar benannt
6. nach Kaiser (caesar) Augustus benannt
7. von lat. septem (sieben)
8. von lat. octo (acht)
9. von lat. novem (neun)
10. von lat. decem (zehn)
11. zu Ehren des Gottes Janus
12. von lat. februar (Sühnefest)

M4 Aus Tageszeitungen

Die Republik hat wieder einen Kanzler!

Wir gratulieren zum Aufstieg von der Sekretärin zur Direktorin.

Erhöhte Nachfrage nach Antiquitäten im Advent

Muss der Diktator abtreten?

Der Notar reichte das Testament ungeöffnet an den Klienten weiter.

23. Mai und 3. Oktober: Markieren Sie diese Termine im Kalender!

Das kulturelle Ereignis in der Provinz!

Geheimnisvolle Religionen: Urwald überwuchert alte Tempelruinen

Die Ministerin beim Präsidenten

M5 Römische Rechtsgrundsätze

Dieses Gebäude stand auf dem Forum in Rom. Die Prätoren als oberste Richter der Stadt Rom sprachen hier Recht. Links vom Gebäude erkennt man eine Urne für die Stimmabgabe, rechts die Buchstaben A (für „absolvo" = ich spreche frei) und C (für „condemno" = ich verurteile).

Einige Gebote des Rechts:
Lebe ehrhaft, schädige deinen Nächsten nicht und lasse jedem das Seinige zukommen.
Die Gesetze zu kennen bedeutet nicht, ihren Wortlaut aufzu-
5 sagen, sondern ihre Bedeutung einschätzen zu können.
Derjenige, der einen anderen beschuldigt, ist verpflichtet, den Beweis (für seine Beschuldigung) zu erbringen, nicht derjenige, der leugnet, muss seine Unschuld beweisen.
In Zweifelsfall soll für den Angeklagten entschieden werden.

10 Niemand darf verurteilt werden, ohne vorher gehört worden zu sein.
Männer haben mehr Würde als Frauen.
Wegen bloßer Gedanken wird niemand bestraft.
Im Personenrecht gilt: Alle Menschen sind entweder frei oder
15 Sklaven (d. h. sie sind z. B. für das gleiche Vergehen unterschiedlich zu bestrafen).
Es geht nicht an, jemanden auf bloße Verdachtsmomente hin zu verurteilen.
Eine Strafe kann nur dann verhängt werden, wenn im Gesetz
20 oder in einer Rechtsschrift für das Vergehen bereits eine Art Bestrafung vorgeschrieben ist.

1 Römische Geschichte und das Kapitol in Washington (M2): Was verbindet beide?
2 Wovon leiten sich die heutigen Monatsnamen ab (M3)? Lies in einem Lexikon über die genannten Götter nach und zeige auf, weshalb dieser Monat nach der jeweiligen Gottheit benannt wurde.
3 Suche aus M4 die Begriffe heraus, die auf lateinische Wörter zurückgehen. Kläre Wörter, die du nicht kennst, mithilfe eines Wörterbuchs.
4 Überlege, welche Rechtsgrundsätze in M5 auch heute noch einen Sinn haben. Welche sind überholt, aus welchen Gründen?
5 Wo und von wem wird heute Recht gesprochen?

Erläuterung wichtiger Begriffe

Agora (griech. Marktplatz): zentraler Platz in Athen an der Nordseite der Akropolis; Mittelpunkt des öffentlichen Lebens; Versammlungsort.

Antike (lat. antiquus): Zeitabschnitt nach der schriftlosen Vor- und Frühgeschichte; beginnend mit den frühen Hochkulturen (ab ca. 3000 v. Chr.), endend mit dem Zerfall des Weströmischen Reiches (ca. 500 n. Chr.); wird auch oft mit klassischem Altertum gleichgesetzt (Zeit der Griechen und Römer, ca. 1000 v. Chr. bis 500 n. Chr.).

Arbeitsteilung: Aufteilung verschiedener Tätigkeiten auf einzelne Personen oder Gruppen; seit der Bronzezeit bildeten sich unterschiedliche Berufe heraus; in Ägypten kam die genau organisierte Zusammenarbeit aller Menschen hinzu; nur durch zentrale Lenkung ließen sich Versorgung des Volkes in Notzeiten bewältigen und riesige Bauten (Pyramiden, Tempel) vollbringen.

Archäologie: Archäologen erforschen Überreste aus früheren Zeiten oder rekonstruieren z. B. Bauten, Gefäße oder Werkzeuge; auch durch Experimente versuchen sie ein Bild von früheren Zeiten zu entwerfen (experimentelle Archäologie).

Aristokratie (griech. aristoi = die Besten, kratein = herrschen, d. h. Herrschaft der Besten): Staatsform in griechischen Stadtstaaten (8.–6. Jh. v. Chr.); in der römischen Republik regierten Adelige als Senatoren; die Herrschaft wird von einer Minderheit (meist Adel) im Staat ausgeübt; diese Minderheit hat sich durch Geburt, Reichtum und besondere kriegerische oder politische Tüchtigkeit hervorgetan.

Bürger/Bürgerrecht: in der Antike freie erwachsene, männliche Bürger, deren Eltern keine Ausländer waren; durften wählen bzw. gewählt werden; besaßen das Bürgerrecht; in Griechenland konnte das Bürgerrecht von der Volksversammlung auch an auswärtige Personen verliehen werden; ▶ Metöken und Frauen waren minderberechtigt; in Rom Bürgerrecht ebenfalls erblich; anfangs galt es nur für die Bürger von Rom, später auf Verbündete (Bundesgenossen) ausgedehnt, seit 212 n. Chr. besaßen alle freien Bewohner des Römischen Reiches das Bürgerrecht.

Christentum: Ein-Gott-Glaube (▶ Monotheismus) im Gegensatz zum ▶ Polytheismus, z. B. der Römer; beruht auf der Lehre Jesu Christi; nach der Überlieferung der Bibel erlöste Jesus als Sohn des einzigen Gottes durch seinen Tod am Kreuz die Menschen von ihren Sünden; gab ihnen durch seine Auferstehung Hoffnung auf ein ewiges Leben im Jenseits; in den ersten Jh. n. Chr. gerieten Christen oft in Konflikt mit römischen Kaisern, da sie nicht bereit waren, die römischen Götter bzw. den Kaiser zu verehren; unzählige Christenverfolgungen waren die Folge davon; 391 n. Chr. Christentum Staatsreligion im Römischen Reich.

Demagoge (griech. demos = Volk, agogos = führen; „Volksverführer"): ein Politiker, der seinen Einfluss vor allem seiner Rednergabe verdankt; oft wurde diese Macht auch missbraucht; heute im negativen Sinn gedeutet (demagogisch = aufwieglerisch).

Demokratie (griech. demos = Volk, kratein = herrschen): in den antiken griechischen Stadtstaaten eine von mehreren gebräuchlichen Herrschaftsformen; alle wahlberechtigten ▶ Bürger nahmen an den Beratungen und Beschlussfassungen der ▶ Polis teil (direkte Demokratie); heute wählen die Wahlberechtigten in vielen Staaten ihre Volksvertreter in Parlamente (repräsentative Demokratie).

Diktator: Beamter im Römischen Reich, der in Notzeiten die volle Staatsgewalt für sechs Monate übertragen bekam; Cäsar war Diktator auf Lebenszeit; heute unumschränkter Machthaber an der Spitze eines Staates.

Expansion (lat. expandere = ausdehnen): Bestreben eines Staates, sein Herrschaftsgebiet mit militärischer Gewalt zu erweitern; damit kann aber auch die Vergrößerung des Einflussbereichs mit wirtschaftlichen und politischen Mitteln gemeint sein.

Forum (lat. Marktplatz): Gegenstück zur ▶ Agora in Griechenland, Zentrum des politischen und kulturellen Lebens in Rom; es gab solche Zentren auch in vielen anderen römischen Städten.

Germanen: Sammelbezeichnung der Römer für Stämme in Nord- und Mitteleuropa ▶ Völkerwanderung.

Geschichtsquellen: in der Geschichtswissenschaft Texte, Gegenstände, Vereinbarungen und Gebräuche (▶ Traditionen), aus denen Kenntnisse über die Vergangenheit gewonnen werden können; man unterscheidet zwischen schriftlichen und mündlichen Quellen sowie Überresten; sie können absichtlich oder zufällig überliefert worden sein.

Hegemonie (griech. Führung): politische, wirtschaftliche und militärische Vorherrschaft eines Staates über andere Staaten; Vormachtstellung kann durch Verträge mit schwächeren Staaten, aber auch durch völlige Unterwerfung mit militärischen Mitteln gesichert werden.

Hellenismus: Ausbreitung griechischer Lebensart und Sprache unter und nach Alexander dem Großen im gesamten Mittelmeerraum und Vorderasien; zum Teil kam es zur Vermischung mit einheimischen Kulturen.

Heloten: Ureinwohner von Lakonien und Messenien; Spartiaten machten sie zu rechtlosen Staatssklaven.

Herrschaft: Ausübung von Macht über die Untergebenen und Abhängigen.

Hierarchie (griech. hieros = heilig, archein = herrschen): stufenförmig aufgebaute Ordnung, z. B. in Ägypten; Befehle wurden von oben nach unten weitergegeben und mussten von der jeweils niedrigeren Rangstufe ausgeführt werden; dafür erhielten die Untergebenen Schutz.

Hieroglyphen (griech. hieros = heilig, glyphein = einritzen): Bilderschrift, die neben Zeichen für Begriffe auch Silben- und Konsonantenzeichen umfasste; Vokale wurden nicht ausgedrückt; erst 1822 gelang es dem Franzosen Champollion die Schriftzeichen zu entziffern.

Hochkultur: bedeutende Leistungen einer Gemeinschaft in der Antike, die bis heute nachwirken; dazu gehörten eine gegliederte Gesellschaft, eine zentrale Verwaltung mit einem Herrscher an der Spitze, z. B. ein ▶ Pharao, die Entwicklung einer Schrift, das Vorhandensein einer Religion und besondere Leistungen in Kunst und Architektur; antike Hochkulturen entstanden oft an Flüssen (z. B. am Nil).

Höhlenmalereien: Menschen der ▶ Altsteinzeit malten vor allem Jagdmotive an Höhlenwände; Wissenschaftler vermuten religiöse Gründe für diese Zeichnungen.

Hopliten: schwer bewaffnete griechische Fußsoldaten, die in geschlossener Formation (= Phalanx) kämpften.

Imperator (lat. imperare = befehlen): ursprünglich oberster Befehlshaber im Krieg; dann Ehrentitel für siegreichen Feldherrn; seit Augustus Namensbestandteil der römischen Kaiser.

Imperium: ursprünglich Befehlsgewalt der obersten Beamten (der Konsuln) der römischen Republik; dazu gehörte der militärische Oberbefehl, die Rechtsprechung, die Einberufung von Volksversammlung und Senat, das Münzrecht; die Bezeichnung steht später ebenso für die Amtsgewalt eines Statthalters in einer ▶ Provinz, schließlich bei Augustus (27 v. Chr.) für die Stellung des Kaisers im ganzen Reich; seit dem 1. Jh. v. Chr. Bezeichnung für das Römische Reich; in der Neuzeit wird der Begriff übertragen auf alle Großreiche (Weltreiche).

Kaiserreich (lat. caesar = Kaiser): Oktavian wurde im Jahre 2 v. Chr. der Titel Caesar Augustus verliehen; mit Augustus begann die römische Kaiserzeit.

Klient (lat. cliens = Schutzbefohlener, Höriger): im antiken Rom nichtadelige Römer und ihre Angehörigen, für die der Patron die Vertretung vor Gericht und den Schutz in der Öffentlichkeit übernahm; viele Senatoren hatten eine große Klientel, um so ihren politischen Einfluss zu vergrößern.

Kolonie: Griechen siedelten sich ab dem 8. Jh. v. Chr. an den Küsten des Mittelmeeres an und gründeten Kolonien (Tochterstädte); diese blieben mit den Mutterstädten verbunden; trugen zur Ausbreitung der griechischen Kultur bei; in Italien waren Kolonien Ansiedelungen der Römer zur militärischen Sicherung der eroberten Gebiete.

Kolonisation: Besiedlung eines fremden Gebietes.

Kult/Kultus: Bezeichnung für Handlungen zur Verehrung der Götter (Tänze, Prozessionen, Tieropfer, aber auch Feste, Wettkämpfe und Theateraufführungen); Kulthandlungen waren an bestimmte Zeiten und Orte (Kultstätten) gebunden; die antiken ▶ Olympischen Spiele waren kultische Wettkämpfe.

Limes (lat. limes = Grenzweg): Grenzbefestigung der Römer (Palisaden, Mauern, Gräben, Wachtürme und Kastelle); insbesondere in Britannien und an Rhein und Donau.

Metallzeit: löste die ▶ Steinzeit als Epoche ab; ab 800 v. Chr. wurde zusätzlich zur Bronze das noch härtere Eisen verwendet; Menschen, die Metalle verarbeiten konnten, gewannen an Reichtum und Macht, da sie anderen Völkern überlegen waren; in Europa galten die ▶ Kelten als Meister der Metallverarbeitung.

Metöken (griech. Mitbewohner): freie Fremde, die in einer griechischen Stadt wohnten und arbeiteten, ohne politische Rechte zu besitzen; durften keinen Grundbesitz erwerben und mussten eine besondere Steuer entrichten.

Monarchie (monos = allein, archein = herrschen): Herrschaft eines Fürsten oder Königs (Monarch), der im Unterschied zu einem Tyrannen rechtmäßig durch Wahl oder Erbfolge sein Amt ausübte.

Monotheismus (griech. monos = allein, theos = Gott): verkündet den Glauben an einen einzigen Gott, der als höchstes Wesen die Welt erschaffen hat und sie erhält; Judentum, ▸ Christentum und Islam sind monotheistische Religionen; im Gegensatz dazu Polytheismus.

Mythos: Erzählung über Götter und andere sagenhafte Gestalten – ohne wissenschaftlichen Hintergrund; wurde mündlich weitergegeben; Mythen waren in alten Kulturen von großer Bedeutung.

Neolithische Revolution: Übergang vom Dasein als Jäger und Sammler zur ▸ Sesshaftigkeit der Jungsteinzeit (Ackerbauern und Viehzüchter); wegen ihrer weit reichenden Folgen jungsteinzeitliche (neolithische) Revolution genannt.

Nomadentum: Jäger und Viehhirten, die keinen festen Wohnsitz haben, bleiben nur so lange an einem Ort, als Nahrung vorhanden ist; bestimmende Lebensweise in der Altsteinzeit; heute noch gibt es einige wenige Nomaden (Asien, Afrika).

Olympische Spiele: seit 776 v. Chr. schriftlich bezeugt, fanden alle vier Jahre in Olympia (Peloponnes) statt; sportliche Wettkämpfe mit feierlichen ▸ Kulthandlungen zu Ehren des Gottes Zeus.

Ostrakismos (griech. ostraka = Scherbe): Scherbengericht, Name des zu Verbannenden wurde auf eine Tonscherbe eingeritzt; Form der Volksabstimmung im antiken Griechenland, sollte ▸ Tyrannis verhindern; auch ein Mittel zur Ausschaltung anders denkender Politiker.

Patrizier: im antiken Rom Angehörige des ältesten Adels.

Pharao (hebr./altägypt. = großes Haus): ursprünglich Bezeichnung für Königspalast, weil man den Namen des Pharaos nicht auszusprechen wagte; später Titel der ägyptischen Könige; dem Pharao gehörte das ganze Land; er war Herr über Leben und Tod; Gottkönig.

Philosophie (griech. philos = Freund, sophia = Weisheit): Philosophen sind dem Wortsinn nach „Freunde der Weisheit"; vertrauen auf den Verstand und erklären die Welt wissenschaftlich; stellen auch Fragen nach dem Sinn des Lebens; berühmte griechische Philosophen waren z. B. Sokrates, Platon und Aristoteles (5./4. Jh. v. Chr.).

Plebejer (lat. plebs = Volk): Angehörige des römischen Volkes, die nicht ▸ Patrizier waren; bildeten die Masse der römischen Bevölkerung (Bauern, Händler, Handwerker), konnten nach den Ständekämpfen mehr politische Mitsprache erreichen.

Polis (griech. Stadt; Mz: Poleis): Ansiedlung im antiken Griechenland meist auf einem überschaubaren Gebiet im Schutz einer Burg; politisch selbstständig, wirtschaftlich unabhängig, eigenes Rechtswesen; während des 6. und 5. Jh. v. Chr. errangen ihre ▸ Bürger politische Mitbestimmungsrechte; von Polis leitet sich auch das heutige Wort „Politik" ab.

Polytheismus (griech. polys = viel, theo = Gott): Vielgötterglauben, z. B. in Ägypten und bei den Griechen.

Prinzipat: Bezeichnung für die durch Augustus 27 v. Chr. geschaffene neue Staatsform der Herrschaft eines Bürgers als „Erster des Senats" (lat. princeps senatus): nach außen hin eine Republik, in Wirklichkeit jedoch eine Monarchie.

Proletarier (lat. proles = Nachkommen): besitzlose Bevölkerung, die nichts außer ihren Nachkommen besaß.

Provinz: ein von Rom abhängiges Gebiet außerhalb Italiens; wurde durch Statthalter verwaltet; ihre Bewohner erhielten erst 212 n. Chr. das römische ▸ Bürgerrecht; mussten Steuern zahlen und Getreide abliefern; Statthalter überwachten die Abgabe und sorgten für Ordnung.

Pyramide: Begräbnisstätte für und zur Verehrung von Pharaonen; technische Meisterleistungen; berühmteste Pyramiden sind die von Gize (bei Kairo).

Republik (lat. res publica = öffentliche, gemeinsame Sache): Ausübung der Regierungsgewalt von einer gewählten Regierung; führende Staatsämter werden in der Republik immer nur auf Zeit vergeben.

Romanisierung (von lat. romanus = Römer): Übernahme der lateinischen Sprache und der Lebensweise der Römer durch Völker, die im Römischen Reich lebten; in den westlichen Reichsteilen entspricht dieser Vorgang mit seiner weit reichenden Wirkung dem ▸ Hellenismus im Osten.

Senat (lat. senex = alter Mann, Greis): oberstes Beratungsgremium der römischen Republik; anfangs aus ▸ Patriziern, später auch aus ▸ Plebejern bestehend; verlor unter Augustus an Macht.

Sesshaftigkeit: Übergang von der aneignenden zur produzierenden Lebensweise; führte u.a. auch zum sesshaften Dasein als Bauern und Viehhirten und zur Gründung von festen Siedlungen ▶ neolithische Revolution.

Sklave: rechtlose Menschen, die Eigentum ihrer Herren waren und rechtlich als Sache behandelt wurden (Kriegsgefangene, Schuldner); Kinder von Sklaven blieben unfrei; ein Sklave konnte – besonders bei den Römern – durch eine vorgeschriebene Handlung freigelassen werden; wurde dann Bürger mit eingeschränkten Rechten; erst seine Kinder erhielten das volle ▶ Bürgerrecht; Sklaverei war in vielen Ländern noch bis in das 19. Jh. verbreitet.

Staat: gekennzeichnet durch eine Anzahl von Einrichtungen, die das geordnete Zusammenleben eines Volkes in einem abgegrenzten Raum (Staatsgebiet) ermöglichen; Regeln bestimmen, wer auf welche Weise an der politischen Macht teilhaben darf und wie die Ausübung der Herrschaft erfolgt.

Steinzeit: Abschnitt der Menschheitsgeschichte; wird nach dem Material benannt, das die Menschen damals zu bearbeiten lernten: Werkzeuge und Waffen aus Stein; in der Altsteinzeit (vor ca. 2 Mio. Jahren – 10 000 v. Chr.) lebten die Menschen als Jäger und Sammler, in der Jungsteinzeit (im Vorderen Orient ab 10 000 v. Chr., in Mitteleuropa ab 5 500 bis 2 200 v. Chr.) kamen Ackerbau, Viehzucht, Tauschhandel und neue technische Fertigkeiten hinzu ▶ neolithische Revolution; die Steinzeit wurde von der ▶ Metallzeit abgelöst.

Tradition (lat. tradere = übertragen, übermitteln): mündliche oder schriftliche Weitergabe von Kenntnissen, Fertigkeiten und Anschauungen an die folgende Generation; im engeren Sinne „Herkommen", „Brauch".

Tyrannis: Bezeichnung für die unumschränkte Gewaltherrschaft in den antiken griechischen Staaten ohne gesetzliche Grundlage; Sicherung der eigenen Macht Hauptziel eines Tyrannen.

Verfassung (Staatsform): regelt die Machtverteilung in einem Staat; legt Pflichten und Rechte der Bürger fest und bestimmt, wer Bürger ist und wer regiert. Griechen unterschieden nach drei Staatsformen: ▶ Aristokratie ▶ Demokratie ▶ Monarchie.

Völkerwanderung: im engeren Sinn Bezeichnung für die Wanderungen meist germanischer Völker im 3. bis 6. Jh. n. Chr. aus ihren Ursprungsgebieten in Nord-, Ost- und Westeuropa, in Bewegung gesetzt u. a. durch die asiatischen Hunnen; germanische Stämme lösten den endgültigen Untergang des bereits geschwächten Weströmischen Reiches aus.

Vollbürger: ▶ Bürger

Volkstribun: in der römischen Republik seit dem 5. Jh. v. Chr. Vertreter der ▶ Plebejer; sie schützten vor einseitigen Maßnahmen der ▶ Patrizier und konnten durch ihr Veto Senats- und Magistratsbeschlüsse verhindern; waren sakrosankt (= heilig, unantastbar).

Volksversammlung: Versammlung aller wahlberechtigten ▶ Bürger eines Staates, um die Politik zu bestimmen; im demokratischen Athen die höchste politische Instanz. Bei den Römern hatten die reichen Bürger das Übergewicht in der Volksversammlung und konnten so die ärmeren Bürger überstimmen.

Zivilisation (lat. civilis = bürgerlich): ursprünglich verfeinerte Lebensart in den Städten im Gegensatz zum bäuerlichen Leben; geschützte Lebensbedingungen eines Volkes oder einer Menschengruppe (Armee, Polizei, Schule, wirtschaftliche Einrichtungen, Verwaltung usw.) im Unterschied zu einfachen Gesellschaften ohne diese Strukturen.

A

Ackerbau ▶ Bauern
Adel 72, 84f., 94, 144f.
Ägypten 4, 15, 38ff., 75, 86, 106ff., 138, 141, 148f.
Agora 94f., 170
Akropolis 67, 90f., 94, 96, 99, 111
Alemannen 156f.
Alexander der Große 5, 67, 106f., 110, 131, 165
Alexandria 108f., 137
Alkibiades 104f.
Altertum ▶ Antike
Altsteinzeit 4, 15, 24ff.
Annuität 128
Antike 4f., 15, 66, 170
Apollo 66, 71
Aquädukt 166f.
Arbeiter 41, 45, 58f., 90f.
Arbeitsteilung 50f., 170
Archäologie 8ff., 116f., 170
– experimentelle 113ff., 170
Archiv 10ff.
Archonten 84f.,
Areopag 84f., 88f.
Aristokratie 70f., 82, 84f., 128f., 170
Aristoteles 93, 106, 172
Athen 67, 72f., 84ff.
Attisch(-Delisch)er Seebund/Att. Seereich 86ff., 90, 99, 103f., 111
Augustus ▶ Octavian
Australopithecus 18ff.

B

Bauern 44f., 50f., 58, 70f., 80, 84, 88, 90, 104, 122ff., 136, 144, 148
Beamte 15, 46, 48, 50f., 61, 81f., 84f., 118, 122, 126ff., 137ff.
Bibliothek 10ff.,108
Bronzezeit ▶ Metallzeit
Buchstabenschrift s. Hieroglyphen
Bürger ▶ Vollbürger
Bürgerrecht 96, 117, 128, 132, 148, 154, 164, 170
Byzanz 148, 156

C

Caesar, Julius 5, 112f., 136ff., 144, 164
Cheops/-pyramide 4, 58f.
Christen/Christenverfolgung 158ff., 170
Crassus, Marcus 136ff.
Cro-Magnon-Mensch ▶ Homo erectus

D

Dareios I. 86
Dareios III. 106
Delphi, Orakel von 63ff., 75, 86
Demagoge 104, 170
Demokratie 84f., 88f., 110, 170
Diadochen 108, 165
Diokletian 156, 160, 164
Diktator/Diktatur 125, 128f., 136ff., 170
Dynastie 52

E

Ehe/-schließung 46f., 82, 119ff.
Eisenzeit ▶ Metallzeit
Eiszeit 24
Erziehung 82, 96f., 120f.
Etrusker 70f., 116,
Evolution 16f.
Expansion 170

F

familia (röm.) 118f.
Familie 14, 46f., 94ff.
Forum Romanum 152, 170
Frauen 28, 46, 82f., 96, 118f., 124
Frühmenschen 4, 20f.

G

Galla Placidia 163
Grabkammer 35, 38ff., 59
Germanen 5, 12, 144f., 150, 156f.,162f., 170
Gesetz/-gebung 82, 84f., 127ff.
Götter 43f., 46, 52f., 56f., 70, 73ff., 81, 90, 94, 96, 98ff., 100, 116f., 124, 127, 133, 144, 150, 152, 158
Gracchen 136f.
Griechenland 5, 15f., 64ff., 118, 130, 154, 156

H

Handel/Händler 50, 54, 82, 84, 90f., 94f., 122f., 144, 148f., 152
Handwerk/er 44f., 50, 58, 78, 84, 88, 90ff., 122f., 148
Hannibal 132f.
Hatschepsut 54f.
Hegemonie 86, 170
Hellenismus 5, 108ff., 165, 170
Heloten ▶ Sklaven
Herodot 68, 73, 87
Herrschaft 171
Heuneburg 34f.
Hierarchie 50f., 171
Hieroglyphen 48f., 171
Hippokrates 100f.
Historiker 10f., 116
Hochdorf 34f.
Hochkultur 40ff., 171
Höhlenmalerei 26f., 171
Homer 70f., 80, 94, 96, 106
Homo erectus 4, 17, 20ff., 36
Homo habilis 18ff., 36
Homo sapiens (sapiens) 4, 16ff., 36
Hopliten 80, 171

I

Imperator 171
Imperium 171

J

Jäger u. Sammler 20ff.
Jungsteinzeit 4, 15, 28ff.
Jungstein. Revolution ▶ Neolith. Revolution

K

Kaisertum/-reich 138ff., 171
Kalender 14, 42
Karthago 72, 105, 132f., 164
Kelten 5, 34ff.
Kleisthenes 84, 111, 165
Klient 118, 122, 171
Kollegialität 128
Kolonisation 5, 70f., 80, 110, 165, 171
Konsul 125, 128f., 136ff.
Konstantin 156f., 160
Kult/Kultus 124, 171

L

Latifundien 122f., 148
Lebensweise
– aneignende 24f.
– produzierende 28f.
Legion/är 113ff., 136ff., 142ff.
Liktor 128
Limes 144, 150, 156f., 162, 171

M

Magistrate ▶ Beamte
Marius, Gaius 136ff.
Märtyrer 158ff.
Medizin 100f.
Mesopotamien 4, 15, 60ff., 157
Metallzeit 5f., 15, 34f., 171
Methodenseiten
– Autorentexte 32f.
– Bildanalyse 52f.
– Herrscherbilder 141
– Kartenarbeit 68f., 130f.
– Schaubilder 130f.
– Vasenbilder 78f.
Metöken 90f., 93, 171
Monarch/Monarchie 70, 82, 84, 171
Monotheismus 56, 171
Mumie/Mumifizierung 56f.
Mythos/-en 20, 40, 48, 117, 172

N

Neandertaler 4, 17, 21, 24, 36
Nebra 8f.
Neolith. Revolution 28ff., 172
Nil 40, 42f., 58, 62f.
Nefertari 38, 40
Nomade/ntum 4, 28, 36, 172

O

Octavian Augustus 131, 139ff., 152f., 156, 158, 164
Oikos 70f., 92
Olympische Spiele 5, 15, 76ff., 110, 172
Ostrakismos 85, 172
Ötzi 32f.
Out-of-Africa- Theorie 23

P

Papyrus 48, 108
Parthenon 90, 98f.
Pater familias 118f.
Patrizier 125ff., 172
Patron 118
Peisistratos 85, 110
Pelopon. Bund 80
Pelopon. Krieg 5, 104ff., 110, 165
Perikles 5, 88ff., 99, 103f., 110
Periöken 82
Perserkriege 86f., 90, 105, 165
Perserreich 86f., 89f., 104ff., 156
Phalanx 80f.
Pharao 40ff., 50ff., 58f., 62f., 106, 172
Philipp II. von Makedonien 106, 110

Philosophen/ie 96, 100f., 172
Phönizier 70f., 132
Phylen 84f.
Piräus 90f., 104
Platon 100
Plebejer 126ff., 136ff., 172
Polis/Poleis 5, 72, 80ff., 172
Polytheismus 56, 172
Pompeius, Gnaeus 136ff.
Priester 50, 52, 54, 58
Prinzipat 140, 157, 172
Proletarier 136, 138,172
Provinz 128, 132f., 138, 142, 148ff., 172
Punische Kriege 122, 132f.
Pyramide 40, 44, 52, 58f., 172

R

Ramses II. 41, 52
Rechtsprechung 85, 88, 90, 111, 119, 148f., 168f.
Religion 40, 56ff., 74, 116, 124, 158ff.
Republik (röm.) 126ff., 172
Rom 5, 12, 116f., 124, 130ff., 137ff., 148, 152ff.
Romanisierung 150f., 172
Römisches Reich 5, 15, 112ff.

S

Scherbengericht ▶ Ostrakismos
Schreiber 46, 48f.
Schrift 48ff.
Schuldknechtschaft 84
Schule 96f., 120f.
Senat 125ff., 136f., 172
Sitten der Vorväter 118, 124f., 140

Sklaven 50, 60f., 72, 80ff., 90ff., 96, 99, 118, 121ff., 126, 128, 134ff., 148, 154, 159f.,170, 172
Sokrates 100f.
Solon 84f., 111
Sparta 5, 70, 80ff., 92, 104f., 111
Spartaner/Spartiaten 80ff., 86f., 92
Stadtstaaten ▶ Polis
Ständekämpfe 5, 126f., 148, 164
Statthalter 108, 128, 132
Steinzeit 5, 15, 36f., 40, 173
Stratege 85, 88, 103
Sulla, C. Lucius 136ff.
Symposion 94f.

T

Tagelöhner/Theten 70, 84, 88, 92f., 122f.
Tal der Könige 38ff., 44f.
Tempel 42, 44, 50, 52, 54, 58, 72, 98f., 151ff.
Tetrachen 156
Thales von Milet 100
Theater 96, 100, 102f., 108, 110, 118, 151f.
Themistokles 85f.
Thermen 118
Tochterstadt 70f.
Totenehrung 125
Totengericht 56f.
Tradition 173
Triere 86f.
Triumvirat 136, 138
Trojanischer Krieg 72f., 79f.
Tschati ▶ Beamte
Tutenchamun (Pharao) 41
Tyrannis/Tyrann 84f. 89, 111, 173

U

Überreste 10f., 122

V

Verfassung 82, 173
– Athen 84f.
– Rom 128f.
– Sparta 82
Veto 128f.
Villa rustica 150, 156
Völkerwanderung 5, 162ff., 173
Volkstribun 126ff., 138ff.173
Volksversammlung 82, 84f., 88, 92, 128f., 138ff., 144, 173
Vollbürger 88, 94, 96
Vorgeschichte 18ff.
Vor- und Urmenschen 18ff., 36
Vorratswirtschaft 42, 44

W

Wasserversorgung 123
Wohnen 24, 45, 94

X

Xerxes 86f.

Z

Zeitleiste 4f., 14ff.
Zeitmessung 14f.
Zeitrechnung 14f., 76
Zenturio 114, 142f.
Zivilisation 173
Zwölftafelgesetz 127

Bildquellenverzeichnis

Agora Excavations American School of Classical Studies, Athen: S. 14.1; Ägyptisches Museum, Kairo: S. 52.1; Anthro-Photo, Cambridge/Mass.: S. 25.6; Archiv für Kunst und Geschichte, Berlin: S. 4.5, 6.9, 27.2, 27.4, 38, 40, 52.2, 55.2, 61.4, 61.5, 66.2, 72, 76.1, 77.2, 77.3, 85, 86, 93, 95.5, 100, 103.3, 122.2, 132, 140.6, 143, 154, 159, 163.2, 165.4; Archiv Gerstenberg, Wietze: S. 5.3, 140.5; Archiv Holle, Baden-Baden: S. 67.4; Atelier Asisi, Yadegar, Berlin: S. 5.4, 152/153; Bayerisches Armeemuseum, Ingolstadt: S. 115.3.1 (Foto: Dr. Dieter Storz); Bildarchiv Preussischer Kulturbesitz, Berlin: S. 3.1, 7.1, 10, 47.2, 66.1, 74.2.1, 74.2.2, 76.2.2, 76.2.3, 79, 96, 97, 126.2, 139.3, 155; Bridgeman Art Library, London: S. 57, 67.5, 70, 71.2.2, 139.4; British Museum, London: S. 5.2, 7.2, 46, 88.1, 134.1; Cinetext, Frankfurt/M.: S. 112/113; Cliché n° 16 ministère de la Culture et de la Communication, Direction Régionale des affaires culturelles de Rhône-Alpes, Service régional de l´archéolgie: S. 26; Corbis, Düsseldorf: S. 4.6, 6.6, 39 (Foto: Frederic Neema), 58, 60.3 (Foto: Dean Conger), 65 (Foto: Yann Arthus-Bertrand), 98.2 (Foto: Gianni Dagli Orti), 102.1 (Foto: Sandro Vannini), 111.1; Cornelissen, Joachim, Monte Estoril: S. 17; Cornelissen, Petra, Düsseldorf: S. 163.4; Courtesy of Discovery Communications Inc., London: S. 21.5; Ddp Archiv, München: S. 9; Deutsches Theatermuseum, München: S. 102.2.1; Dominikanermuseum, Rottweil, Zweigmuseum des Württembergischen Landesmuseums, Stuttgart: S. 147.5; Dpa, Frankfurt/M.: S. 8 (Foto: Waltraud Grubitzsch), 41, 110.1, 110.2; E. Thiem, LOTOS-Film, Kaufbeuren: S. 55.3; Elsler, Christa, Norderney: S. 5.1, 76.2.1; Feist, Joachim, Pliezhausen: S. 27.3; Filser, Dr. Karl, Augsburg: S. 4.3, 4.4, 25.5, 31.5, 36, 37; Focus, Hamburg: S. 80.1; Fotoarchiv des Südtiroler Archäologiemuseums – www.iceman.it, Bozen: S. 32.2; Friedrich, Alexandra, München: S. 103; Gerster, Dr. Georg, Zumikon-Zürich: S. 43; Hackenberg, Rainer, Köln: S. 68.2; Hansmann, Claus, München: S. 6.5, 102.2.2; Harding, R., Picture Library, London: S. 37 (Foto: Robin Hanbury-Tennison); HB Verlag: S. 146.4 (Foto: Rainer Kiedrowski); Herzog August Bibliothek, Wolfenbüttel: S. 20; Heuneburgmuseum, Herbertingen-Hundersingen: S. 35.4; Hirmer Fotoarchiv, München: S. 80.2, 136.1, 139.1, 139.2, 164.1; Historisches Museum, Regensburg: S. 166 (Foto: Wilkin Spitta); Interfoto, München: 115.3.2; InterTOPICS – Viennareport: S. 32.1; Landesdenkmalamt, Stuttgart: S. 11; Landeskundliches Bildarchiv, Heidelberg: S. 145, 146.2, 146.3; Landesmuseum Kärnten: S. 151; Landesmuseum, Hannover: S. 31.4 (Foto: Klaus Geer, Nürnberg); Landschaftsverband Rheinland/Rheinisches Landesmuseum Bonn: S. 31.3 (Foto: St. Taubmann); Lehmann, Ingeborg F., St. Märgen: S. 147.6; Les Editions Albert René/Goscinny-Uderzo © 2003: S. 34, © 2004: 114.1; Liepe, Jürgen, Photo Archiv, Berlin: S. 3.2, 6.7, 47.2, 49.3, 50, 55.4; Louvre, Paris: S. 108, 118 (Foto: RMN-Chuzeville); M.P.F.T., Poitiers: S. 21.4; Mauritius, Mittenwald: S. 54 (Foto: B. Gierth), 167.2 (Foto: Walter Bibikow), 168.2 (Foto: Vidler); Medicalpicture, Köln: S. 111.2 (Foto: medixtra); Merz, Beate, München: S. 113; Museo Gregoriano Profano, Vatikan: S. 119; Museo Nazionale di Villa Giulia, Rom: S. 124; Museums-Pädagogisches Zentrum, München: S. 30; National Geographic Image Collection, Washington: S. 38/39, 157; National Museum, Athen: S. 78.1; Numismatische Bilddatenbank, Eichstätt: S. 127, 136.2; NY Carlsberg Glyptotek, Kopenhagen: S. 137.1; Palazzo Ducale, Mantova: S. 121.4; Prähistorische Staatssammlung, München: S. 37, 150.1; Reader, John/SPL/ Focus: S. 22; Reinhardt, Susanne, München: S. 14.2; Rheinisches Landesmuseum, Trier: S. 121.3; Rizzoli, Milano: S. 137.2, 137.3, 137.4, 156; Roger-Viollet, Paris: S. 90; Römerpark Köngen: S. 168.1; Römisches Freilichtmuseum, Hechingen-Stein: S. 150.2; Römisch-Germanische Kommission; Frankfurt/M.: S. 34.1 (Foto: J. Bahlo); Royal Ontario Museum, Toronto/Canada: S. 98.3; Scala, Florenz: S. 7.3, 7.4, 71.2.1, 71.3, 78.3, 84, 95.2, 95.4, 98.1, 105, 106, 111.3, 116, 117, 123, 125, 128, 134.2, 137.5, 161.4; Schapowalow, Hamburg: S. 99; Schmidt-Thomé, Johannes, Fürstenfeldbruck: S. 25.5; Schöllhorn, Fred, Welden: S. 114.2; School of History and Welsh History, University of Wales, Bangor: S. 68.1; Shedid, Dr. Abdel-Ghaffar, München S. 4.2, 44; St. Brentführer, Westfälisches Museum für Archäologie, Münster: S. 164/165; Staatliche Antikensammlung und Glyptothek, München: S. 77.1, 104 (Foto: Studio Koppermann); Staatliche Antikensammlung, Berlin: S. 78.2 (Foto: Claus Hansmann); Staatliche Münzsammlung, München: S. 7.6, 160, 164.2, 164.4, 165.5, 169; Sternberg, Oda: S. 110.3; White Star S.r.l. Vercelli, Italien: S. 122.1; Wöhrle, Lena, Tübingen: S. 13; Württembergisches Landesmuseum, Stuttgart: S. 144; Seite 53 aus: Hornung, Erik: Tal der Könige, Artemis Verlag, Zürich/München 1982; Seite 64/65 aus: Manolis Andronicos: Delphi, Ekdotike Athenon S. A., Athen 1999; Seite 135 aus: Connolly, Peter/ Dodge, Hazel (Hrg.): Die antike Stadt. Das Leben in Athen & Rom. Köln 1998; Seite 142.2 aus: Junkelmann, Marcus: Die Legionen des Augustus. Mainz 1986; Seite 167.1 aus: Wasserversorgung im antiken Rom, Hrg. Frontinus-Gesellschaft e.V., Oldenbourg Verlag München Wien 1989. Umschlagfotos: Scala, Florenz; Elsler, Christa, Norderney; Liepe, Jürgen, Photo Archiv, Berlin; Hansmann, Claus, München; Archiv für Kunst und Geschichte, Berlin; Fauna-Verlag, Karlsfeld.

Trotz entsprechender Bemühungen ist es nicht in allen Fällen gelungen, den Rechteinhaber ausfindig zu machen. Gegen Nachweis der Rechte zahlt der Verlag für die Abdruckerlaubnis die gesetzlich geschuldete Vergütung.